Und New York soll die schönste Stadt der Welt sein?
Es kommt dem nahe. In keiner Stadt ist die Nacht wie dort ...
Eine Masse flammender Rechtecke, aufgestellt und in den
Äther geschnitzt.
Hier ist unsere Poesie, denn wir haben die Sterne nach unserem
Willen herabgezerrt.

                                 EZRA POUND (amerikanischer Dichter, 1885–1972)

ALESSANDRA MATTANZA

ZU HAUSE IN NEW YORK

20 Prominente zeigen ihre Stadt

ZU HAUSE IN NEW YORK

Vorwort	8	Candace Bushnell	54
von Alessandra Mattanza		Robert De Niro	66
		James Franco	86
Woody Allen	14	Jack Huston	96
Lidia Bastianich	30	Siri Hustvedt	106
Mario Batali	42	Spike Lee	114

Inhalt

Daniel Libeskind	128	Yoko Ono	192
Steve McCurry	142	Al Pacino	206
Jay McInerney	154	Cathleen Schine	218
Moby	168	Martin Scorsese	230
Robert and Cortney Novogratz	178	Taylor Swift	244

ALESSANDRA MATTANZA
Die »Autorin« der Stadt

»Ich liebe New York, weil ich es als eine der tolerantesten und weltoffensten Städte erlebt habe. Ich habe in vielen Städten gelebt und mich in manchen immer wie eine Fremde gefühlt. Ich wurde akzeptiert, aber ich blieb immer die ›Fremde und Exotin‹ aus einem anderen Land mit einem anderen Hintergrund.

In New York können die Leute manchmal schroff und knallhart sein, aber schon nach einer Woche hier gaben sie mir das Gefühl, ebenfalls eine New Yorkerin zu sein. Was diese Weltstadt so einzigartig macht, ist dieser ganz besondere New Yorker Spirit, dieses faszinierende Puzzle von Gesichtern und Traditionen aus der ganzen Welt, von Einwanderern, die mit ein paar Dollars in der Tasche hier ankamen, aber an ihre Visionen und den amerikanischen Traum glaubten.

›Zu Hause in New York‹ zeigt, wie die Menschen ihre Stadt sehen und mit welchen Gefühlen sie sie in Verbindung bringen – Menschen, die größtenteils hier geboren und aufgewachsen sind, aber auch Neu-New-Yorker, die seit Kurzem oder auch länger hier leben, die zwischen dem Big Apple und L. A. pendeln, fasziniert von der Magie der tausend Lichter oder dem ganz realen Leben auf den Straßen und in den Stadtvierteln. New York hat ihr Leben verändert. Es wird für immer in ihnen pulsieren wie das Blut in ihren Adern.«

ALESSANDRA MATTANZA

Vorwort

Wie wird die Idee zu einer Geschichte geboren? Durch einen flüchtigen Blick, ein Wort, eine Stimme, ein Fragment aus einer Notenfolge, das eine Melodie bildet, einen Augenblick, eine unauslöschliche, schnappschussartige Erinnerung, eingefroren in der Zeit. New York ist eine Stadt, die sich wie ein Buch lesen lässt, das Millionen Geschichten erzählt. Man lernt es kennen, indem man sich darin umsieht, Seite für Seite, mit jedem Blick in die Straßen, und indem man weiß, wie man ihm lauschen muss. Weil New York nicht nur die »Stadt der tausend Lichter« ist, sondern auch der tausend Stimmen, mit seinen unendlich vielen Geräuschen, die den Soundtrack zu einem grenzenlosen Film liefern. Und es sind die Details, die Alltagsszenen, die sich zu einem Puzzle formen, wenn man sie mit Geduld und Gespür zusammensetzt. Genau dann wirkt der Zauber, genau darin manifestiert sich die Stadt. Wieso also nicht den Stimmen von New York, insbesonders seiner berühmtesten Bewohner lauschen?

In erster Linie verdankt New York seine Reputation den Menschen, die es hier geschafft haben und in vielerlei Hinsicht die Stadt selbst erschaffen haben.

In diesem Buch haben wir die Stimmen und Geschichten von New Yorks Bewohnern gesammelt – von Denkern, Autoren, Schauspielern, Filmemachern und Künstlern –, die der Stadt ihre Seele gaben, ihre Historie prägten, zur Wiedergeburt der Stadtviertel beitrugen und ihren Ruf in Kunst und Kultur, Wissenschaft, Kino, Musik, Architektur und Design auf der ganzen Welt verbreiten.

Ihre Stimmen offenbaren uns das wahre New York. Die Stadt besteht aus verschiedenen Mikrokosmen, aus Vierteln wie Harlem, der Upper West Side, Upper East Side, Midtown und Downtown, Greenwich Village, der Lower East Side, East Village, Financial District, Chinatown, SoHo und Tribeca.

Jede Nachbarschaft hat einen eigenen Charakter, alle unterscheiden sich, sind aber wie durch ein unsichtbares Netz miteinander verbunden. Sie brauchen einander, weil sie alleine niemals existieren könnten. Jeder Mensch braucht Mitmenschen, weil alle Teil eines großen Ganzen sind, durch das Schicksal zusammengeführt. So ist New York mit all seinen unterschiedlichen Gesichtern ein Spiegel der Menschheit selbst. Und so kann man es wie keine andere Stadt der Welt nur lieben oder hassen. New York kann für jeden von uns stehen, mit guten und schlechten, hellen und dunklen Seiten, wie in einem Schattenspiel von Pirandello, einem Drama von Dostojewski, einem Kafka-Paradoxon oder einem Sittengemälde von Tolstoi.

Jeder wird sich hier selbst finden, auf die eine oder andere Weise – und, ob man will oder nicht, das Gefühl ist immer intensiv. Unbeeindruckt kehrt niemand aus New York zurück. Es ist unmöglich, unbeeindruckt zu bleiben. Keine andere Stadt bewegt einen so tief. Niemand kann sich den Tausend Lichtern entziehen, der Energie, die niemals abflaut.

New York – das bedeutet auch eine Vielfalt an Farben. Welche Farbe hat die Stadt? Sie ist gelb wie ihre Taxis, grün wie die Parks, rot wie die vielen Leuchtschriften am Times Square, blau wie der Himmel und der Hudson. Sie ist grau wie das Metall der Wolkenkratzer und der Beton der Straßen. Weiß wie die Fassaden einiger ihrer unglaublichen Museen, wie die Wolken über der Skyline, die dem Rhythmus des Windes folgen. Schwarz wie die Anzüge der Wall-Street-Broker auf den Bürgersteigen und wie die Nacht, deren Farbe hier kontrastiert und übertüncht wird von den bunten Lichtern der Stadt. Sie geben einem ein abstraktes Gefühl, als wäre man Teil einer leicht unscharfen Fotografie, auf der die Silhouetten der Figuren vor den Augen verschwimmen und zur undeutlichen Melange aus Form und Empfindung werden. Es fällt einem leicht, sich in New Yorks Nächten zu verlieren, die nicht ruhen bis zum Morgengrauen und ganz eigene Geschichten voller Leben und Geheimnisse bergen.

Wenn man in Manhattan wohnt, zerfließen gerne mal die Grenzen von Zeit und Raum. Es wirkt so intensiv, dass es unmöglich ist, sich nicht mitreißen zu lassen, wie von einem wundervollen Zaubertrick, der einen in seinen Bann zieht, wenn man es am wenigsten erwartet.

Es ist viele Jahre her, dass ich mich in New York verliebte. Ich war jung, in meinen Zwanzigern, und gerade aus Europa angekommen, mit nichts als einem großen Traum und noch mehr Naivität, die ich wohl nie losgeworden bin, all den vielen Erfahrungen in der Stadt zum Trotz.

Ich kannte niemanden, und ich war nur ein Mädchen mit einer wahnsinnigen Leidenschaft, selbstverständlich begeistert von den Wolkenkratzern, den Formen der wundervollen Bauten mit den weißen Wolken darüber, die am endlos blauen Himmel mit dem Wind zogen.

Ich war auf der Suche nach dem New York, das ich aus vielen geliebten Filmen aus meiner Kindheit kannte, *Frühstück bei Tiffany*, *Barfuß im Park*, *Meine Braut ist übersinnlich*, *Sonntag in New York*, *Manhattan*, *Es war einmal in Amerika*, *New York, New York*, aber auch *Taxi Driver*, *Smoke* und andere Streifen, die die ungeschminkte Realität der Stadt zeigen.

Was ich an New York wirklich liebte, war das Straßenleben, die Alltagsmomente, die wie Schnappschüsse in einem Fotoalbum zu unauslöschlichen Erinnerungen werden. Ich erinnere mich an sie, als wären es tatsächlich Filmszenen. Denn was New York so wunderbar und schön macht, sind in erster Linie seine Menschen – bunt und vielfältig, ein Schmelztiegel der Traditionen und Kulturen. Oftmals mit jener direkten, manchmal aggressiven Attitüde, die sie zu echten New Yorkern macht – obwohl jeder, der in der Stadt lebt, von Haus aus New Yorker ist.

Der Klang der Stimmen, der vielen Sprachen: Auch das ist New York – ein kleiner Kosmos inmitten einer größeren Welt, wo alle zusammenleben. Ein Mikrokosmos der Toleranz in einer modernen Gesellschaft, ein Dampfkessel der Ideen. New York repräsentiert eine harte Version des amerikanischen Traums, aber es bleibt der Traum, dass alle Hoffnungen und Wünsche in Erfüllung gehen können, Talente entdeckt werden, sich in einem Augenblick alles verändern kann. Dass man sich neu erfinden und noch mal ganz von vorne anfangen kann.

Was ist mein New York? Ich liebe das alte New York, wohl weil es mich an die Filme erinnert, die ich als Kind in Italien sah, als ich mit meinen großen grünen Augen in meinem schmalen Gesicht vom Zauber dieser großen Stadt träumte. Ich hatte in Venedig gelebt – meine Mutter stammt aus dem Veneto – und die Intimität der Stadt, die wie ihre Stars weltberühmt ist, schätzen gelernt. Ich liebe die Straßenecken, wo man heute noch eher echte New Yorker als Touristen trifft.

Ich bin ein Uptown-Mensch, ich mag diese Momente der Einsamkeit, die Architektur der alten Gebäude am Central Park, in der Fifth Avenue, am Broadway, der Park Avenue, die alten Häuser in der Columbus Avenue. Sie erinnern mich an Augenblicke, die mein Herz berührten wie Melodien, an den Ecken der Upper West Side und der Upper East Side. Venedig war für mich, als ich dort studierte, immer Vivaldi. Mein New York dagegen ist Bach, in der Schönheit der alten Schule in Uptown. Oder der Jazz von Chet Baker, Charlie Parker, Duke Ellington, Gato Barbieri und Miles Davis, der fast 25 Jahre lang in der 77th Street West zwischen Riverside und West End Avenue (heute Miles Davis Way) lebte.

Besonders verliebt bin ich in ein Viertel in der Upper West Side zwischen der 72th Street West und der 96th Street West. Ich habe dort in verschiedenen Gegenden gewohnt, vom Reihenhaus bis zum Hochhaus, jetzt wohne ich in einem alten Haus zwischen West End Avenue und 78th Street West im historischen Bezirk West Collegiate. Das Haus besteht aus Eigentumswohnungen, einige von meinen Nachbarn wohnen schon immer hier. Die meisten davon sind jüdischen Glaubens, und manche können tolle Geschichten über das New York von früher erzählen. Wenn ich ihnen oder unseren Pförtnern, die schon seit vielen Jahren hier arbeiten, zuhöre, erwachen andere unglaubliche Geschichten der Stadt in mir. Zu meinen Nachbarn zählen auch Haustiere, ganz besondere, ebenfalls New Yorker. Hunde, Katzen, neugierige Papageien, liebenswert und frech, manchmal schrullig und böse – wie echte New Yorker eben. Neulich habe ich festgestellt, dass zu einem der Fenster auf die West End Avenue ab und zu ein Falke fliegt, der möglicherweise auf dem Dach nistet.

Aus meinem Schlafzimmerfenster sehe ich die Segelboote auf dem Fluss, die mich jeden Tag daran erinnern, wie sehr New York dem Wasser verbunden ist und dass ich auf einer Insel lebe. Von hier aus erlebe ich das rosarote Licht des Sonnenaufgangs und das orangefarbene Feuer des Sonnenuntergangs, das den Fluss und die Wolken tränkt. Im Winter erinnert mich das an ein romantisches Landschaftsgemälde aus dem 19. Jahrhundert von Caspar David Friedrich, inspiriert von der Sturm-und-Drang-Bewegung. Mein New York ist nicht das der Wolkenkratzer. Wenn ich aus meinem Fenster auf den Riverside Park, die Bäume und alten Gebäude blicke, ist es, als lebte ich in einer vergangenen Zeit.

Unser Bezirk West End/Collegiate ist nach der gleichnamigen Kirche zwischen 77th Street West und West End Avenue benannt. Hier stehen überwiegend Spekulationsobjekte, die in den letzten 15 Jahren des 19. Jahrhunderts von einigen der talentiertesten Reihenhausarchitekten der Stadt, etwa C. P. H. Gilbert, Lamb & Rich und Clarence True erbaut worden waren. Sie verbinden die italienische, französische und flämische Renaissance mit anderen stilistischen Formen.

Ich liebe den Central Park und den Literary Walk, vor allem die wilderen Teile, wo man sich vorkommt, als hätte man sich im Wald verirrt. Ich gehe fast jeden Morgen am Hudson River spazieren, unten beim Boathouse Dock, oder entspanne mich beim Lesen auf einer Bank im Central Park West mit Blick auf so wunderbare Gebäude wie das Dakota, wo John Lennon, Leonard Bernstein und Laureen Bacall wohnten, das Art Deco Century Apartments, Majestic, San Remo, Eldorado und Beresford.

In dieser Ecke wurden viele Filme gedreht. Sie erinnert mich ein bisschen an Arthur Schnitzlers *Traumnovelle* (1926), vielleicht weil die von Tom Cruise und Nicole Kidman in dem an die Novelle angelehnten Film *Eyes Wide Shut* von Stanley Kubrick dargestellten Figuren in einem Apartment am Central Park West le-

Vorwort

ben. Ebenso gerne mag ich die alten Häuser am Gramercy Park, einem kleinen, eingezäunten historischen Privatpark, zu dem nur die Bewohner Zugang haben, die in den schönen Gebäuden drum herum wohnen. Hier gehe ich in Pete's Tavern oder in das romantische, verschwiegene alte The Inn am Irving Place, zwei Stadthäuser von 1834, die mehr ein Zuhause als ein Hotel sind.

Ich genieße die Gemütlichkeit im Café Lalo, im Café Luxembourg, ich mag auch Lansky's Diner und das kleine Lokal Zabar's, wo alle Gäste an einem Tisch oder an dem kleinen Fenster auf die Straße sitzen. Meine Lieblingscafés sind das Caffe Regio beim Washington Square Park in Greenwich Village und für Kaffee und Kuchen das Café Sabarsky in der Neuen Galerie. Ein Restaurant, das ich sehr mochte, war das alte Café des Artistes. Manchmal gehe ich in das renovierte neue, hauptsächlich um die Wandgemälde von Howard Chandler Christy zu bewundern, die immer noch da sind. Das alte Restaurant wurde 1917 eröffnet und war für die Gäste des Hotel des Artistes konzipiert, da es in den Apartments keine Küchen gab. Dort lebten Künstler wie Marcel Duchamp, Norman Rockwell, Isadora Duncan und Rudolph Valentino. Von den Hotels mag ich besonders das wunderschöne Carlyle wegen seiner Geschichte und der Musik im Café Carlyle. Ein weiteres tolles Hotel ist das Peninsula, besonders zur Weihnachtszeit, wenn es noch von der Fifth Avenue aus zu sehen ist. Es ist eine historische Institution in New York mit einer wundervollen Bar unter dem Dach mit Blick über die ganze Stadt.

Als Europäerin faszinieren mich die historischen Clubs der alten New Yorker Schule wie das Metropolitan, der National Arts Club, The Players, der Explorers Club und der Friars Club. Man muss dort Mitglied sein, um reinzukommen, und manchmal ist es selbst dann nicht leicht, weil sie an einer Tradition festhalten, die von Familie zu Familie weitergegeben wird. Manchmal gibt es aber auch Veranstaltungen und Ausstellungen, die öffentlich zugänglich sind.

Was ich an der Stadt wirklich liebe, ist, sie von oben zu betrachten. Sei es aus einem Hubschrauber, den ich für meine Arbeit als Fotografin benutze, von dem aus New York aussieht wie ein Puzzle unterschiedlicher Sinneseindrücke und Farben, oder von einem Wolkenkratzer wie dem Rockefeller Center oder dem Empire State Building, wo ich manchmal um Mitternacht anhalte, um die Lichter zu bewundern wie einst King Kong. Nichts allerdings ist beeindruckender als der Augenblick nach Sonnenuntergang, wenn der Himmel im Westen in Flammen steht, mit wunderbaren Farbschattierungen von Rot, Rosa und Violett. Hierher komme ich, wenn ich meine Liebe zu New York immer wieder aufs Neue spüren möchte.

Folgende Doppelseite: Yogaunterricht am **Times Square**.

WOODY ALLEN
Der »Biograf« der Stadt

In seiner Welt gibt es keine Begründung, weshalb manche Dinge geschehen und andere nicht. Alles ist möglich, solange es funktioniert. So denkt New York, das ist seine Lebensart. Nur so, wie man es hier macht, ist es richtig.

Niemand kennt New York City so gut wie Woody Allen, der seine Abgründe erforscht, tief in dunkle Ecken vordringt, jedes versteckte Viertel aufsaugt, seine verschiedenartigen Kulturen, seine Musik und Kunst. Er ist »einer von ihnen« und zugleich ihr Voyeur, er befindet sich mitten in Manhattan und beobachtet es gleichzeitig von außen, betrachtet es mit dem Auge des Regisseurs, dem Geist eines Genies, dem Feingefühl eines Schauspielers, der Kreativität und Neugier des Schriftstellers.

Für einen seiner berühmtesten Filme, *New Yorker Geschichten* (1989), tat sich Allen mit Martin Scorsese und Francis Ford Coppola zusammen, um einen Episodenfilm über die Stadt und ihre Bewohner zu schaffen. Wenn Woody Allen eine Geschichte erzählt, reicht sie stets über Einzelschicksale hinaus und behandelt etwas Umfassenderes: den Menschen an sich. Mit seinen Storys dringt er nicht nur ins Herz der Mittelschicht der Stadt und ihrer reichsten Bewohner vor, sondern widmet sich auch und gerade jenen, die nicht vom Glück begünstigt sind.

> Ich liebe die Stadt auf emotionale, irrationale Weise, wie man seine Eltern liebt, auch wenn sie Trinker oder Diebe sind.

»Ich bin in Brooklyn in einfachen Verhältnissen aufgewachsen«, sagt Woody Allen. »Das sind immer noch meine Wurzeln, obwohl ich schon mit 19 nach Manhattan zog, Arbeit fand, heiratete und einen Freundeskreis aufbaute, in dem einige sehr gute Jobs hatten. Ich habe die unterschiedlichen Klassen der New Yorker Gesellschaft kennengelernt. Ich hatte Freunde mit Geld, sogar viel Geld. Das hielt sie jedoch nicht davon ab, sich fürchterlich zum Narren zu machen und tragisch zu enden, wie Cate Blanchetts Figur in *Blue Jasmine* (2013).«

Er schreckt nicht davor zurück, diese dunklere Seite in der Natur des Menschen zu zeigen, die in jedem von uns schlummert, die wir aber am liebsten verdrängen. Mit unvorstellbarem Auffassungsvermögen, Talent und Hingabe erkundet er diese dunkle Seite auf ironische und originelle Weise. Seine Vorstellungskraft erschafft Werke, die uns hinters Licht führen und zugleich unterhalten – wie ein Magier, der uns zum Lachen, aber auch zum Nachdenken bringt.

Was ist letztlich der Sinn des Lebens? Was ist die Seele der »Stadt der tausend Lichter«? Kann New York lieben, leiden, fühlen und sich abrackern wie ein Mensch? In Woody Allens Filmen hat man den Eindruck, dass Manhattan atmet, hört, riecht und schmeckt. Als wäre die Stadt eine Person mit einem sechsten Sinn, fast intuitiv,

> »Leben hat so viel mit Glück zu tun.
> Mindestens 99 Prozent, würde ich sagen,
> besonders in New York.
> Manchmal scheuen sich die Leute, das zuzugeben.«

surreal, gar schamanisch und kaum zu begreifen. Wir können diese unsichtbare Essenz weder sehen noch fassen, aber sie ist allgegenwärtig. Wir können sie nur erleben, wie in seinem Film *Im Bann des Jade-Skorpions* (2001).

In Allens Welt dreht sich alles um diesen mysteriösen New Yorker Geist – etwas zu wagen, zur richtigen Zeit am richtigen Ort zu sein. »Leben hat so viel mit Glück zu tun. Mindestens 99 Prozent, würde ich sagen, besonders in New York«, erklärt er. »Manchmal scheuen sich die Leute, das zuzugeben. Sie denken lieber, sie hätten ihr Leben unter Kontrolle, aber das ist nicht wahr.«

»Die Amerikaner glauben, sie seien für ihr Glück selbst verantwortlich. Sie denken so, um sich einbilden zu können, sie hätten die Kontrolle. Haben sie aber nicht, keiner von uns.«

Wo liegt dieses Glück? »Überall in der Stadt und auf der ganzen Welt«, sagt Allen. »Es kann das Glück der vererbten Gene sein, ein glücklicher Zufall oder schlicht das Glück dessen, was während des Tages passiert. Das Glück, nicht da zu sein, wenn jemand im Bus eine Bombe hochgehen lässt oder das Flugzeug, das man verpasst hat, abstürzt; oder schlicht an dem einen Ort geboren zu sein und nicht woanders. Oder sogar das Glück, das vielleicht an einer Straßenecke auf dich wartet.«

Niemand verkörpert das »Gesicht« New York Citys besser als Woody Allen. Er analysiert gleichzeitig die Psyche seiner Figuren und seine eigene, erforscht die Gedanken, Gefühle und Erwartungen, die Hoffnungen und Träume der Stadt und ihrer Bewohner. Wie die Stadt selbst ist er bei ihnen, wenn sie sich verlieben, weinen, die Süße und Bitterkeit des Lebens erfahren. Er ist Teil von Licht und Schatten der »Stadt, die niemals schläft«.

Wie ein Heer von Ameisen wuseln die Storys von New York ständig durch seinen Kopf, wie in einem Drama des italienischen Schriftstellers Pirandello mühen sie sich, zum Leben erweckt zu werden. Wenn sie in die Wirklichkeit treten, fangen die Probleme an. »Ich denke, das Leben kann man nur ertragen, wenn man sich ablenkt«, sagt Allen. »Das geht auf Millionen von Arten – ein Buch lesen, ein Drehbuch schreiben, einen Film anschauen, Musik hören, zum Fußball gehen. Oder man schafft sich Probleme, wie das viele New Yorker tun, schlicht um zu überleben, obwohl sie letztlich wissen, dass es bei diesen Problemen nicht um Leben und Tod geht – sie lassen sich alle irgendwie lösen.«

Woody Allen ist eine Art wahrgewordener New Yorker Traum. Der absolute Selfmademan kam in der Bronx als Allen Stewart Königsberg zur Welt, wuchs in einer jüdischen Familie in Brooklyn auf. Seine Mutter Nettie war Buchhalterin im Feinkostladen der Familie, Vater Martin Diamantschleifer und Kellner. Allens Großeltern stammten aus Russland und Österreich. Seiner Herkunft nach ist er Aschkenase.

Sein neues Leben als Woody Allen, als intellektueller Atheist von der Upper East Side, begann der Filmemacher, indem er Witze schrieb und als

Der nächtliche **Times Square** aus der Vogelperspektive.

»Es überrascht mich immer wieder,
dass jemand authentischen Jazz hören will.«

Authentischer Jazz
Woddy Allen an der Klarinette bei der Eddy Davis New Orleans Jazz Band im Café des Carlyle-Hotels.

Komiker auftrat. Sein Bühnendebüt feierte er im legendären »Duplex« in Greenwich Village, ehe er zum Star der Filmindustrie wurde. Alles, was er tat, war, er selbst zu sein, eine unverwechselbare, starke und charismatische Persönlichkeit.

Woody Allen ist eine faszinierende Ikone der US-Popkultur. New York wäre ohne ihn nicht das, was es ist. Zwar ist er in letzter Zeit um die Welt gereist, um in Städten zu drehen, die ihm gefielen – *Match Point* (2005) in London, *Midnight In Paris* (2011), *Vicky Cristina Barcelona* (2008) eben dort, *Blue Jasmine* in San Francisco (2013) und *To Rome With Love* (2012) in der italienischen Hauptstadt –, gibt aber zu, die Stadt zu vermissen, wenn er unterwegs ist. Und er kehrt immer zurück.

Als vielseitig talentierter Künstler liebt er ebenso Theater und Jazz. Er schreibt Stücke für den Broadway und spielt montagabends Klarinette mit seiner New Orleans Jazz Band im Nachtclub des Carlyle-Hotels in der Upper East Side. Das Café, ein Hotspot der New Yorker Musikszene, ist stets voll, wenn er auftritt. »Es überrascht mich immer wieder, dass jemand authentischen Jazz hören will«, sagt er.

»In New York kann man Millionen Dinge tun, Millionen Geschichten erzählen, es gibt Millionen tolle Plätze«, findet Allen. »Ich habe hier viele Filme gedreht und mache das weiterhin. Ich denke, ich habe noch nicht mal die Oberfläche von New York City angekratzt.« Was fehlt ihm am meisten, wenn er weg ist? »Dass ich nicht beim Baseball zuschauen kann. Das ist ein großer Verlust für mich.«

Um Einblick in Woody Allens New York zu erlangen, muss man nur seinen Geschichten folgen. In seinen Produktionen findet sich eine Vielzahl von New Yorker Orten. Für

Allen beginnt und endet alles zu Hause. »Es ist schön, daheim zu arbeiten. Ich mag das, meine eigene Dusche, mein eigenes Bett, mein eigenes Haus«, erklärt er. Viele Jahre wohnte er in demselben Einzimmerapartment, nun lebt er mit seiner Familie an der Upper East Side in Manhattan.

»Ich bin zwar in Brooklyn aufgewachsen, aber meine Vorstellung von New York ist das Manhattan, das ich aus Hollywood-Filmen kannte: eine vor Lichtern erstrahlende Stadt, in der die Champagnerkorken knallen und eine hinreißende Frau mit einem Hermelin um die Schultern morgens um vier nach Hause kommt«, sinniert er. »Wir haben in Brooklyn nicht so gelebt. Das New York, von dem ich als Kind träumte, war nicht so realistisch oder stimmig wie das in Filmen von Spike Lee oder Martin Scorsese.«

Allens Porträts der Stadt zeigen Filme wie *Manhattan* (1979), *Hannah und ihre Schwestern* (1986), *Verbrechen und andere Kleinigkeiten* (1989), in denen er tragische und komische Elemente verbindet, *Der Stadtneurotiker* (1977), *Broadway Danny Rose* (1984), in dem er einen New Yorker Showbiz-Agenten spielt, *Radio Days* (1987) über seine Kindheit in Brooklyn, *Ehemänner und Ehefrauen* (1992), *Manhattan Murder Mystery* (1993), *Bullets Over Broadway* (1994), das Musical *Alle sagen: I Love You* (1996), *Schmalspurganoven* (2000) und andere.

Im The Paris Theater, das in *Der Stadtneurotiker* (1977) zu sehen ist, laufen nach wie vor große Filme. An der Riverside Terrace (59th Street/FDR Drive) kann man heute noch den Sonnenaufgang erleben wie Allen und Keaton in *Manhattan* (1979) auf einer der Bänke am Fluss mit Blick auf die große Queensboro Bridge. Der 21 Club

Der 21 Club
In der Prohibitionszeit war dieses historische Restaurant ein »speakeasy«, eine Flüsterkneipe. Die Jockeystatuen wurden von den prominentesten Stammkunden des Lokals gestiftet. Woody Allen drehte hier eine Szene für *Manhattan Murder Mystery*.

Das Café des **Dean & De Luca** in SoHo.

ist ein historisches Restaurant, in dem die Darsteller von *Manhattan Murder Mystery* (1993) zu Abend essen. Allen liebt den Russian Tea Room im Norden von Manhattan (»Ich bin da seit Langem Stammgast«), eine der berühmtesten Teestuben der Welt.

Das 1924 von der Dichterin Edna St. Vincent Millay gegründete romantische Cherry Lane Theatre, zu sehen in *Eine andere Frau* (1988), ist Anlaufstelle für bekannte und aufstrebende Künstler. Hier hatte einst James Dean gearbeitet. Es ist ein bis heute populäres Off-Broadway-Lokal unweit des Restaurants Grange Hall (heute Commerce) in der Commerce Street 50, das in *Anything Else* (2003) vorkommt.

An dem kleinen Häuschen im Village mit der Hausnummer 100 spazieren Woody Allen und Mia Farrow in *Hannah und ihre Schwestern* (1986) vorbei. Nummer 75 1/2, erbaut 1873, ist das schmalste Haus; hier wohnten der Schauspieler John Barrymore und Edna St. Vincent Millay. An der Bleecker Street 278, einer belebten Ecke im West Village, befindet sich seit 1929 John's Pizzeria. Dies ist das Greenwich Village der Dichter, Schriftsteller und Künstler; hier trafen sich etwa Jackson Pollock und die Beat-Generation.

Zu den weiteren New Yorker Wahrzeichen in Woody Allens Filmen zählen das elegante Gourmetkaufhaus Dean & Deluca am Broadway 560 im Herzen von SoHo, das Mia Farrow in *Ehemänner und*

Ehemänner und Ehefrauen
Am Tresen des Cafés Dean & De Luca in SoHo ist immer viel los. Dort spielt auch eine Szene in Woody Allens Film von 1992 mit Mia Farrow und Judy Davis.

Das **Metropolitan Museum of Art**.

»Ich habe die Stadt mein ganzes Leben lang geliebt.
Für mich ist sie wie eine großartige Frau.«

Ehefrauen (1992) besucht, das erste New Yorker Dim-Sum-Restaurant Nom Wah Tea Parlor in *Radio Days* (1987), das berühmte italienische Lokal Lanza's in einer entscheidenden Szene in *Manhattan Murder Mystery* (1993) und die altmodische Yonah Schimmel Knish Bakery, die die Figur Larry David in *Whatever Works – Liebe sich wer kann* (2009) aufsucht.

Woody Allens Manhattan enthüllt sich uns in den Straßenszenen in seinen Filmen. Diese schönen Bilder hängen in einem imaginären Museum abstrakter Erinnerungen und verfolgen die Historie der Stadt von den 1970ern bis heute. Berühmte Orte sind etwa der Pomander Walk (West 94th Street 260–266), das Metropolitan Museum of Art (»Ich bin seit Langem ein Fan davon«), das Hayden Planetarium, das Guggenheim Museum, in dem Allen eine bekannte Szene mit Diane Keaton in *Manhattan* (1979) spielte, das Whitney Museum of American Art, der Zoo im Central Park (»Der einzige Ort, wo man mitten in New York City Pinguine findet!«) und die ehemalige Filiale der Spielwarenhandlung FAO Schwarz (in *Geliebte Aphrodite* von 1995).

Guggenheim Museum
Allen verewigte Frank Lloyd Wrights spiralförmig gewundene Galerie des Museums in seinem Film *Manhattan* (1979).

Das neue von Renzo Piano entworfene Whitney Museum of American Art.

Allens Filme öffnen geheime Fenster in die Geschichte und Kultur der Stadt, zu den Tausenden schönen Gesichtern, die den Schmelztiegel Manhattan ausmachen. »New York City ist wie Kalkutta«, erklärt Woody. »Ich liebe die Stadt auf emotionale, irrationale Weise, wie man seine Eltern liebt, auch wenn sie Trinker oder Diebe sind.«

»Ich habe die Stadt mein ganzes Leben lang geliebt«, sagt Woody Allen. »Für mich ist sie wie eine großartige Frau.«

New York ist für Allen so magisch wie das Filmemachen. »Als ich noch zur Schule ging, entfloh ich meinen Problemen ins Kino«, erinnert er sich. »Heute flüchte ich vor ihnen hinter die Kamera, wo ich den schönsten Frauen der Welt begegne, etwa Diane Keaton, Marion Cotillard, Rachel McAdams, Carla Bruni, Penelope Cruz, Scarlett Johansson und Cate Blanchett.«

»Ich glaube, ein wenig Magie kann die Menschheit aus ihrem Dilemma befreien – New York ist voll von dieser Magie«, erläutert Woody Allen.

Die Stadt, die niemals schläft
Noch beeindruckender ist New York bei Nacht, wenn Tausende Lichter die Stadt förmlich bedecken: Blick vom Empire State Building über das Lichtermeer auf Downtown und den Freedom Tower (Folgende Doppelseite).

LIDIA BASTIANICH
Die kulinarische Königin der Stadt

Lidia Bastianich ist dank ihrer Warmherzigkeit, ihrer Gastfreundlichkeit und ihren köstlich authentischen italienischen Kreationen in New York ein Stern am Kochhimmel. Und sie ist ein Symbol für den New Yorker amerikanischen Traum.

Geboren wurde sie 1947 in Pola in Istrien (heutiges Kroatien), das nach dem Zweiten Weltkrieg an das neu gegründete sozialistische Jugoslawien fiel. »Wegen Titos kommunistischer Regierung beschlossen meine Eltern auszuwandern. 1956 schickte mein Vater Vittorio meine Mutter, meinen Bruder Franco und mich zu Verwandten ins italienische Triest. Er selbst blieb in Pola, da die Regierung vorschrieb, ein Familienmitglied müsse bleiben, um zu garantieren, dass der Rest der Familie zurückkehrte. Zwei Wochen später flüchtete er jedoch über die Grenze nach Italien. Nach ein paar Monaten mit der Großfamilie zogen wir nach San Sabba in ein Lager für politische Flüchtlinge. Wir waren Teil der größten istrischen Auswanderung der Geschichte.«

Etwa zwei Jahre später erhielt Lidias Familie die Erlaubnis, in die USA einzuwandern, und kam nach New York. »Ich weiß noch, wie wir auf dem heutigen JFK Airport landeten und den Bus nach Manhattan nahmen. Die Wolkenkratzer und Brücken waren einfach beeindruckend, so was hatte ich noch nie gesehen.« Lidias Familie wohnte zunächst in einem Hotel, zog für kurze Zeit nach North Bergen in New Jersey und bald darauf zu entfernten Verwandten in Astoria in Queens. »In Astoria lebten damals viele italienische und deutsche Einwanderer. Als ich 14 war, fing ich in einer Bäckerei zu arbeiten an, die Christopher Walkens Vater gehörte. Ich stand an der Ladentheke, aber wann immer sich eine Gelegenheit ergab, zog es mich in die Backstube. Ich liebte es, Kuchen und Desserts zu dekorieren«, sagt Lidia.

Lidia fährt auch heute noch gerne nach Astoria, obwohl sich die Bevölkerung verändert hat. Hier leben nun viele indische, ägyptische und asiatische Einwanderer.

> In New York kann ich innerhalb einiger Stunden um die ganze Welt reisen und unterschiedliche Kulturen erleben.

Nach ihrem Highschool-Abschluss und während der Collegezeit arbeitete sie in italienischen Restaurants in der Gegend und lernte ihren ebenfalls aus Istrien stammenden späteren Ehemann kennen, den Gastwirt Felice Bastianich. Sie heirateten 1966 und bekamen zwei Kinder, Joseph und Tanya. Kurz vor Tanyas Geburt eröffneten sie ihr erstes Restaurant, das Buonavia in Forest Hills in Queens.

Lidia bediente die Gäste und engagierte zusammen mit Felice für die Küche den besten italienisch-amerikanischen Koch, den sie finden konnten. Von ihm lernte

Die **Freiheitsstatue**, Symbol des **»amerikanischen Traums«**.

»Ich bin immer sehr berührt, wenn ich die Freiheitsstatue sehe. Sie erinnert mich an meine Ankunft als Immigrantin und vor allem daran, welch ein Glück ich hatte, in diese tolle Stadt, dieses tolle Land zu kommen.«

sie italoamerikanische Klassiker und machte ihn zugleich mit den Rezepten vertraut, die sie von ihrer Großmutter in Istrien kannte. »Wir servierten Kalbsschnitzel, aber ich zeigte ihm auch Gerichte wie Risi e bisi, Jota und Palatschinken.«

Das Buonavia war sofort erfolgreich, und einige Jahre später eröffneten Lidia und Felice in Queens ein zweites Restaurant. 1981 trafen sie die einschneidende Entscheidung, nach Manhattan zu ziehen und ihr Aushängeschild zu gründen, das Felidia, in dem Lidia Küchenchefin wurde. Kurz nach der Eröffnung verlieh ihm die *New York Times* drei Sterne, seither kamen noch drei weitere dazu.

In den 1990ern stiegen Lidias Kinder mit ins Geschäft ein. Joe reiste nach einer kurzen Zeit an der Wall Street durch Italien und eröffnete 1993 mit ihr ein italienisches Speiselokal im Theaterbezirk. Jahre später arbeitete er bei mehreren Projekten mit Mario Batali zusammen und gründete eine Reihe von Lokalen gemeinsam mit Lidia und ihm, etwa das Esca, das Del Posto & Eataly New York und das Eataly Chicago. Im Eataly gibt Lidia Kochkurse als Dekanin von La Scuola (die Schule). Ihre Tochter Tanya promovierte in Oxford in Kunstgeschichte und arbeitete danach mit Lidia an ihren Fernsehshows und Kochbüchern

»In New York konnte meine Familie noch mal von vorn anfangen.
Es ist eine Welt der tausend Möglichkeiten und Hoffnungen.«

Die Haupthalle der ehemaligen Immigrant Inspection Station auf **Ellis Island.**
Im **Ellis Island Immigration Museum** sind zurückgelassene Koffer von Einwanderern ausgestellt.

sowie in einigen Restaurants. Derzeit entwickelt sie für Tavola Productions mit ihrer Mutter weitere kulinarische Kochsendungen.

Lidias Mutter Erminia lebt bei ihr und kümmert sich mit um den großen Gemüsegarten, dessen Produkte Lidia in der Küche zu Hause und manchmal auch in den Restaurants verarbeitet. Daneben ist sie in einigen Episoden der Fernsehshow *Lidia's Kitchen* zu sehen und freut sich natürlich immer über Besuch von ihren Urenkeln.

New York bedeutete einen Neubeginn und ein neues Zuhause für Lidia Bastianich. Als sie nach ihren Gefühlen für Wahrzeichen wie die Freiheitsstatue und Ellis Island gefragt wurde, antwortete sie simpel: »Ich bin emotional sehr berührt, wenn ich diese beiden Symbole von New York sehe. Sie erinnern mich an meine Ankunft als Immigrantin und vor allem daran, welch ein Glück ich hatte, in diese tolle Stadt, dieses tolle Land zu kommen. In New York konnte meine Familie noch mal von vorn anfangen. Es ist eine Welt der tausend Möglichkeiten und Hoffnungen.«

»Ich liebe New York, es ist mein Zuhause. Manchmal brauche ich eine Auszeit von dieser hektischen Stadt, und meine Reisepläne gestatten mir das auch, aber ich muss immer wieder zurück, weil ich hierhergehöre«, sagt sie. »New York verändert sich ständig, ob in Manhattan,

»Ich gehe gerne im Central Park spazieren.
Mit seinen Baseballfeldern, grünen Wiesen und Seen
ist er nicht nur unglaublich schön, er besitzt auch eine Energie,
die mir einfach das Gefühl gibt, zu leben.«

Der **Central Park** im Licht der Straßenlaternen.
Springbrunnen am **Bethesda Terrace** im Central Park.

Queens oder irgendeinem anderen Viertel. Ich bin ganz vernarrt in den Broadway in Astoria, wo viele italienische und griechische Immigranten leben und arbeiten, aber ich mag auch die Cafés in Greenwich Village, SoHo und dem East Village.« Lidia betont, dass ihr New York nach wie vor als der aufregendste Ort der Welt erscheint. »In New York kann ich innerhalb einiger Stunden um die ganze Welt reisen und unterschiedliche Kulturen erleben. Die Stadt verfügt über eine ganz spezielle Energie, die ich spüre, wenn ich herumlaufe. Sie ist Teil meiner Seele, wenn ich die Leute beobachte, die vorbeibrausenden Autos und Taxis, die unerwarteten Düfte und Aromen exotischer Gerichte der Streetfood-Händler. Ich finde unterwegs immer eine großartige schnelle Mahlzeit.«

Lidia ist ein großer Fan der New Yorker Parks. »Ich gehe gerne im Central Park spazieren. Mit seinen Baseballfeldern, grünen Wiesen und Seen ist er nicht nur unglaublich schön, er strahlt auch eine Energie aus, die mir einfach das Gefühl gibt, zu leben.« Daneben liebt sie den kleinen Park am East River nahe den Vereinten Nationen an der 57th Street, wo man den Schiffen zusehen kann. Ein weiterer Favorit ist der Bryant Park, besonders an Weihnachten. Dort schaut sie im Winter Familien und Freunden beim Eislaufen und im Sommer Künstlern zu. »Ich fühle mich zum Astoria Park wirklich hingezogen, wo ich oft Leute unter der Triborough Bridge Fußball spielen sehe, so wie in Italien.«

Wolkenkratzer faszinieren Lidia, seit sie als kleines Mädchen in die Stadt kam. »Besonders liebe ich das Chrysler Building, es war für mich immer das absolute Symbol für New York. Ich bin immer wieder beeindruckt von seiner Art-déco-Architektur. Ich fahre gerne von Queens nach Manhattan, wenn die Sonne hinter den Wolkenkratzern untergeht und futuristische Effekte erzeugt. Die Skyline ruft immer wieder Gefühle in mir wach, obwohl ich sie Tausende Male gesehen habe.«

Ihren italienischen Wurzeln verdankt Lidia ihre Leidenschaft für klassische Musik und

Das Lincoln Center for Perfoming Arts.

die Oper. Da verwundert es nicht, dass sie das Lincoln Center for Performing Arts mit seinen 20 Bühnen drinnen und unter freiem Himmel sehr schätzt, etwa die renommierte Alice Tully Hall mit ihrem Programm in Tanz, Drama und Musik, die Avery Fisher Hall, Heimat der New Yorker Philharmoniker, die Metropolitan-Oper und das David H. Koch Theater, die Spielstätte des New York City Ballet. »Ich liebe das Lincoln Center, seine Theater, den wunderschönen Springbrunnen, wo sich so viele Leute treffen. Es ist ein unglaubliches Sammelsurium der Künste mit klassischer Musik, Theater, Ballett und wundervollen Konzerten.«

Unter den Museen schätzt Lidia vor allem das MoMA, das Museum of Modern Art. Ihr gefällt auch, dass Queens derzeit eine Renaissance von Kunst und Film erlebt. Stolz erzählt sie vom MoMA PS1, einem Ableger des MoMA auf Long Island: »Die Kaufmann Astoria Studios waren nie zuvor so aktiv und produktiv.«

Letztlich ist es jedoch die Kochkunst, die Lidia in erster Linie mit New York verbindet. »Für mich ist New York City ein Schmelztiegel. Wenn ich Lust auf asiatische, speziell koreanische Küche habe, denke ich sofort an die Main Street in Flushing, Queens.« Seit Kurzem interessiert sie sich sehr für koreanische Lokale, die in dieser Straße sehr populär sind. »Das Essen ist köstlich und die Inhaber voller Leidenschaft. Hier finde ich die New Yorker Energie, die ich so liebe.« Lidia weiß, dass sich die Main Street wahrscheinlich mit der Zeit verändern wird, wenn neue Immigranten einziehen. »Alles in New York ist ständig in Bewegung, entwickelt sich und überrascht mich immer wieder aufs Neue, inspiriert mich, etwas auszuprobieren, was ich vielleicht nie für möglich gehalten hätte. Das liebe ich so an New York.«

Klassisches Ballett
An einer Inszenierung des *Nussknackers* beteiligte Tänzer des New York City Ballet bei einem Besuch in der New Yorker Börse.

41

MARIO BATALI
Der »Küchenchef« der Stadt

Wie ein großer Maler hat er New York mit seiner Lieblingsfarbe Orange überzogen und dafür gesorgt, dass es sich in Italien »verliebt«. Von seinen legendären orangenen Crocs (die er selbst auf dem roten Teppich trägt) mal abgesehen, ist Maria Batali der größte Küchenmeister der Stadt. »New York ist reich an Geschmacksnoten, Gewürzen und Farben, es ist klassisch, modern und experimentell zugleich«, erklärt er.

Fröhlich und verspielt wie ein moderner Bacchus brachte er diese Atmosphäre ins Eataly NYC, einen italienischen Spezialitäten- und Weinmarkt, den Batali mit Lidia und Joe Bastianich sowie Adam und Alex Saper eröffnete und der ursprünglich ein internationales Projekt des Unternehmers Oscar Farinetti war. »Es bietet eine Auswahl an Restaurants, wo man viele Arten Fleisch-, Fisch- und Pastagerichte bekommt. Auf dem Dach gibt es außerdem eine modische Birreria. Ein echter kulinarischer Tempel für Italienfans, in dem man zahllose regionale Produkte findet.«

»Ich wollte den New Yorkern ein Gefühl von ›la dolce vita‹ und seinen Geschmäckern vermitteln. In New York kann man mit Geschmäckern experimentieren und spielen, ein bisschen was aus der ganzen Welt ausprobieren. Wenn man in New York nichts riskiert, wo dann? Ich fühle mich hier so kreativ. Hier kann man den Leuten viel einfacher eine Reaktion entlocken als irgendwo sonst. New York ist ein echter kulinarischer Schmelztiegel, wo ein Essen kreativ und schön sein kann, wie ein Kunstwerk.«

Auch mit seinen TV-Shows und zahlreichen Büchern, wie *Molto Italiano: 327 Simple Italian Recipes* (Ecco 2005), dem *New-York-Times*-Bestseller *Mario Batali Italian Grill* (Ecco 2008) und *Molto Batali: Simple Family Meals From My Home To Yours* (Ecco 2011) hat Batali die New Yorker auf den Geschmack gebracht. Er lehrte die New Yorker, die Kochkunst zu schätzen – und das Einkaufen. »New York ist ein Paradies, was ›Lebensmittel-Shopping‹ betrifft. Ich besuche gerne die Bauernmärkte in der Stadt. Da findet man frische saisonale Produkte. Viele davon sind leicht zuzubereiten, etwa Bohnen, Tomaten, Linsen, Erbsen, Olivenöl, Balsamessig, Kürbis, Semmelbrösel und Gewürze wie Chipotle, Chorizo und Chili. In New York bekommt man Produkte aus aller Welt. Man kann immer etwas Faszinierendes kreieren und auf den Tisch zaubern. In einem Restaurant kann man wie in der Modewelt Trends setzen«, verrät der Starkoch.

Für Batali ist Kochen ein Leben der vielen Nuancen: von zwanglos über traditionell bis exzentrisch und einzigartig. Und diese Auffassung hat er den New Yorkern

> New York ist reich an Geschmacksnoten, Gewürzen und Farben, es ist klassisch, modern und experimentell zugleich.

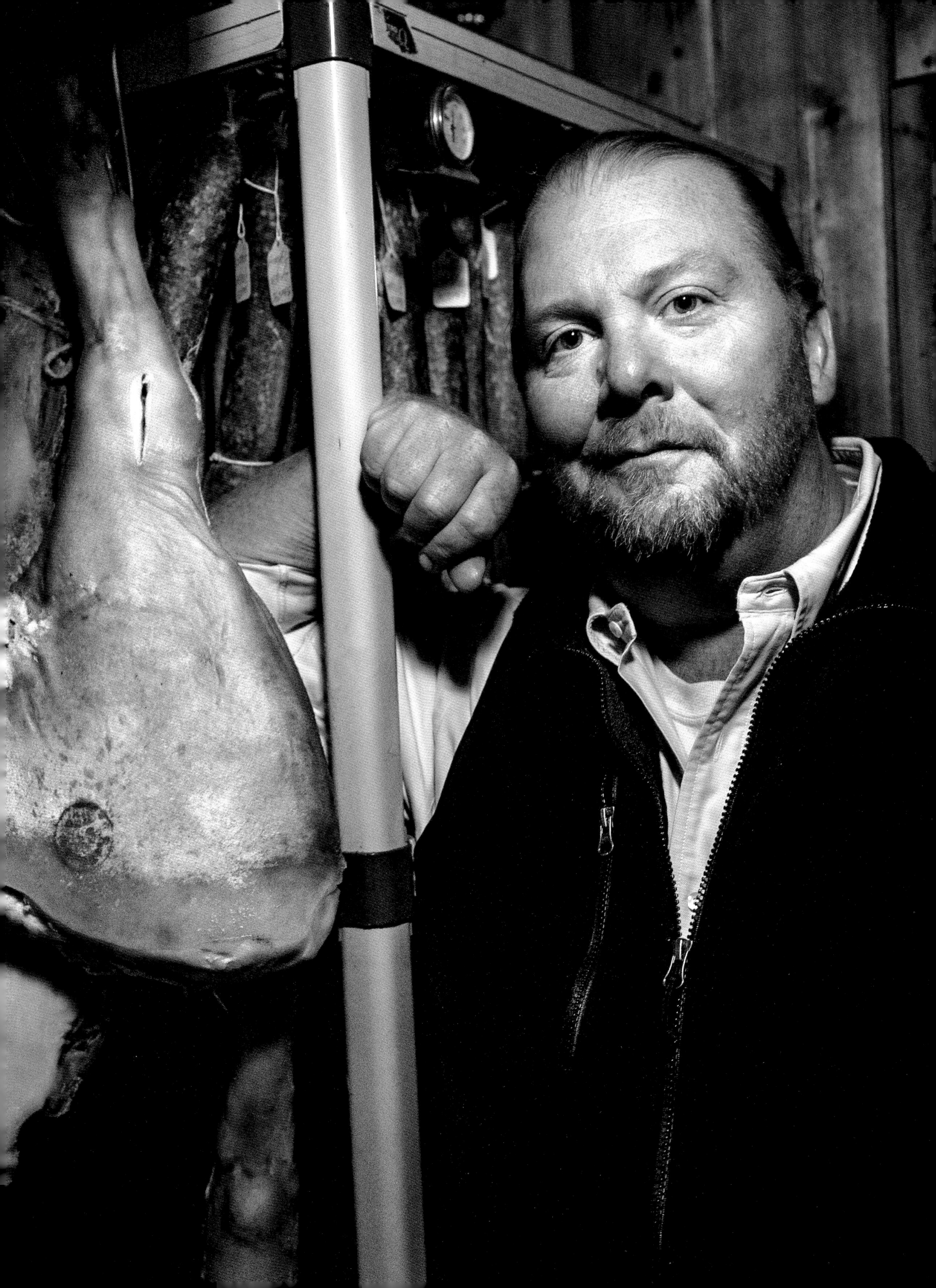

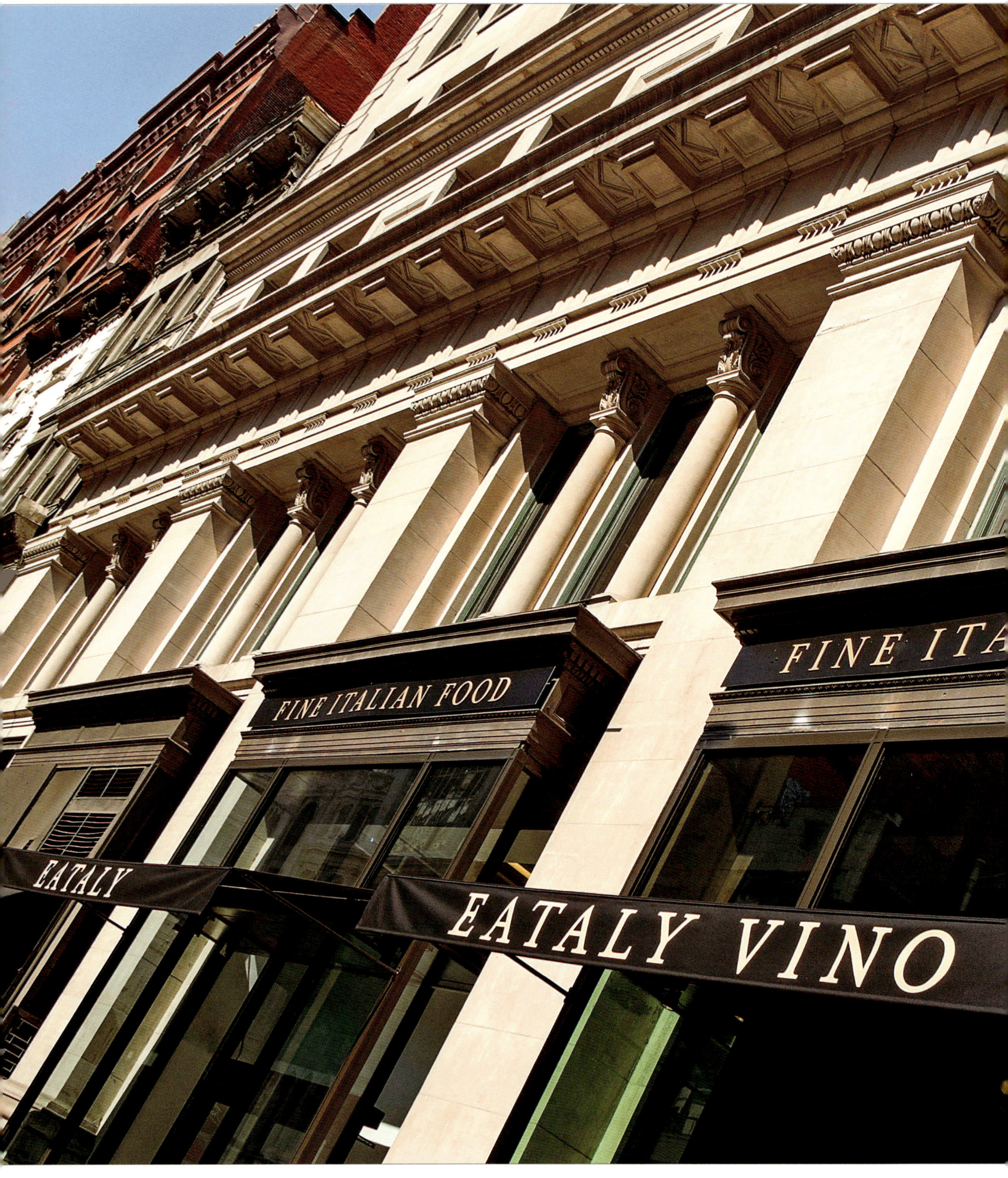
FINE ITALIAN FOOD
FINE ITA
EATALY
EATALY VINO

meisterhaft vermittelt. Er ist Experte für die Geschichte und Kultur der italienischen Küche, die seine Lebensweise und Ernährung ebenso prägen wie seine familiären Werte und seine Traditionen.

»Mein Gespür für Cuisine kann man in meinen New Yorker Restaurants erleben, die auch die Stadt widerspiegeln: rustikal und simpel, elegant und trendig, jedes anders, und jedes steht für einen Teil meiner Persönlichkeit. Du willst ›Mario‹ kennenlernen? Geh mit mir essen!«, lacht er.

Sein New York, sagt Batali, »verbindet die Eleganz einer italienischen Enoteca mit dem heiteren Getümmel eines italienischen Bahnhofs«. Wie in der Otto Enoteca Pizzeria. Es kann aber auch der Glanz »einer ausgelassenen Feier der besten italienischen Küche, Weinkunst und Lebensweise« sein, etwa im Babbo Ristorante e Enoteca, wo man viele Prominente trifft.

Für ihn kann New York elegant sein wie das Del Posto. »Das ist ein elegantes italienisches Restaurant mit der Atmosphäre von europäischem Luxus«, erklärt er. »In New York kann man aber auch die ländlichen, regionalen Wurzeln vieler Leute entdecken.« Dabei denkt er an die Lupa Osteria Romana, »eine römische Trattoria, in der typisch römische Gerichte mit einem Touch New York ausbalanciert werden, in der wie in der gesamten Stadt unterschiedliche Stile verschmelzen«.

New York ist eine Küstenstadt, diesem Aspekt widmet sich Esca, »eine süditalienische Trattoria, die die Früchte des Meeres zelebriert«.

Die Latinos bilden in New York eine große Community, und Batali fasziniert seit jeher der warme Geschmack der spanischen Küche. Daher beteiligte er sich an der Gestaltung der Bar Jamón, eines lässigen Tapas-Lokals, und der Casa Mono. »Da öffnet man die Tür und könnte meinen, man sei in Spanien, obwohl man die Großstadtluft atmet. Man findet ›raciones‹ von katalanischen Spezialitäten und Gerichte aus allen Ecken der Iberischen Halb-

Gastronomische Kreativität und Kultur
Das Eingangsportal von EATALY, Mario Batalis Feinkostladen, Restaurant und Bierlokal an der Ecke der 23rd Street und Fifth Avenue.

Eine Delikatessentheke bei **EATALY**.
Bei EATALY findet man Produkte der **traditionellen italienischen Küche**.

»Ich wollte den New Yorkern ein Gefühl von ›la dolce vita‹ und seinen Geschmäckern vermitteln.«

insel. Dazu kann man Cocktails im New Yorker Stil genießen, aber auch ein exzellentes Glas Wein.«

Batali fühlt sich als echter New Yorker, geboren ist er jedoch in Seattle, Washington. Sein Vater Armando Batali hat italienische Wurzeln, seine Mutter ist französisch-kanadischer und englischer Abstammung. »Ich habe einige Zeit in Italien gelebt und liebe das Land mit seinen vielfältigen regionalen Spezialitäten«, erzählt er. »Ich habe auch eine Weile in Spanien gelebt, aber am meisten fühle ich mich als Amerikaner, weil ich hier aufgewachsen bin. Ich habe auch ein Haus in Michigan, wohin ich jeden Sommer zum Ausspannen fahre.«

»Familie«, glaubt Batali, »ist das Wichtigste im Leben.« Er wünscht sich stets, mehr Zeit mit ihr verbringen zu können. Kein Wunder also, dass Batalis Familie ins Geschäft eingebunden ist. Seine Frau Susi hat ihn von Anfang an unterstützt und kennt sich gut mit Lebensmitteln und Obst und Gemüse aus. Seine Söhne Leo und Benno erfreuen ihn mit ihrer Liebe zum Kochen und brachten das *Batali Brothers Cookbook* (Ecco 2012) heraus, eine Auswahl der einfachsten Rezepte aus ihrer und ihres Vaters Küche.

Als echter Selfmademan steht Batali für den amerikanischen Traum und teilt die Liebe zur Stadt mit seiner ganzen Familie. Zu Collegezeiten arbeitete er als Spüler, Pizzabäcker und Koch in vielen Ecken der USA und in Europa. Mit 27 indes war er bereits ein hochbezahlter junger Chefkoch.

YOU ARE
WHAT YOU
EATALY

»Die Leute in New York kochen nicht gerne zu Hause. Die meisten gehen lieber in Restaurants. Ich dagegen koche immer noch gerne daheim mit der ganzen Familie«, schwärmt er.

»Heutzutage übernehmen die Kinder für mich in der Küche, wenn ich nicht da bin, und fragen nach Zutaten, Kochzeiten und Zubereitung. Es ist schön, dass sich die Tradition fortsetzt und sie die gleiche Leidenschaft für die Stadt haben wie ich.«

Die Kunst des Teilens mit denen, die man liebt, macht für ihn das heutige New York aus, nicht nur am Tisch, sondern generell im Leben.

»Es sind New Yorks Plätze und Orte, die einem stets ein wohliges Gefühl geben, die einen daran erinnern, wie schön es ist und warum man es so sehr liebt. Meine Familie und ich lieben den Washington Square. Wir gehen einfach gerne in den Park und schauen zu, wenn Leute Straßenmusik machen. Wir lieben den Union Square, wo wir zum Greenmarket gehen. Es macht solchen Spaß, gemeinsam einzukaufen. Sehr gerne mögen wir auch den Smorgasburg & Brooklyn Flea & Food Market an der Williamsburg Waterfront, wo man etwas essen, spazieren gehen und die ganzen Straßenstände abklappern kann. Das Gefühl, dass alles für alle vorhanden und zugänglich ist, auch das ist New York.«

Und er kennt ganz spezielle Plätze, an denen man sich lebendig fühlt. »Ich bin begeistert von der Brooklyn Bridge, über die ich mit den Kindern spaziere. Der Blick von dort, hoch über den Dingen, über dem Wasser, in der Luft hängend, das gibt einem ein Gefühl für die Stadt, ein Bild ihrer erstaunlichen Schönheit und Größe, wie sich die Silhouette der Wolkenkratzer von Lower Manhattan in den Himmel erhebt. Da spürt man die Möglichkeiten und Chancen, die man hier hat. Man denkt, wenn das, was man

Bauernmärkte
Sehr beliebt sind die New Yorker Märkte, wo Obst, Gemüse und Delikatessen angeboten werden. Der hier abgebildete am Union Square ist einer von Mario Batalis Favoriten.

»In New York gibt es Produkte
aus aller Welt. Man kann immer was Faszinierendes
kreieren und auf den Tisch bringen.«

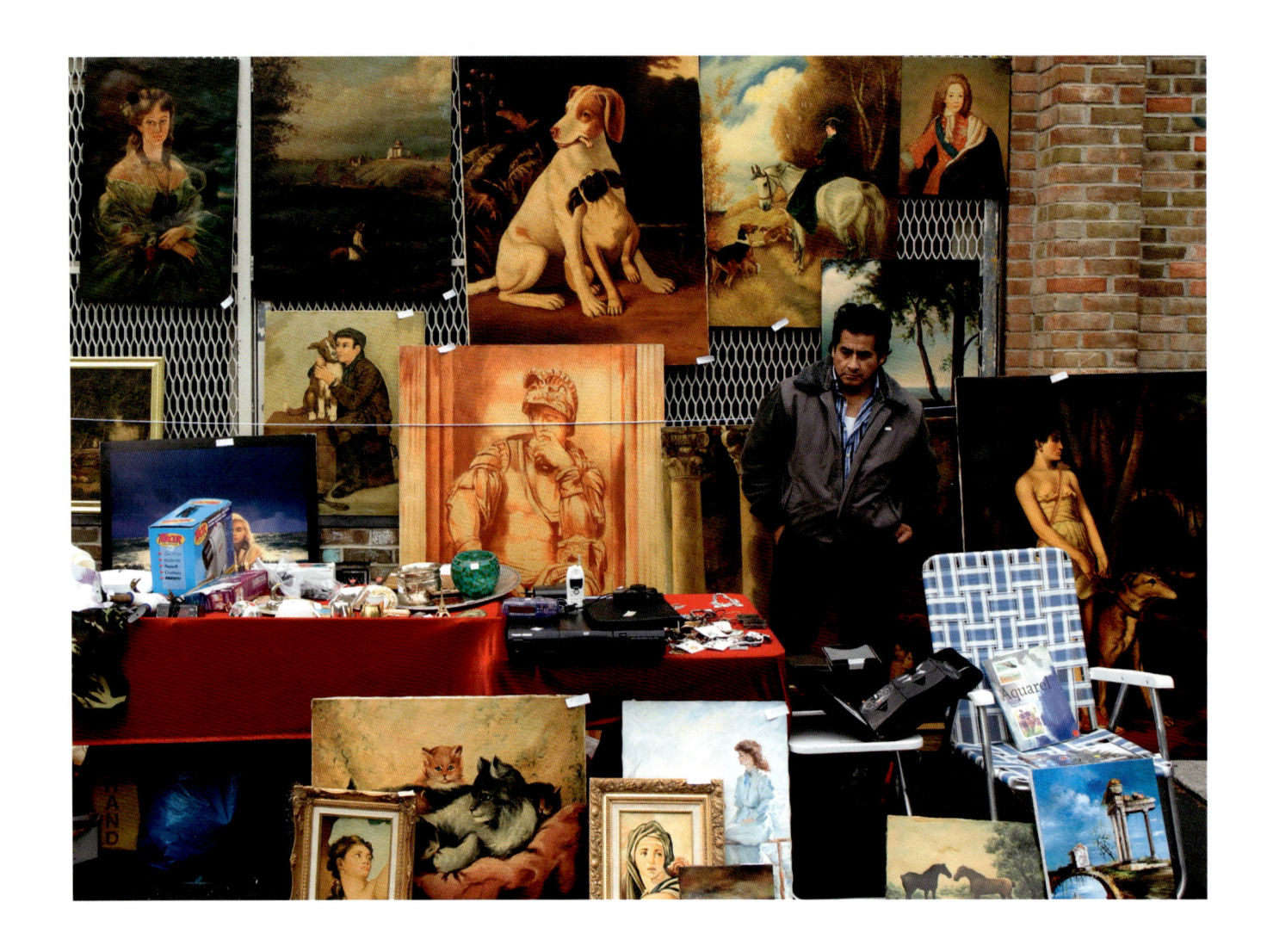

»Es sind New Yorks Plätze und Orte, die einem stets
ein wohliges Gefühl geben, die einen daran erinnern,
wie schön es ist und warum man es so sehr liebt.«

Der **Park Slope Flea and Food Market** in Brooklyn.
Flohmarkt im Gebäude der Williamsburgh Savings Bank in Brooklyn.
Folgende Seiten: Blick von der **Brooklyn Bridge** auf die Skyline von Manhattan.

da vor Augen hat, möglich ist, dann ist alles möglich, was man sich vorstellen kann!«

»Ich versuche, mindestens einmal im Monat dorthin zu gehen. Es erinnert mich daran, warum ich die Stadt so liebe. Dasselbe Gefühl habe ich auf der Staten-Island-Fähre beim Anblick der Freiheitsstatue. Das ist immer wie beim ersten Mal. Mir wird klar, wie sehr ich immer noch in New York verliebt bin. Immer wenn ich eine Weile weg bin, komme ich zurück und liebe es noch mehr. New York ist einfach so ein besonderer Ort.«

Als großer Philanthrop und Wohltäter steht Batali sinnbildlich für New York: 2008 gründete er die Mario Batali Foundation. »New York hat einen starken Gemeinschaftssinn und ist vor allem deshalb so aufgeblüht. Als Vater möchte ich Kindern in Not Bildung zukommen lassen und sie stärken. Die Stiftung sammelt Spenden für die Erforschung von Kinderkrankheiten, gegen Analphabetismus und Hunger. Mit der Initiative Food Bank möchten wir dafür sorgen, dass alle New Yorker zu essen kriegen.«

»Armut ist leider nach wie vor eines der ›Gesichter‹ von New York. Viele Familien in der Stadt leben in Armut, und wir müssen unser Bestes tun, ihnen zu helfen. Einander helfen, es zu schaffen, dazuzugehören: Auch das ist New York.«

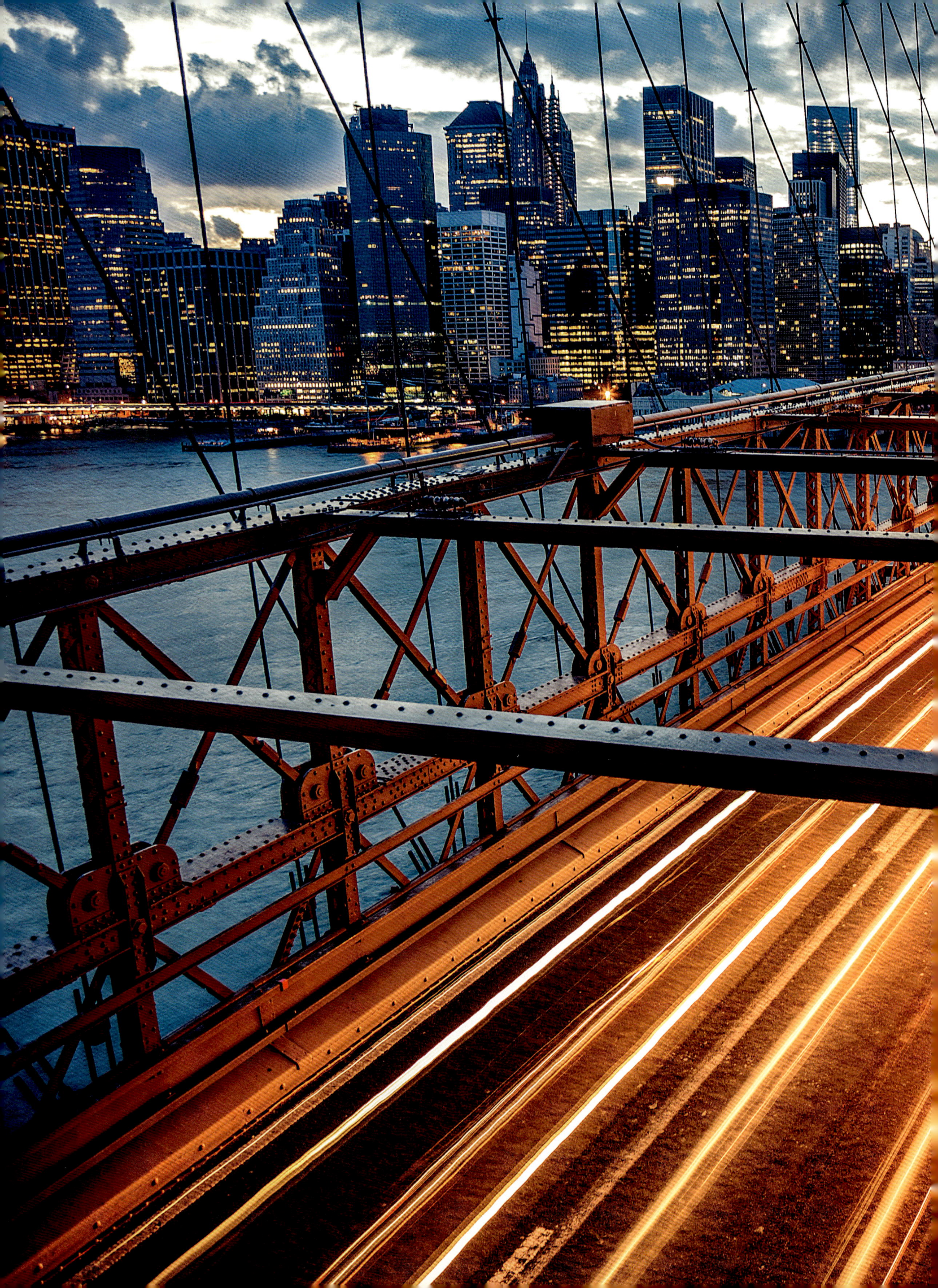

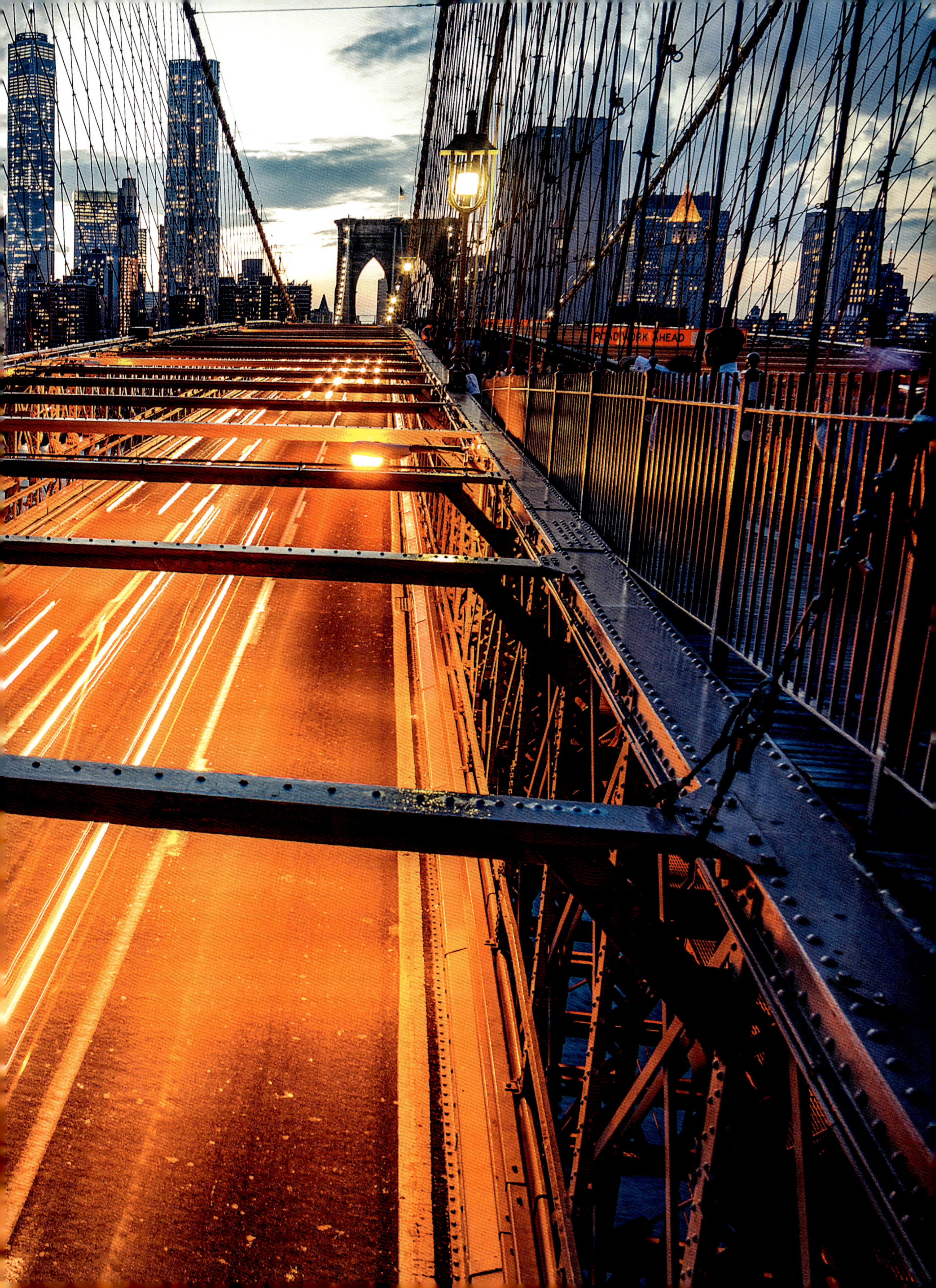
ROAD WORK AHEAD

CANDACE BUSHNELL
Der »Glamour« der Stadt

Blond, blauäugig, schlank, gebildet und schön – Candace Bushnell schafft es immer wieder, den New Yorker Zeitgeist zu treffen. Die Bestsellerautorin verkörpert den Glanz der Stadt, die sie in ihren Romanen so wundervoll porträtiert. Bushnells New York, zu sehen in Filmen und Fernsehserien wie *Sex & The City*, *Lipstick Jungle* und *The Carrie Diaries*, ist sexy, elegant und atemberaubend.

»Der knallrote Lippenstift, der Duft frisch geföhnter Haare, der magische Blick cooler Augen unter schwarzem Mascara, der katzenartige Gang einer Lady auf der Fifth Avenue. Auch das ist New York«, meint sie.

Und ihr New York will Spaß haben. »New York ist verspielt, lässig und verblüffend, aber auch romantisch, es verliebt sich gerne. Die Stadt öffnet sich wie ineinandergesteckte chinesische Schachteln. Man kann sich von einem Ort zum anderen bewegen, von einer Seite auf eine andere, und seine Geheimnisse und Eigenheiten entdecken.«

Candace Bushnell wurde in Glastonbury, Connecticut, geboren, besuchte die Rice University und die New York University. Mit 19 Jahren zog sie nach New York und wohnte in Greenwich Village. Ihr frühes Leben ähnelt dem ihrer berühmtesten Figur Carrie Bradshaw, das in *The Carrie Diaries*, einem Vorläufer zu *Sex & The City*, nachgezeichnet wird.

Wie viele New Yorker, die zwischen Stadt und Land pendeln, hat Bushnell ein zweites Zuhause in Roxbury, Connecticut, mit Hunden und einem Pferd, in das sie ganz vernarrt ist.

»Ich liebe das Reiten, und natürlich betreibe ich das auch sehr modebewusst«, sagt Candace. »Ich war immer eine Salonlöwin und gehe heute noch gerne auf Partys, wenn auch seltener als damals im Studio 54. New York ist eine schöne Stadt, aber wie ein anspruchsvoller Lover gönnt sie dir keine Pause. Das kann zur Obsession ausarten, da tut ein bisschen Ruhe zwischendurch ganz gut.«

> New York ist verspielt, lässig und verblüffend, aber auch romantisch, es verliebt sich gerne.

»Heute bin ich häufig in Connecticut, aber ich würde New York wahnsinnig vermissen, wenn ich nie hier wäre. Man kann New York hassen oder lieben, aber man kommt nicht ohne es aus. Vor allem, wenn es einem in Fleisch und Blut übergeht und ein Teil von einem wird.«

Bushnell liebt Greenwich Village. »Als ich in die Gegend gezogen bin, war sie nicht so hübsch wie heute«, sagt sie. »Mir gefiel, dass es so viele Läden gab und dass es so gemütlich war – wie ein echtes Dorf. Manche davon haben die Globalisierung überlebt, ich gehe immer noch gerne auf kleine Straßenmärkte, um Porzellan und Antiquitäten zu kaufen, ebenso wie in Designerläden, etwa ABC in SoHo. Aber in den kleinen Geschäften, wo

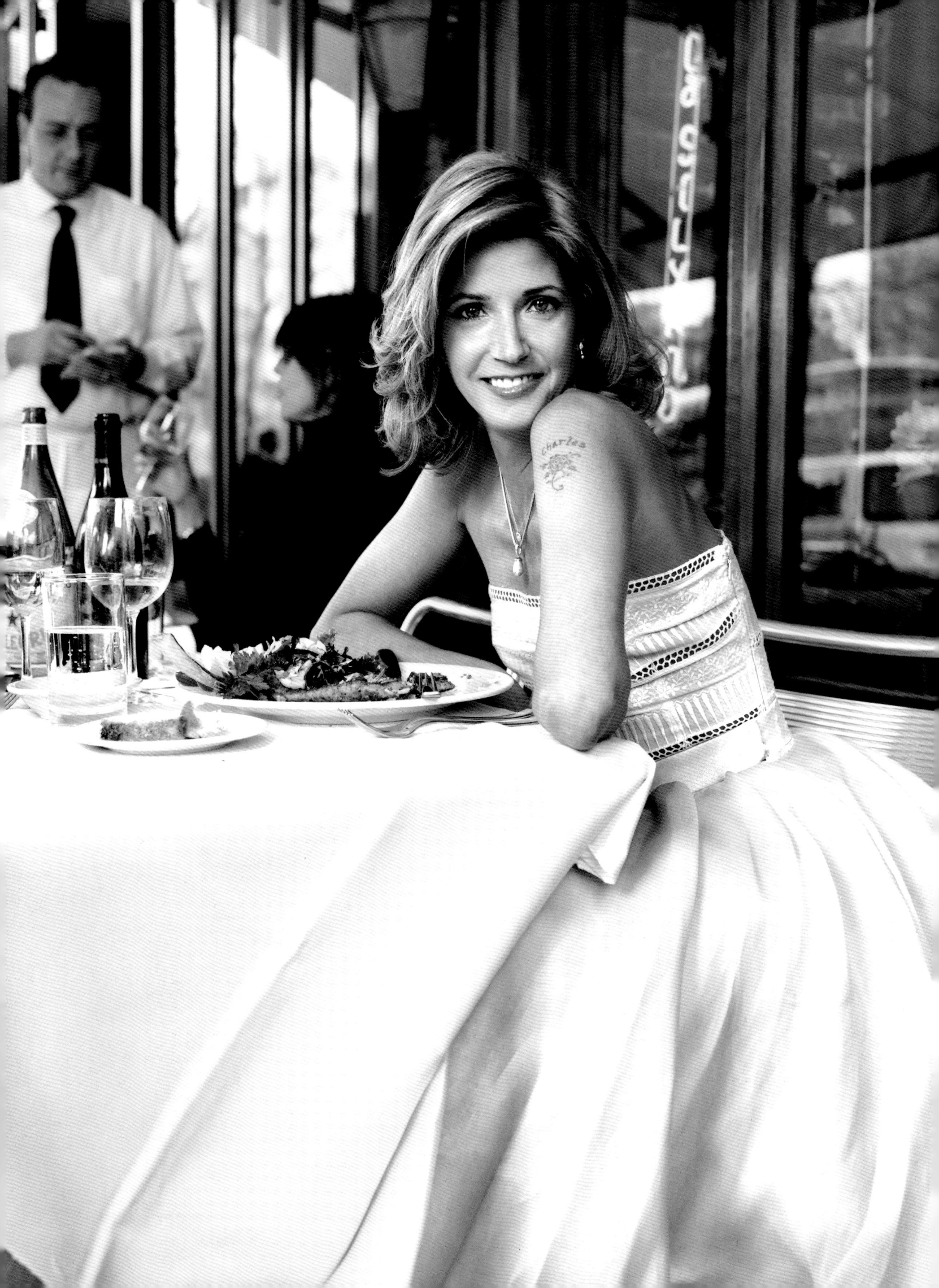
Charles

»Man kann New York hassen oder lieben,
aber man kommt nicht ohne es aus. Vor allem, wenn es einem in
Fleisch und Blut übergeht und ein Teil von einem wird.«

Christbäume und weihnachtliche Lichterketten am **Pulitzerbrunnen**.
Das GE Building im **Rockefeller Center.**

WISDOM AND KNOWLEDGE SHALL BE THE STABILITY OF THY TIMES

»New York ist eine schöne Stadt,
aber wie ein anspruchsvoller Lover
gönnt sie dir keine Pause.«

Statue des Prometheus auf dem Springbrunnen des Rockefeller Center.

Weihnachten im Rockefeller Center
Der riesige, hell erleuchtete Baum und die Eislaufbahn vor dem Rockefeller Center sind zwei Wahrzeichen des Weihnachtsfests in New York (folgende Doppelseite).

man den Inhaber kennt, findet man die wahre Seele von New York.«

Candace liebt die Seite der Stadt, die nur echte New Yorker kennen. Man braucht Zeit, um sie zu entdecken, daher bleibt sie den meisten Touristen verborgen. »Das ›Village‹-Gesicht von New York mag ich am liebsten. Dass du in einer großen Stadt bist und dich fühlst wie in einem kleinen Dorf«, erklärt sie. »Aber im Grunde war es hart, sich hier durchzusetzen. So schön New York sein kann, es ist ein rauer Ort, und das wird sich nie ändern.«

Bushnell arbeitete jahrelang als Autorin und Journalistin in New York, ehe sie 1994 mit ihrer Kolumne *Sex & The City* im *New York Observer* berühmt wurde. Inspirieren ließ sie sich dabei von den Romanzen mit Männern in Manhattan, die sie selbst und ihre Freundinnen machten. »Auch das ist New York: Dates, Ausgehen, Leute treffen und, wieso nicht – sagen wir's einfach –, Sex haben, eine Menge Sex. New York kann

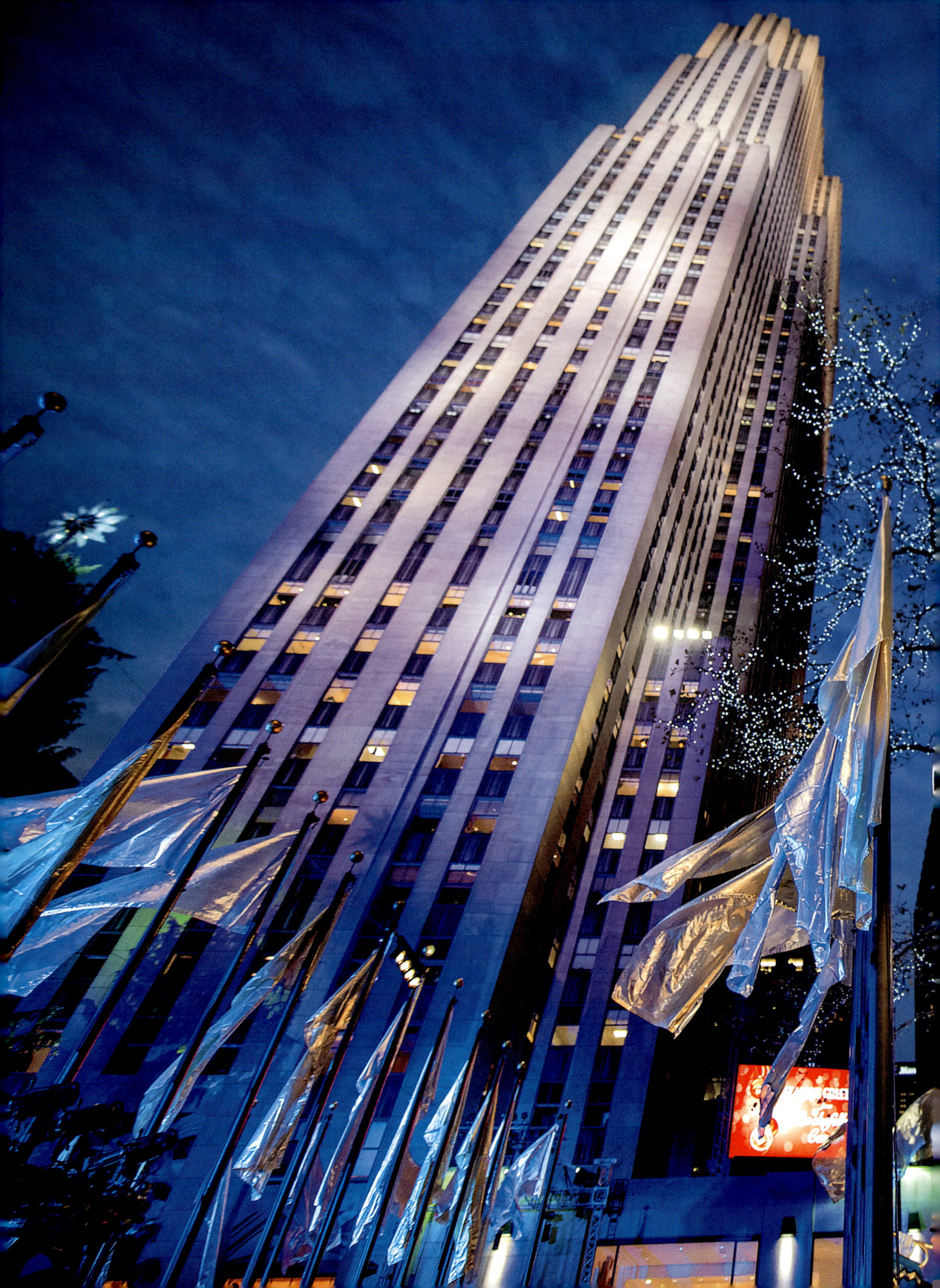

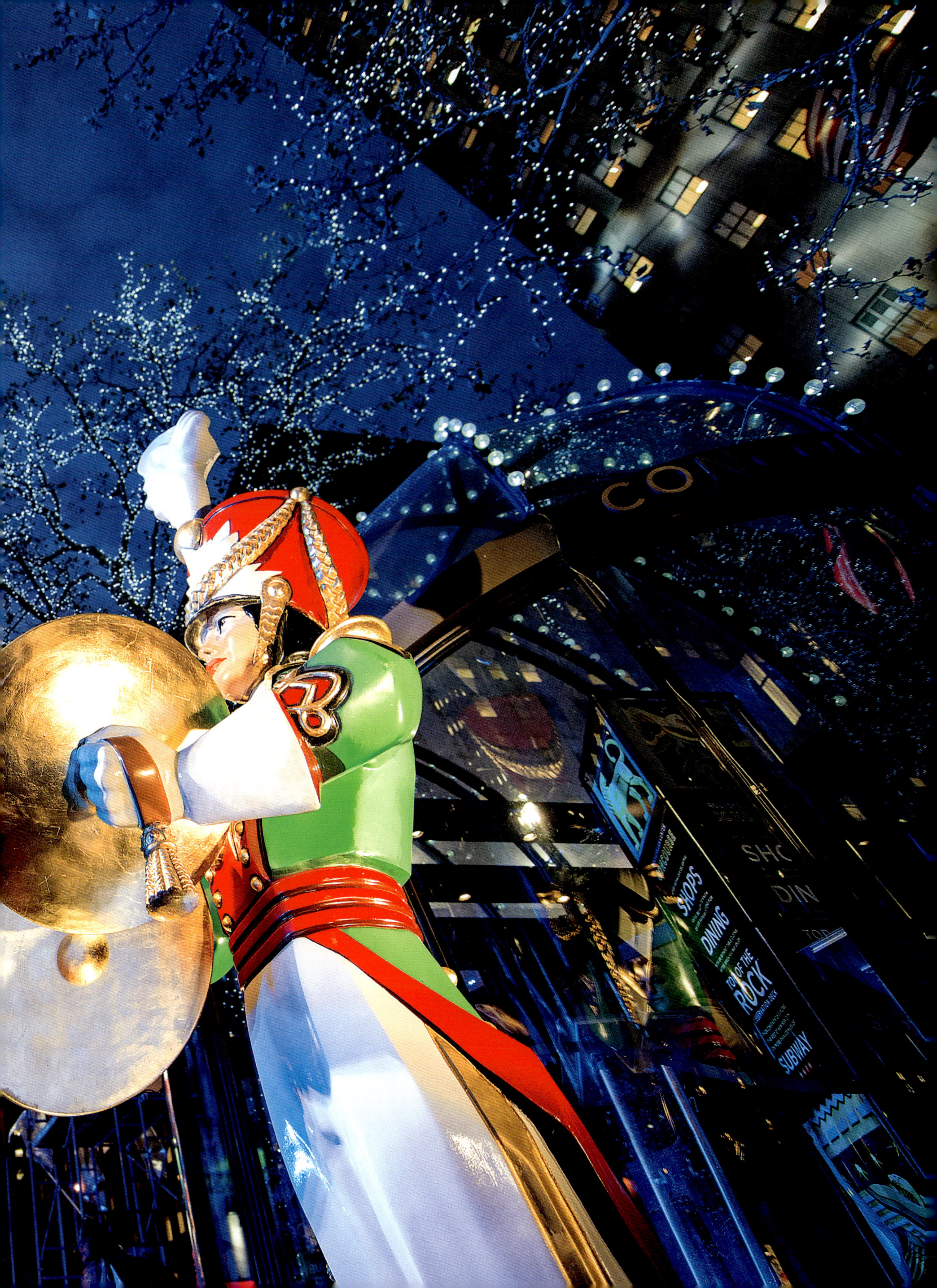
SHOPS
DINING
TOP OF THE ROCK
SUBWAY

»Die Stadt öffnet sich wie eine chinesische Schachtel. Man kann sich von einem Ort zum anderen bewegen, von einer Seite auf eine andere, und Geheimnisse und Eigenheiten entdecken.«

Luxus in leuchtenden Farben
Ein grell beleuchtetes Schaufenster einer Nobel-Boutique, das für die Weihnachtszeit gestaltet wurde, in einem der exklusivsten Luxusläden in der 5th Avenue.

Straßenkunst in SoHo
SoHo ist das Zentrum für Shopping, kreative Mode, Design und Kunst. Hier zu sehen: ein Künstler, der seine Werke auf der Straße ausstellt und verkauft.

Spaß machen, aber auch unglaublich hart sein, wenn du kein Geld hast.«

Sie erinnert sich an ihre Anfänge in New York. »Ich war nicht reich und musste hart arbeiten und kämpfen, um mich durchzusetzen«, sagt sie. »Ich lebte mit verschiedenen Mitbewohnern in vielen unterschiedlichen Apartments. Wie viele New Yorker zog ich aus allen möglichen Gründen ständig um. Einmal waren wir vier Mädchen in einer Wohnung. Ich und drei Schauspielerinnen, von denen zwei am Broadway arbeiteten. Den ganzen Tag übten sie ihre Rollen und sangen. Am Ende konnte ich die Musicals auswendig, in denen sie auftraten.«

Damals hing Bushnell gerne in Läden wie der Bowery Bar und dem Moomba ab. »Es herrschte viel Freiheit in New York, als ich hierherzog«, erinnert sie sich. »Das liebte ich so an der Stadt, aber heute, mit der modernen Technologie, hat sie sich verändert. Damals hatte niemand ein

THE SINGER MANUFACTURING COMPANY

> »New York ist eine Stadt der Bars, der Cocktails und wilden Nächte. Ich hoffe, es kann sich diese Romantik erhalten, wie man sie manchmal noch in Filmen sieht!«

Handy, keiner konnte einfach ein Foto machen und es auf Facebook oder Twitter posten. Es gab eine Privatsphäre in New York, die nicht mehr existiert.«

Als Beziehungsexpertin und nach so vielen Büchern und Recherchen zu dem Thema findet Bushnell, dass sich die Stadt auch in dieser Hinsicht entwickelt hat. »Die Beziehungen zwischen Männern und Frauen in der Stadt haben sich verändert«, sagt sie. »Ich glaube, das Internet hat alles ein bisschen ruiniert. Es hat Poesie, Romantik und Abenteuer verdrängt. Heute treffen sich viele Leute auf diesen Dating-Webseiten, wo man ein Profil ausfüllt, als ginge man im Supermarkt einkaufen.«

»Ich weiß nicht«, sagt Bushnell. »Es kommt mir so vor, als hätten wir früher viel mehr Spaß gehabt, als wir durch die Bars und Nachtclubs zogen. Das tun die New Yorker noch immer, aber die digitale Revolution hat sicherlich was verändert.«

»New York ist eine Stadt der Bars, der Cocktails und wilden Nächte«, sagt Candace. »Ich hoffe, es kann sich diese Romantik erhalten, wie man sie manchmal noch in Filmen sieht!«

Ihr Rat in Bezug auf New York? »Verbring lieber mehr Zeit damit, an dir und deiner Karriere zu arbeiten, als dir zu viele Gedanken über Männer zu machen. Dann schenkt dir die Stadt ein Lächeln.«

Der **Meatpacking District.**
Eine **überdimensionale Reklamewand** im jüngst neu belebten Meatpacking District.

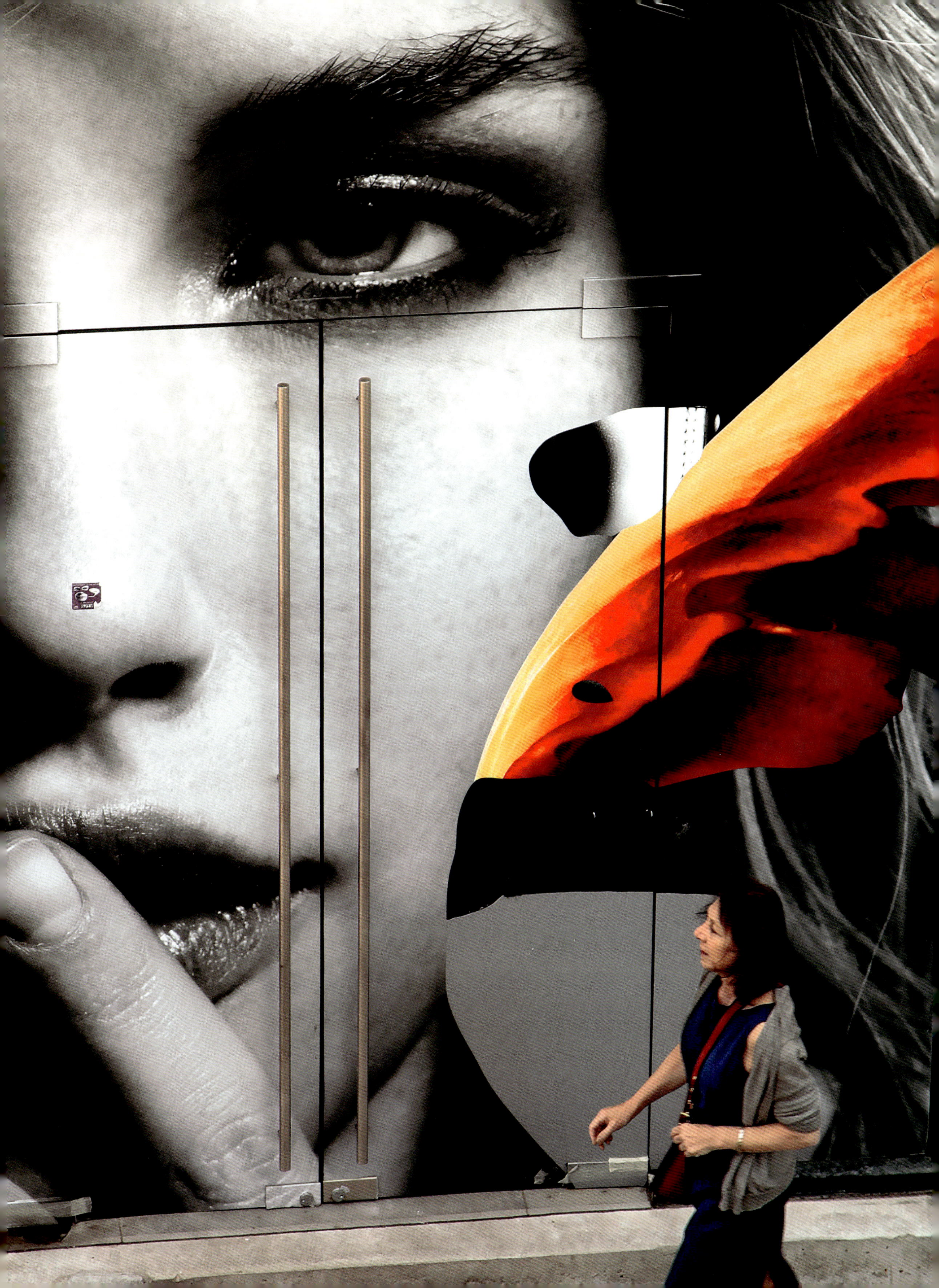

ROBERT DE NIRO

Der »Bildhauer« der Stadt

Wie ein Bildhauer mit bloßen Händen dem leblosen Beton der Straßen neue Form verleiht, hat Robert De Niro eine graue Landschaft in ein strahlendes Kunstwerk verwandelt. Sein kreativer Funke entzündet ein Feuerwerk der Emotionen und lässt die historischen Gesichter im Schmelztiegel von Manhattan erstrahlen. Dieser Patron der Stadt hat zahllose Straßen und heruntergekommene Häuser in das blühende Tribeca verwandelt, wie wir es heute kennen.

Der Schauspieler, Regisseur, Produzent und Unternehmer De Niro, hat New Yorks Veränderungen über die Jahrzehnte minutiös verfolgt. Eine New Yorker Straße, mit all den Erinnerungen, die die alten rotbraunen Reihenhäuser dem Betrachter ins Gedächtnis rufen – es fällt einem sofort eine seiner Rollen dazu ein. Seine Figuren haben etwas Anrührendes. Sie vermitteln einen Eindruck, der sich uns wie eine Momentaufnahme einprägt, die sich langsam im fahlen Dämmerlicht eines Wintertages auflöst.

Robert De Niros ganzes Leben ist eine Liebeserklärung an New York. Er ist zu einer Art »König« der Stadt geworden, Teil ihrer Geschichte und Entwicklung, Sinnbild ihrer Unverwüstlichkeit. Manche Männer handeln lieber, als zu reden. Sie finden sich nicht damit ab, zu träumen, sondern verwirklichen ihre Träume extrem fokussiert und mit verblüffendem Talent. Selbst wenn er wegsieht, spiegelt sich in De Niros Augen eine Tiefgründigkeit und ein Weitblick wider, mit dem er mühelos in die Seele der Menschen blicken kann. Wie die Figuren, die er darstellt, hat er etwas von einem Chamäleon; wie er bilden sie einen legendären Teil unserer kollektiven Vorstellungswelt.

»New York verzeiht nichts. Dennoch ist es ein Ort, der in dir und mit dir wächst, bis er von dir Besitz ergreift. Begabung spielt in New York sicher eine Rolle, reicht aber alleine nicht aus. Ob aus dem Talent etwas wird oder nicht, liegt an unseren Entscheidungen. Selbst wenn du begabt bist, läufst du in New York Gefahr, nichts zu erreichen.«

> Ich erlebe in meiner Stadt endlose Augenblicke und Universen, einen Reichtum der Kulturen wie nirgendwo sonst auf der Welt.

De Niro gelang es, zur Essenz von New York City vorzudringen, als wäre es der Körper einer Frau und er ein achtsamer Liebhaber, der Schritt für Schritt mit verführerischer Eroberungskraft ihre Geheimnisse erforscht und kennenlernt. »Ich erlebe in meiner Stadt endlose Augenblicke und Universen, einen Reichtum der Kulturen wie nirgendwo sonst auf der Welt«, sagt er. »New York ist in erster Linie mein Zuhause. Manchmal habe ich das Bedürfnis, daheimzubleiben, Zeit mit meiner Familie zu verbringen. Manchmal verlockt mich New York jedoch zu Entdeckungen. Es gibt keinen anderen

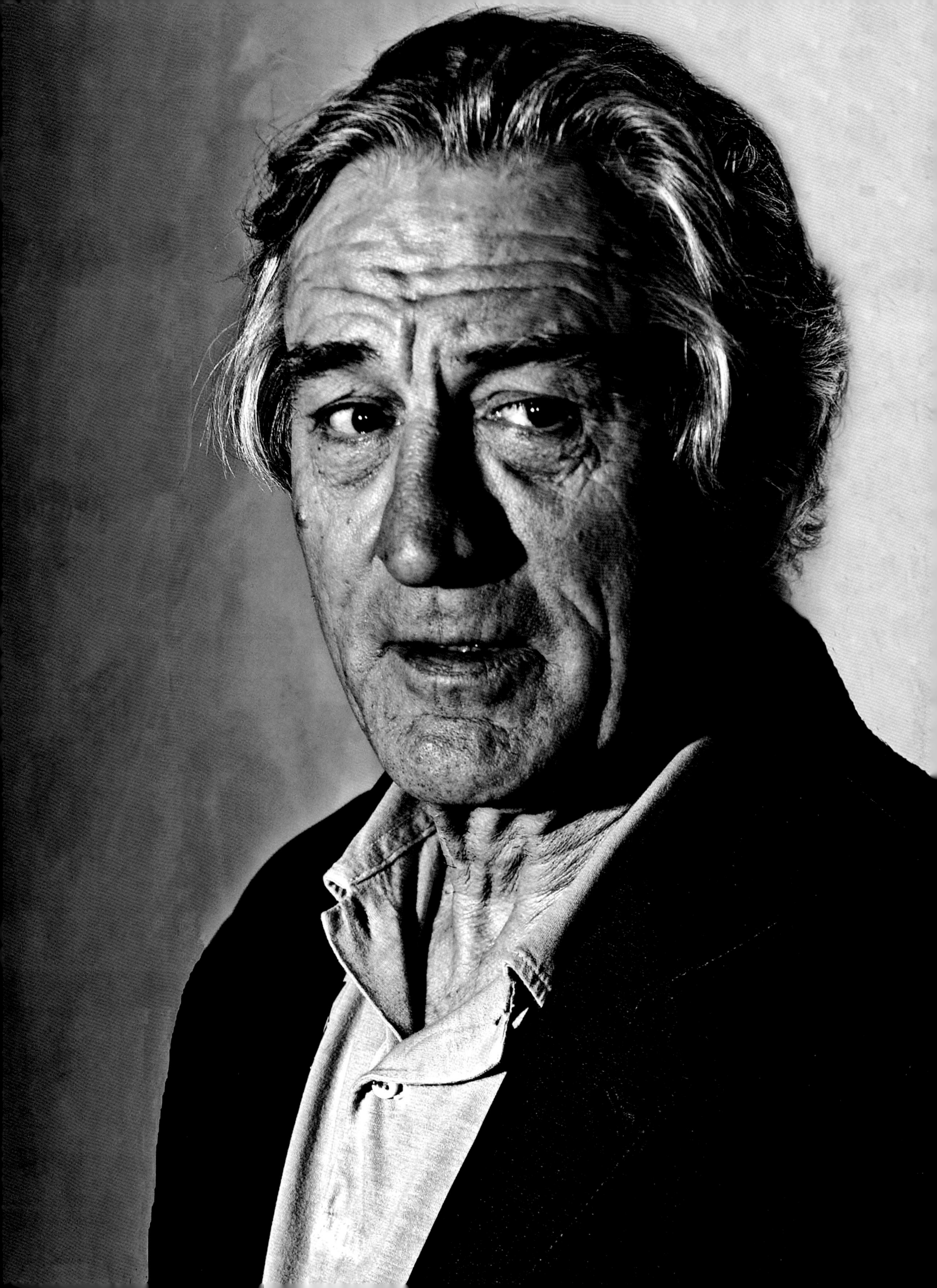

»New York verzeiht nichts. Dennoch ist es ein Ort, der in dir
und mit dir wächst, bis er von dir Besitz ergreift.«

Ort auf der Welt, wo man diese Energie spürt – den Puls des Lebens. New York ist ansteckend. Ich habe hier immer mehr das Gefühl, keinen einzigen Augenblick verpassen zu wollen.«

In einem Fenster in Greenwich Village sitzend, beobachtet Rubin, eine von Robert De Niros ersten Figuren, in Brian De Palmas schwarzer Komödie *Hi, Mom!* (1970) das Alltagsleben in New York.

De Niro hat in einigen der größten amerikanischen Filme mitgewirkt und mit den besten Regisseuren zusammengearbeitet. An der Seite von Martin Scorsese, einem weiteren »König« von New York, entwickelte er sein Gespür für die Stadt. »Ich bin Scorsese sehr dankbar«, betont er, »weil er ein echter Mentor für mich war. Ich hoffe, dass ich immer mit ihm an neuen Projekten arbeiten kann.«

In *Hexenkessel* (1973) tauchte er in die italoamerikanische Kultur von Verbrechen und Gewalt in Little Italy ein. Scorsese schrieb und inszenierte den Film auf der Basis persönlicher Kindheitserfahrungen in dem Viertel. De Niros Rolle brachte ihn seinen eigenen italienischen Ursprüngen näher. »Meine Wurzeln liegen letztlich in Italien«, sagt De Niro. »Es ehrt mich, Italiener geworden zu sein.« [Italien verlieh ihm 2006 offiziell die Staatsbürgerschaft.]

Die Häuser von SoHo
Backsteinfassaden und die eisernen Feuerleitern prägen das Gesicht des Viertels (»**So**uth of **Ho**uston Street«). De Niro ist der Gegend, in dem das ehemalige Atelier seines künstlerischen Vaters liegt, sehr verbunden.

FERRARA EST. 1892

THE Big Cigar Company
TOBACCONIST

Ferrara

Phone card
CIGARS
CIGARETTES
FILM BATTERY

»New York ist in erster Linie mein Zuhause.
Manchmal habe ich das Bedürfnis, daheimzubleiben,
Zeit mit meiner Familie zu verbringen. Manchmal verlockt mich
New York als eine der schönsten Städte der Welt jedoch
zu Entdeckungen. Es gibt keinen anderen Ort auf der Welt,
wo man diese Energie spürt – den Puls des Lebens.«

»Wir drehten den Film drei Wochen lang in Los Angeles und zwei in New York«, erinnert sich De Niro. »Als Schauspieler von der Ostküste war das eine meiner ersten Erfahrungen an der Westküste. Durch *Hexenkessel* wurde mir klar, wie sehr ich an New York hänge, meiner Heimatstadt. Ich bin New Yorker. Dies ist mein Zuhause. Das ist etwas Physisches, ein Zugehörigkeitsgefühl, das mich instinktiv hier festhält.«

In Francis Ford Coppolas *Der Pate – Teil II* (1974) erkundet De Niro in einer seiner prägnantesten Rollen als Don Vito Corleone die komplexen Mechanismen einer New Yorker Mafiafamilie. Als Travis Bickle, ein Vietnamveteran, der an chronischer Schlaflosigkeit leidet, enthüllt er in *Taxi Driver* (1976) auf ebenso faszinierende Weise die Unterwelt der New Yorker Taxifahrer. Die ganze Nacht lang fährt Bickle durch den Dschungel der Stadtviertel, begegnet Prostituierten, Pornografie und den dunklen Seiten der Metropole in all ihrer Widersprüchlichkeit und Heuchelei.

In *New York, New York* (1977) zeichnet De Niro unter der Regie von Scorsese ein unauslöschliches Porträt der lebendigen Musik- und Jazzszene der Stadt. Als egozentrischer Saxofonist Jimmy Doyle verleiht er New Yorks Rhythmen und Liedern einen ironischen Beiklang, während Liza Minnelli eine Repräsentantin der Stadt spielt und den Song singt, den er für sie schrieb: »New York, New York«.

Little Italy
Ein Schnappschuss aus Little Italy und der berühmten Bäckerei Ferrara. Das im Jahr 1892 in der Grand Street eröffnete Café ist ein klassisches Beispiel für einen über Generationen weitergeführten Familienbetrieb.

Mulberry Street
Eine der bekanntesten Straßen in Little Italy, dem Viertel, in dem Robert De Niro bei seiner Mutter aufwuchs. Und Schauplatz von *Hexenkessel*, dem ersten Film, in dem er unter der Regie von Martin Scorsese zu sehen war.

»Ich bin New Yorker. Dies ist mein Zuhause.
Das ist etwas Körperliches, ein Zugehörigkeitsgefühl,
das mich instinktiv hier festhält.«

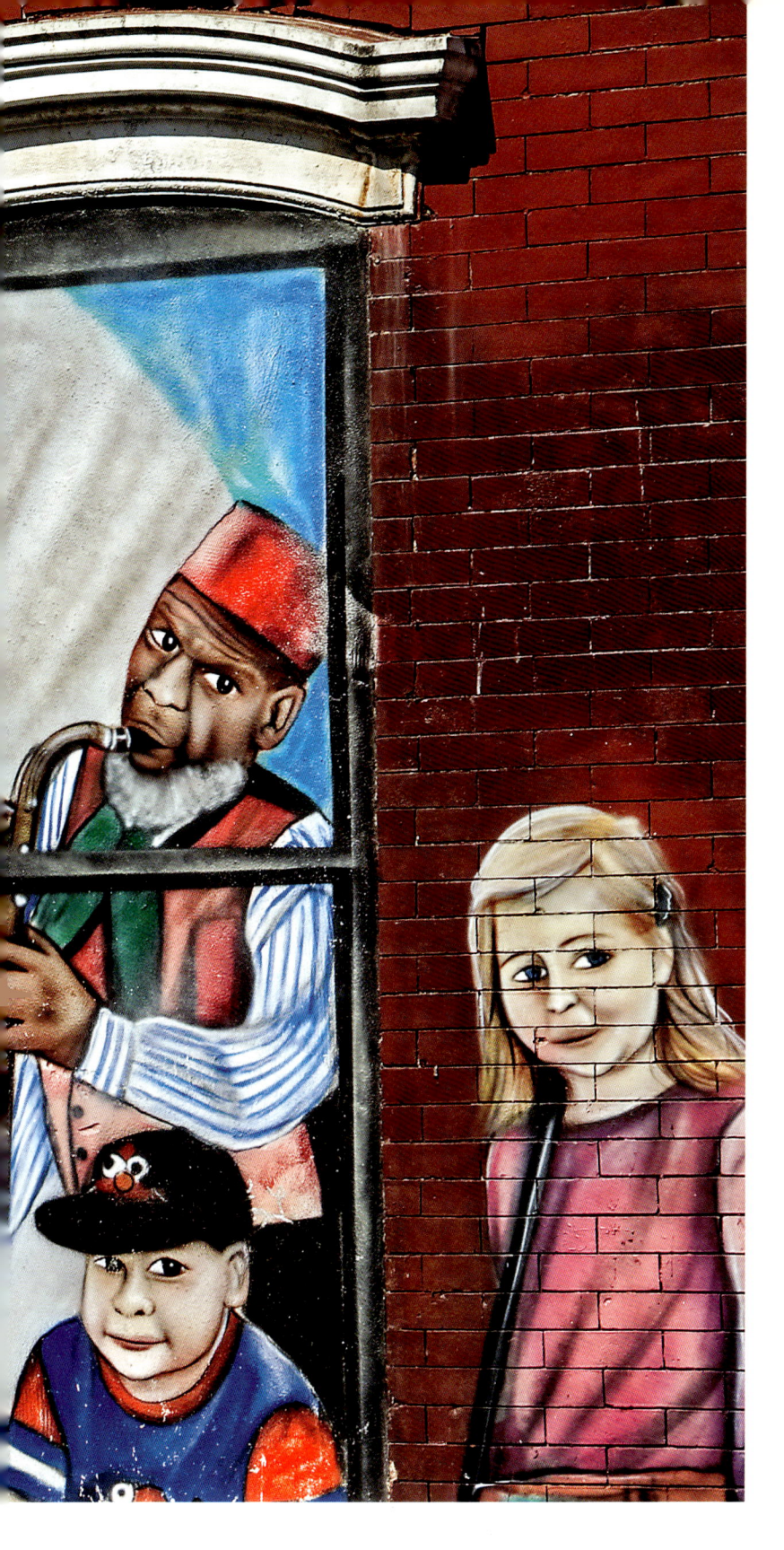

Einen Oscar erhielt De Niro für seine Rolle in einem weiteren Scorsese-Film, *Wie ein wilder Stier* (1980), als Jake LaMotta, ein Arbeiterklassenboxer aus der Bronx, der sich abrackert, um dem Getto zu entkommen und seinen amerikanischen Traum zu verwirklichen.

»Irgendwie bin ich mit jeder meiner Rollen verbunden. Eine der stärksten Beziehungen habe ich zu der Figur David Aaronson (alias Noodles) in *Es war einmal in Amerika* (1984) von Sergio Leone.« Der Film erzählt das wechselvolle Leben von Noodles und seinen Freunden, von ihrer Kindheit, Jugend und Entwicklung zu Geschäftsleuten in der Welt des Verbrechens. Ihr Wechsel vom jüdischen Getto in die kriminelle Unterwelt verläuft im Film parallel zu New Yorks Übergang von der Prohibition in die Post-Prohibitionszeit.

In *Good Fellas* (1990) erkundet De Niro in einer beeindruckenden Studie des Verbrechermilieus von Brownsville das Brooklyn der 1950er-Jahre.

De Niro ist ein echter New Yorker »Insider«. Am 17. August 1943 in Greenwich Village geboren, wuchs er in einer künstlerischen Umgebung auf. Sein Vater Robert De Niro senior war abstraktexpressionistischer Maler und Bildhauer, seine Mutter Virginia Admiral Malerin und Dichterin. »Mein Vater war halb Italiener, halb Ire. Meine Urgroßeltern stammten aus Ferrazzano in der Provinz Campobasso und kamen 1890 hier her. Meine Mutter hatte englische, deutsche, französische und niederländische Wurzeln«, erzählt er.

Robert De Niro sieht sich durch und durch als

Straßenkunst
Auf den Mauern vieler Gebäude in der Downtown-Gegend kann man bis heute Graffiti bewundern. Hier ein Beispiel aus der 9th Street East im East Village.

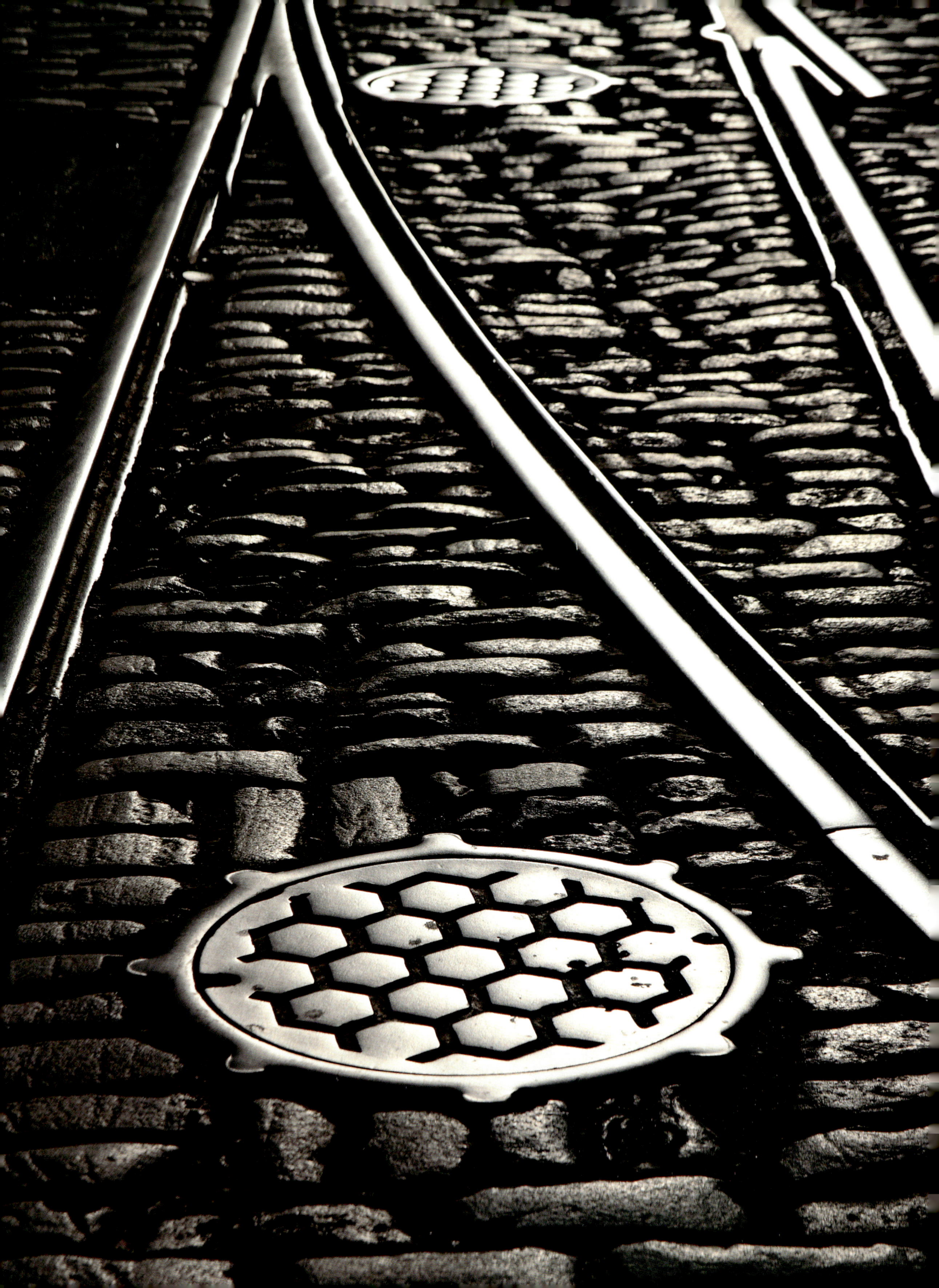

Downtown: Ein Taxi flitzt an einem der vielen Gullys vorbei, aus denen Kanalisationsdämpfe aufsteigen.

Italoamerikaner. Nach der Scheidung seiner Eltern wuchs er bei seiner Mutter in Little Italy auf. Sein Vater, der 1993 an Krebs starb, hatte in den wilden 1950er-Jahren ein Studioloft in SoHo. Das bis heute intakte Atelier ist ein Stück der längst untergegangenen New Yorker Künstlerszene. Die Wände sind mit Stoffen und Teppichen behängt, geschmückt mit afrikanischen Masken, farbenfrohen Gemälden und Zeichnungen. Es steht für eine längst vergangene Zeit, ein Hort kostbarer Erinnerungen, die dank De Niro juniors Hilfe erhalten blieb.

De Niro wuchs unter solch großen Künstlern wie Jackson Pollock, Anaïs Nin, Willem De Kooning, Henry Miller und Tennessee Williams auf. Sein Vater war zur Zeit seiner ersten Einzelausstellung 1946 in der This Century Gallery von Peggy Guggenheim in der 57. Straße einer der prominentesten figurativen Expressionisten. Selbst der berühmte Kritiker Clement Greenberg, der Jackson Pollock entdeckt hatte, schrieb in *The Nation* über De Niro seniors Werke. Viele seiner Gemälde findet man heute im Museum of Modern Art (MoMA), dem Metropolitan Museum of Art und im Whitney Museum of American Art. Einige Bilder seines Vaters hat er in seinem Restaurant Tribeca Grill und im Greenwich Hotel aufge-

Dumbo
New York – das sind Straßen: reich an Leben und Überraschungen, wie diese alten Straßenbahnschienen im früheren Industrieviertel von Brooklyn, dem Down Under the Manhattan Bridge Overpass.

»New York ist ansteckend.
Ich habe hier immer mehr das Gefühl,
keinen einzigen Augenblick verpassen zu wollen.«

hängt. Das SoHo um das alte Atelier hat sich in ein Viertel von eleganten Boutiquen und Galerien verwandelt. Es ist heute ein beliebtes Einkaufsviertel mit schicken Restaurants für neugierige Touristen, die die typische Gusseisenarchitektur der Gegend bewundern. »Ich möchte das Atelier meines Vaters erhalten, um es meinen Kindern und Enkeln zu zeigen«, sagt De Niro. »Manchmal komme ich immer noch her, um mich hinzusetzen und nachzudenken.«

Das Atelier ist eine Art »Schrein der Erinnerung« und eine Quelle der Inspiration für De Niro geworden. Den ersten von ihm produzierten Film *In den Straßen der Bronx* (1993) widmete er seinem Vater. Er spielt darin einen italienischen Jungen, den Sohn eines Busfahrers, der seine Tage damit zubringt, dem Bronx-Boss Sonny nachzueifern, schließlich selbst eine Bande um sich sammelt und ein Kriminellenleben führt.

Ein weiterer Ort, der De Niro inspiriert, ist der Washington Square Park in Greenwich Village, wo er als Kind oft mit seinem Vater war. Heute treffen sich dort Musiker, Künstler und viele New Yorker zum Schachspielen.

De Niro ist nicht nur ein großer Schauspieler. Als Regisseur drehte er den atemberaubenden Thriller *Der gute Hirte* (2006), der anhand der halbdokumentarischen Lebensgeschichte eines Mannes die frühe Historie der CIA

Tribeca
De Niro half mit, das Viertel **Tri**angle **Be**low **Ca**nal Street neu zu beleben, unter anderem durch das im Jahr 2002 gegründete Tribeca Film Festival.

Eine Meerjungfrau
Ursprünglich sollte sie den Brunnen am Place de la Concorde in Paris zieren, nun steht die Statue vor einem noblen Gebäude in Tribeca.

SPRINKLERS
THROUGHOUT
BUILDING

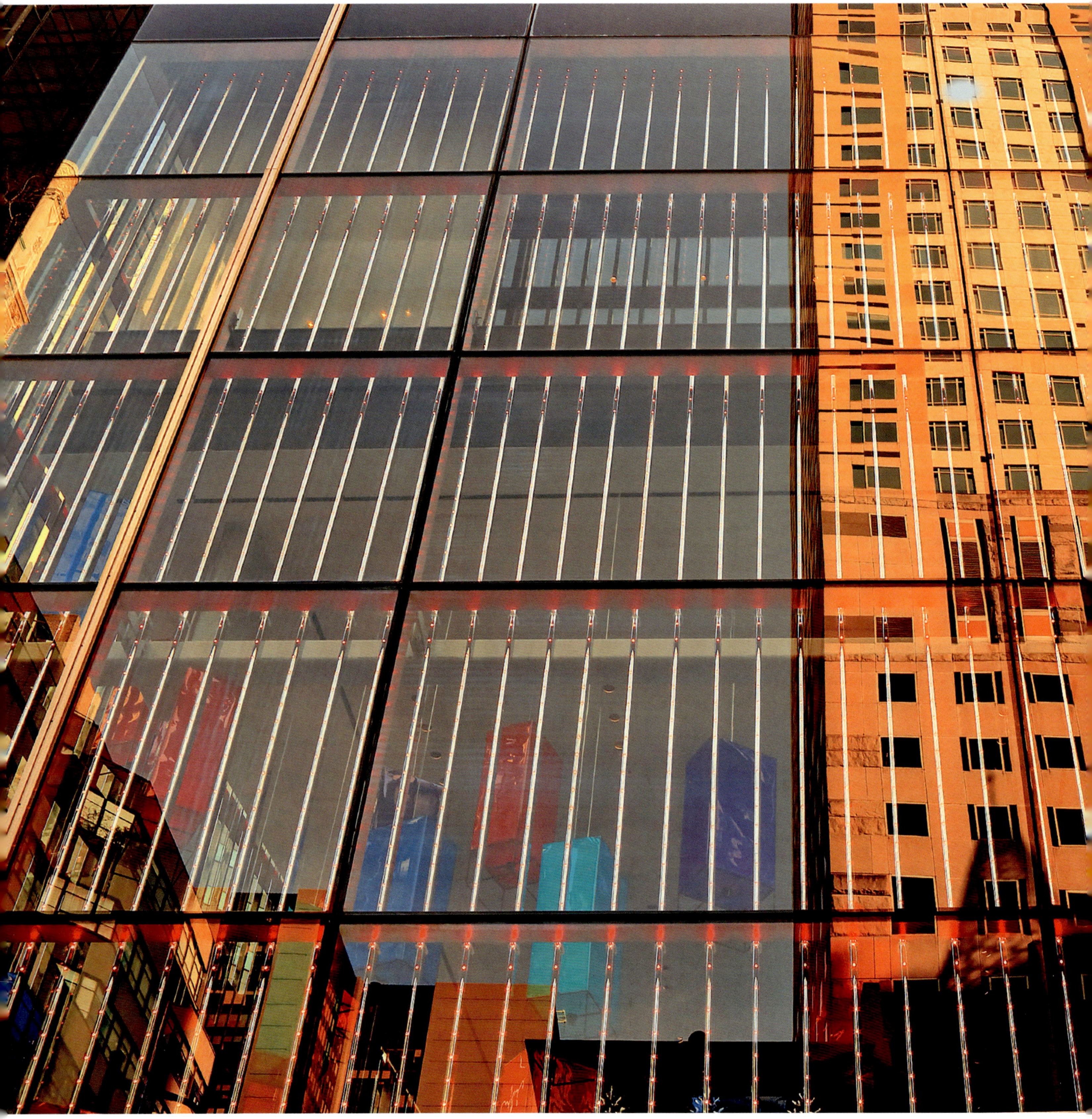

erzählt. »Regiearbeit ist etwas ganz anderes als schauspielen«, erklärt er. »Man muss viel mehr Zeit hineinstecken und jede Kleinigkeit bis zum Ende durchdenken. Man fungiert eher wie der Kapitän eines Schiffs.«

»Tribeca ist eine Welt für sich, wie ein Dorf in einer Stadt mit großen, baumbestandenen Alleen und Parks entlang Zeilen von Luxuseigentumswohnungen, kleinen Läden, Boutiquen, Kunstgalerien und historischen Gebäuden«, sagt De Niro. »Man kann sich das 1892 von Carrere und Hastings erbaute Powell Building in der Hudson Street anschauen, das Art-déco-Gebäude der New York Telephone Company Building in der West Street 140, das New York Mercantile Exchange in der Harrison Street 6 und die schönen weißen Neo-Renaissance-Häuser von 1865 in der Worth Street 73.«

Tribeca (**Tri**angle **Be**low **Ca**nal Street) ist ein kleines Viertel und besteht aus einer Reihe von großen und kleinen Straßen um eine charakteristisch dreieckige Kreuzung. Es zählt zu den modischsten und teuersten Gegenden von Manhattan; viele New Yorker träumen davon, dort zu leben. Robert De Niro glaubte früher als alle anderen an Tribeca und in-

Spiegelungen
Das Herz des Financial District nahe Tribeca ist gekennzeichnet durch seine vielen gläsernen Wolkenkratzer.

Das **Tribeca Film Festival.**

vestierte in das Viertel, das damals kaum mehr als eine Brache war. Heute, so heißt es, gehören ihm die meisten Häuser dort.

Das Comeback des Viertels leitete De Niro 1993 zusammen mit der Produzentin Jane Rosenthal ein. Nach dem 11. September 2001 unterstützten sie die Wiedergeburt des Viertels mit der Fernsehserie *TriBeCa*. Aus der Reihe entstand 2002 das Tribeca Film Festival, bald eines der wichtigsten Events der Kinowelt. »Jane und ich«, erklärt De Niro, »wollten zur Wiederbelebung des zerstörten Bereichs um die Twin Towers beitragen. Jedes Jahr am letzten Tag des Festivals findet das Tribeca-Volksfest statt, das zu einer echten Tradition geworden ist.«

Das neue World-Trade-Center-Viertel wächst heute mit einer spürbaren Aura von »dolce vita«. Nur ein paar Schritte vom Hudson River mit seinen Parks und Restaurants entfernt, kann man an einem von Yachten und Segelbooten gesäumten Hafen sitzen, mit Blick auf die Palmen im Wintergarten des World Financial Center.

Während des Tribeca Film Festivals im April herrscht in der Gegend geschäftiges Treiben, mit vielen Veranstaltungen und Promis, wohin man nur blickt; das restliche Jahr über ist es ein belebtes Zentrum für kreative Köpfe aus Mode, Film und Kochkunst. Und es beherbergt inzwischen auch die bekanntesten Restaurants der Stadt.

»Wir hätten nie gedacht, dass das Festival so groß wird«, sagt De Niro, »und dass jedes Jahr so viele Freiwillige kommen, um uns zu helfen.«

De Niro ist ein Meister einer weiteren wichtigen Disziplin – der Gastlichkeit. Neben dem Tribeca Grill führt er das Greenwich Hotel und dessen Restaurant Locanda Verde. Sein Produktionshauptquartier in der Downtown umfasst private Vorführsäle sowie Promotion- und Produktionsbüros im Tribeca Film Center im alten Martinson Coffee Building in der Greenwich Street. Das Gebäude beherbergt auch das berühmte Lokal Tribeca Grill, an dem der Schauspieler als Eigentümer beteiligt ist und das

Die »siebte Kunst«
Robert De Niro 2014 bei einer Filmpremiere auf dem bedeutenden Tribeca Film Festival, das der Schauspieler gemeinsam mit der Produzentin Jane Rosenthal gegründet hat.

TRIBECA
FILM
FESTIVAL

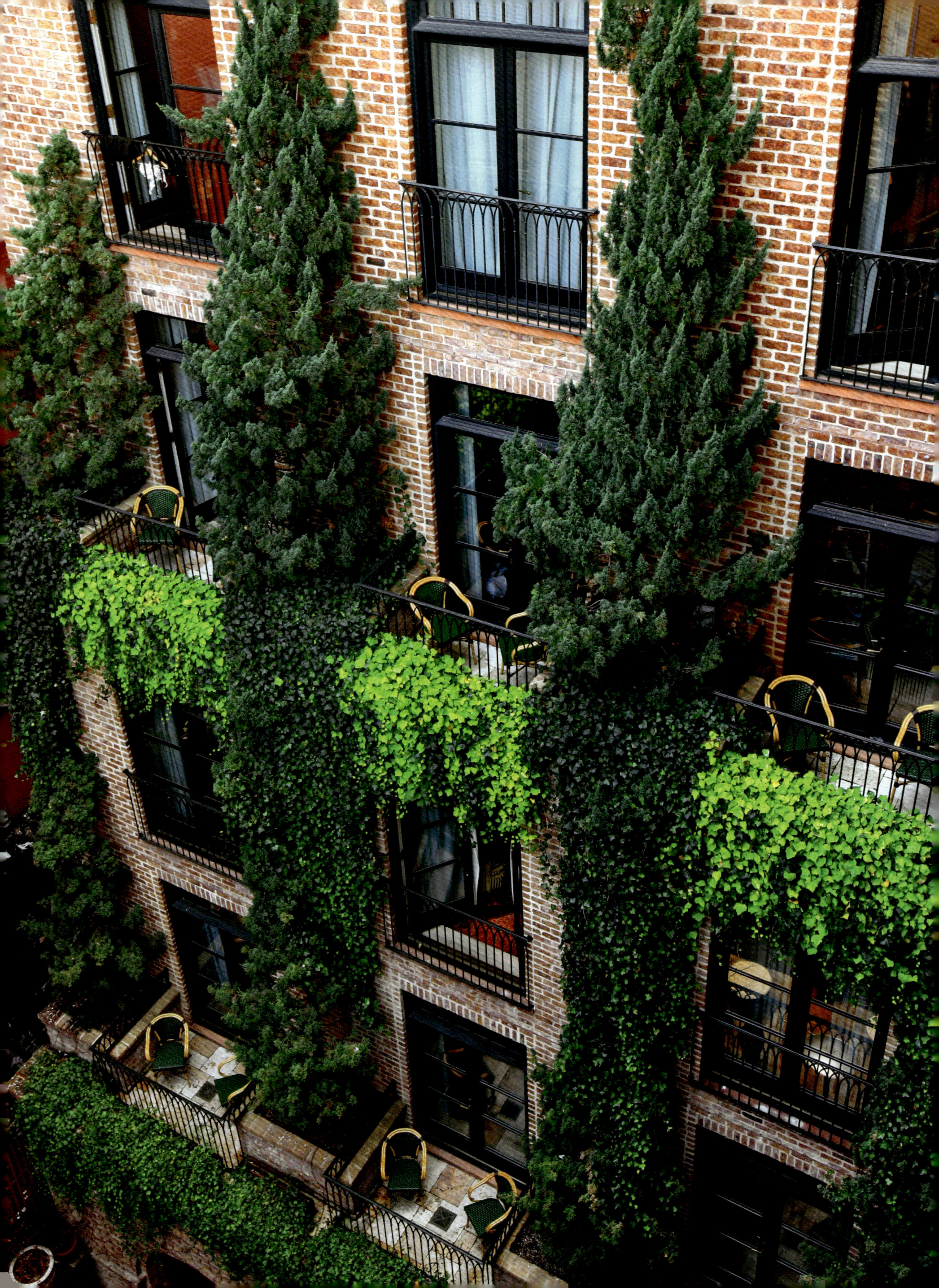

»New York lehrt uns, dass man im Leben etwas wagen und die richtigen Entscheidungen treffen muss. Es lehrt uns, Vertrauen zu haben, an unsere Träume zu glauben, nie aufzugeben.«

die Aromen der modernen mediterran-amerikanischen Küche in die Gegend gebracht hat.

De Niro ist auch Mitbegründer der Restaurantkette Nobu, an deren kreativer Ausrichtung er beteiligt ist. »Ich liebe Sashimi«, verrät er. »Nobu ist ein echt kreativer Kopf, ein Künstler des Food-Genres.« Nobu New York ist ein Gastrotempel, der New York einen Hauch von Japan verleiht.

Eine weitere De-Niro-Schöpfung ist das Greenwich Hotel, gemeinsam mit dem renommierten Architekten und Designer David Rockwell. »Ich wollte einen Ort, an dem ich gerne wohnen würde, mit einer warmen Atmosphäre«, sagt De Niro. »Viele von den Hotels in aller Welt, in denen ich abgestiegen bin, sind wundervoll, aber sehr kalt. Außerdem wollten wir etwas schaffen, das sich nahtlos in den Geist der Gegend einfügt.«

Das spektakulärste Element des Greenwich Hotels ist das Penthouse auf dem Dach mit Terrasse, Garten und dem Shibui Spa, in dem sich unter dem Bambusdach eines 250 Jahre

Das Greenwich Hotel
Das 2008 von Robert De Niro mitgegründete kleine Luxushotel wirkt eher wie ein Privathaus und ist von stilistischer Eleganz. Hier die Balkonseite mit Blick auf den Garten.

Das Penthouse
Wohnzimmer im Penthouse des Greenwich Hotel, gestaltet von Designer Axel Vervoordt und Architekt Tatsuro Miki; es zeichnet sich durch geschmackvolle Einrichtung und Sorgfalt bei den verwendeten Materialien aus.

Locanda Verde, eines der von Robert De Niro gegründeten Restaurants.

alten japanischen Landhauses ein von Laternen beleuchtetes Schwimmbecken verbirgt. Das Haus wurde aus Kyoto hierhertransportiert und von 13 japanischen Handwerkern wieder aufgebaut.

Das Restaurant des Hotels, Locanda Verde, entstand in Zusammenarbeit mit dem berühmten Küchenchef Andrew Carmellini; Akzente setzen italienische Möbel und Regale voller Weinflaschen und Bücher. Zu den Spezialitäten zählt die ausgezeichnete »Porchetta des Hauses«. Karen DeMasco, eine Meisterin von Desserts aus Englischer Creme, verwöhnt ihre Gäste mit regionalen »Fantasien«, etwa neapolitanischen Spumoni mit Kirschen.

»Wir haben viel Zeit darauf verwendet, das Konzept für Locanda Verde zu durchdenken«, erklärt De Niro. »Ich glaube, bei italienischen Restaurants fällt es schwer, die richtige Idee zu finden, weil es so viele davon gibt. Wenn man ein Restaurant plant, ist man immer darauf aus, etwas zu schaffen, was ein bisschen anders ist. Prominenz genügt nicht. Das Essen muss für sich stehen. Ein Restaurant, das ich immer mochte, ist das Tavern On The Green. Ich weiß noch, dass ich als Kind Filme sehen konnte, die dort spielten.«

»Ich fühle mich nicht wirklich als Hollywood-Ikone. Wenn ich morgens aufwache, muss ich

Das Restaurant **Tavern on The Green** im Central Park.

mich nicht dagegen wehren, mir auf die Schulter zu klopfen, um mir selbst zu gratulieren!« De Niro lacht. »In erster Linie bin ich New Yorker. Ich versuche, wie jeder andere ein respektvolles Leben als Mitglied der Stadtgemeinde zu führen.«

Als Familienvater hat De Niro ein tiefes Gemeinschaftsgefühl, das ihn mit der Stadt verbindet, mit Tragödien wie dem 11. September, der Finanzkrise und mit der Zukunft der Stadt. »Ich habe Kinder und Enkel, und als Vater denkt man ständig über die Zukunft nach. Man hofft, dass für sie alles gut geht, dass sie gesund bleiben. Mein Leben hier war immer gut. So wie ich mit Herausforderungen immer zurechtgekommen bin, weiß ich, dass New York ebenfalls zurechtkommen und nie aufgeben wird.«

Was wünscht sich Robert De Niro für seine Kinder und zukünftige Generationen von New Yorkern? »Dass sie den Mut haben, Risiken einzugehen. Wenn man kein Risiko eingeht, findet man nie heraus, was möglich ist«, sagt er. »New York lehrt uns, dass man im Leben etwas wagen und die richtigen Entscheidungen treffen muss. Es lehrt uns, Vertrauen zu haben, an unsere Träume zu glauben, nie aufzugeben. Vielleicht ist New York mit seinen Ethnien, Kulturen und Leuten, die von überall her kommen, ein Spiegel des Lebens selbst.«

JAMES FRANCO
Der Künstler in der Stadt

Für ihn bedeutet New York Experimentieren und alternative Arten, Kunst zu machen. James Franco ist ein echter Künstler. Er ist Filmemacher, Autor, Lehrer, Dichter, Maler, Produzent. Sein vielseitiger Geist wird befeuert von den Tausenden kreativen Möglichkeiten, die New York bietet. »New York hat alles, was ich liebe. L.A. ebenfalls, aber da muss man genauer hinschauen. In New York passiert an jeder Ecke etwas, jede Minute«, erklärt er.

Der im kalifornischen Palo Alto geborene James Franco ist der älteste von drei Brüdern (Dave ist ebenfalls Schauspieler). Seine Mutter ist eine Dichterin mit russischen Wurzeln und jüdischem Hintergrund, sein Vater portugiesisch-schwedischer Herkunft war im Silicon Valley tätig. Er studierte kurze Zeit Englisch und Schauspiel an der University of California, wurde dann Schauspieler und ergatterte eine Rolle in der TV-Serie *Freaks And Geeks*. Seitdem hat er seine Karriere vorangetrieben, seine Künstlernatur aber nicht vergessen. Er ist auf allen Feldern aktiv, die sein Talent abdeckt. Für die überwältigende Titelrolle in der Filmbiografie *James Dean* (2001) gewann er einen Golden Globe. Er spielte in Independentfilmen wie *Sonny* (2002) von Nicholas Cage, hatte eine Rolle in der Serie *Spider-Man* (2002), in *Tristan & Isolde* (2006), *Ananas-Express* (2008), in *Milk* (2008) an der Seite von Sean Penn als Harvey Milk, in *Howl* (2010) als legendärer Beatpoet Allen Ginsberg und in *127 Hours* (2010), der wahren Geschichte eines tragischen Kletterunglücks in Utah, in *Planet der Affen: Prevolution* (2011) und in Harmory Korines Krimidrama *Spring Breakers* (2013), als Magier in *Die fantastische Welt von Oz* (2013) und in *Palo Alto* (2013).

Daneben beschloss Franco 2008, an der UCLA sein Studium im Hauptfach Kreatives Schreiben fortzusetzen, blieb aber gleichzeitig noch in New York. Und während dieser Zeit, als er hier als Schauspieler arbeitete, entstand seine Liebe zu New York, da er wie ein echter New Yorker in der Stadt lebte und sie Tag für Tag für sich entdeckte. »Ende August 2008 kam ich zum ersten Mal zum Wohnen nach New York. Mein erstes Apartment bezog ich im West Village, nahe der NYU, wo ich an der privaten Tisch-Filmhochschule studierte«, erinnert er sich. Er besuchte auch Schreibkurse am Brooklyn College und belegte Lyrik am Warren Wilson College in North Carolina. 2010 schaffte er es an die Universität Yale, wo er einen Doktortitel in Englisch anstrebte, während er an der Columbia als Master of Fine Arts abschloss. 2011 machte er seinen Master in Film an der NYU und wurde ins Literatur- und Kreatives-Schreiben-Programm der Rhode Island School

> New York hat alles, was ich liebe. In New York passiert in jedem Block etwas, jede Minute.

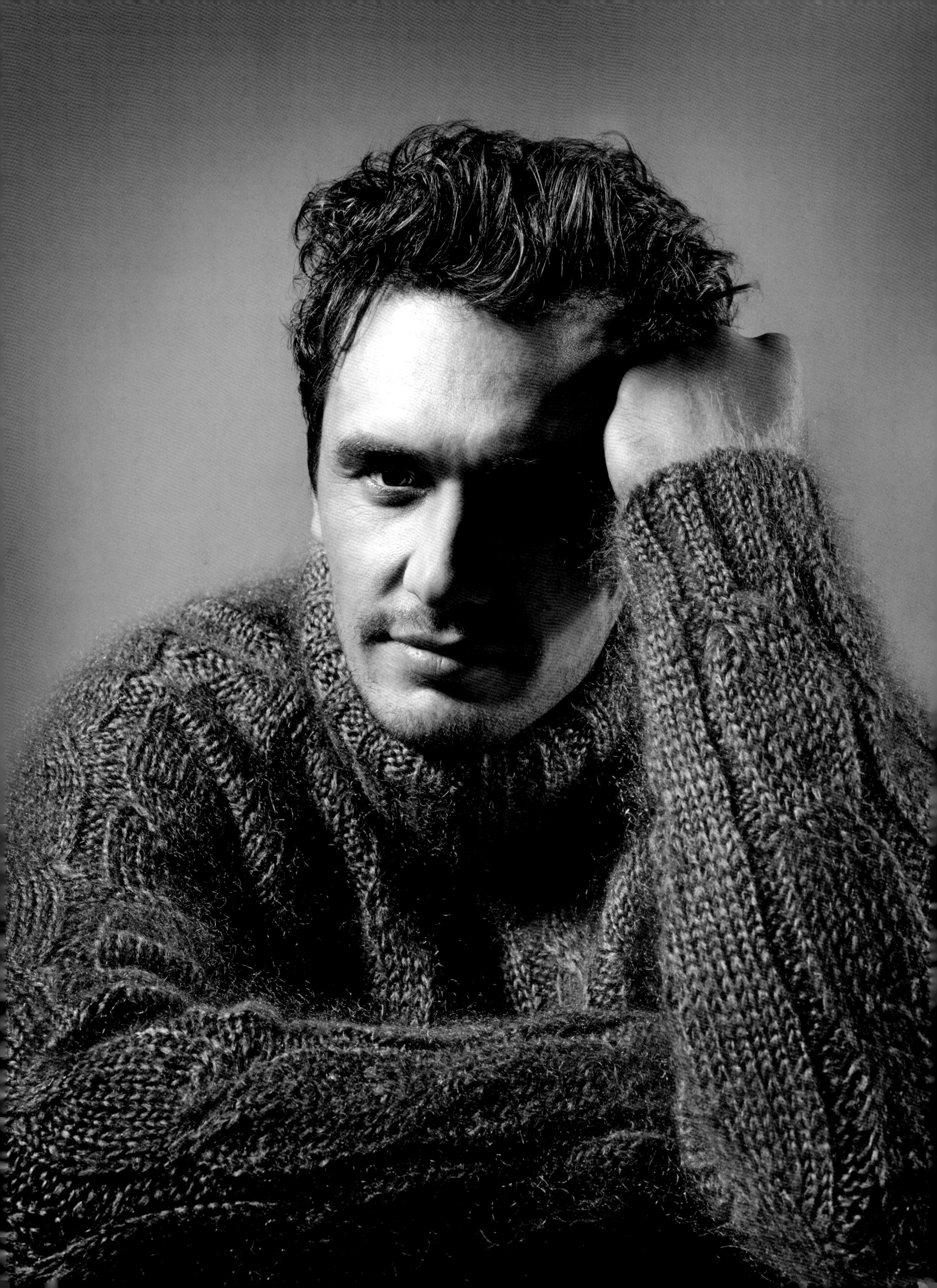

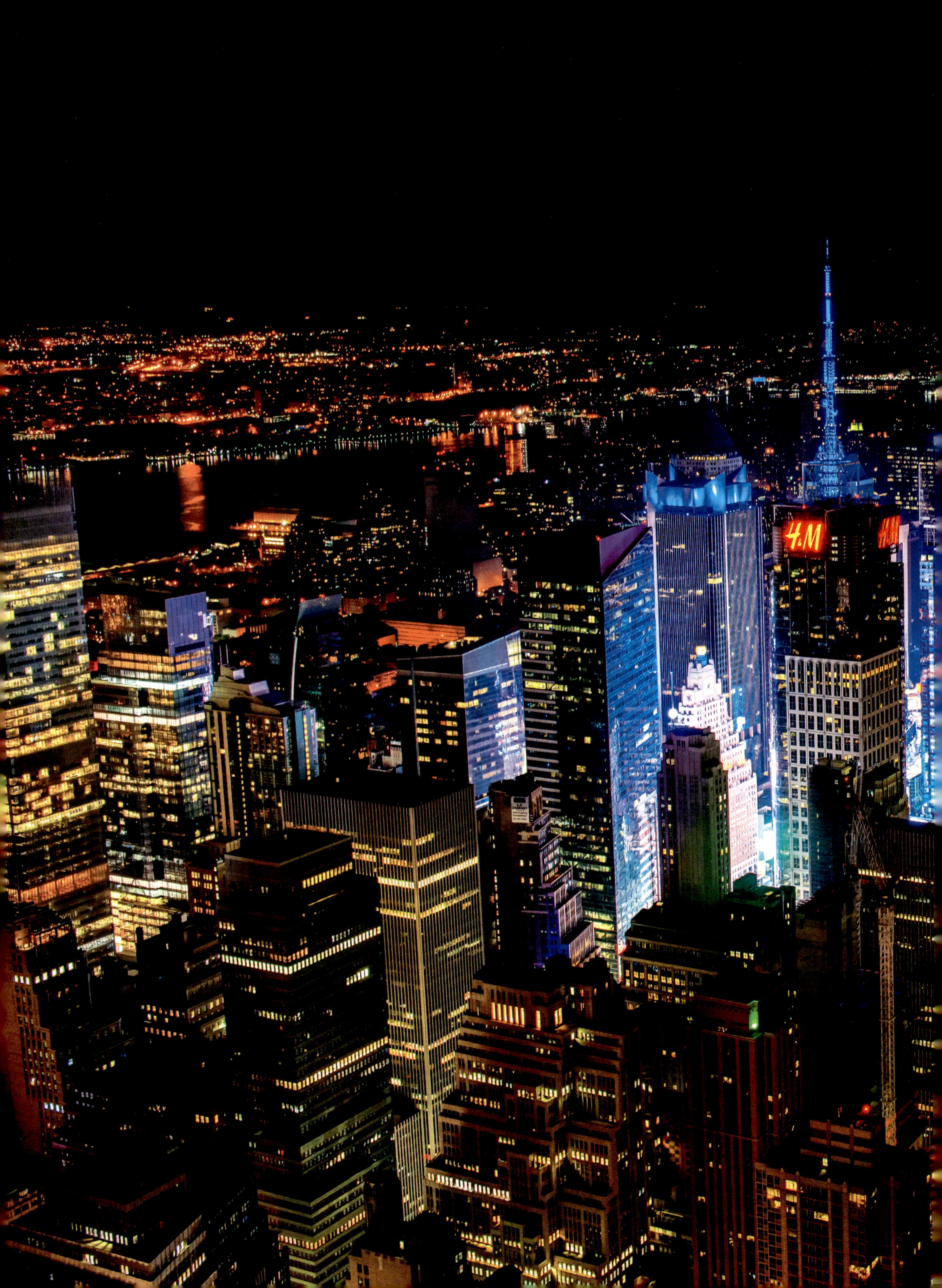
H&M

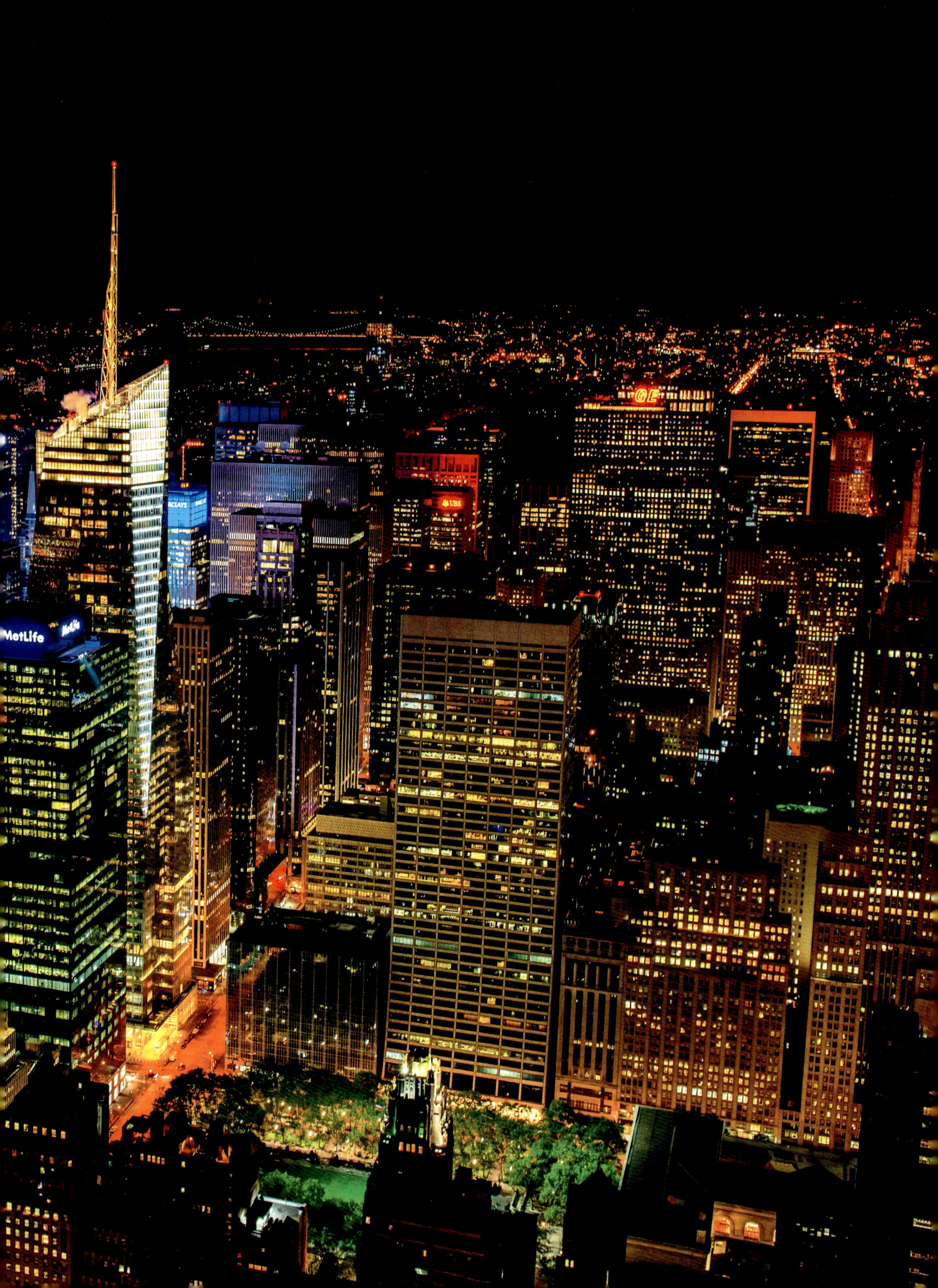
MetLife
MetLife
GE
UBS

»Ich liebe es, in New York U-Bahn zu fahren.
Man kann wunderbar Leute beobachten,
es ist wie eine eigene Welt im Untergrund.«

Abendlichter
Vorherige Doppelseite: Panoramaansicht von Midtown am frühen Abend von der Aussichtsterrasse des Empire State Building.
Lichtinstallationen im U-Bahnhof **Bleecker Street/Broadway Lafayette Street**.
Ehemalige U-Bahn-Station der Manhattan Main Line an der **City Hall**.

of Design aufgenommen. Seine Kollegen sagten, um seinem Studium nachzugehen, las er sogar in Drehpausen am Set Bücher und studierte.

Schon als Kind liebte er das Lesen. Und neben der Schauspielerei ist James Franco auch Filmemacher, der sich von Literatur inspirieren lässt. Als Regisseur verfilmte er 2013 William Faulkners *Als ich im Sterben lag* und Cormac McCarthys Novelle *Ein Kind Gottes* von 1973 mit Scott Haze. Seine Leidenschaft für Mode ließ ihn die Dokumentation *The Director* (Regie: Christina Voros) über Leben und Arbeit der Gucci-Designerin Frida Giannini produzieren.

Er legte sich einige typisch New Yorker Gewohnheiten zu – etwa das Spazierengehen: »In L.A. fahre ich viel rum, aber hier in New York unternehme ich lange Spaziergänge und höre Hörbücher oder Musik«, erklärt er. Mit einer anderen Gewohnheit überwand er erfolgreich das Verkehrschaos auf New Yorks Straßen: »Zur Columbia University, wo ich Kreatives Schreiben studierte, habe ich immer die U-Bahn genommen. Dort ging ich dann in den Ruhesaal der Columbia-Bibliothek, um zu studieren und Bücher zu lesen. Ich mag den Columbia-Campus wirklich sehr. Und ich liebe es, in New York U-Bahn zu fahren. Da kann man wunderbar Leute beobachten, es ist wie eine eigene Welt im Untergrund.«

Franco malt seit seinen Highschool-Zeiten, hat die California State Summer School of the Arts be-

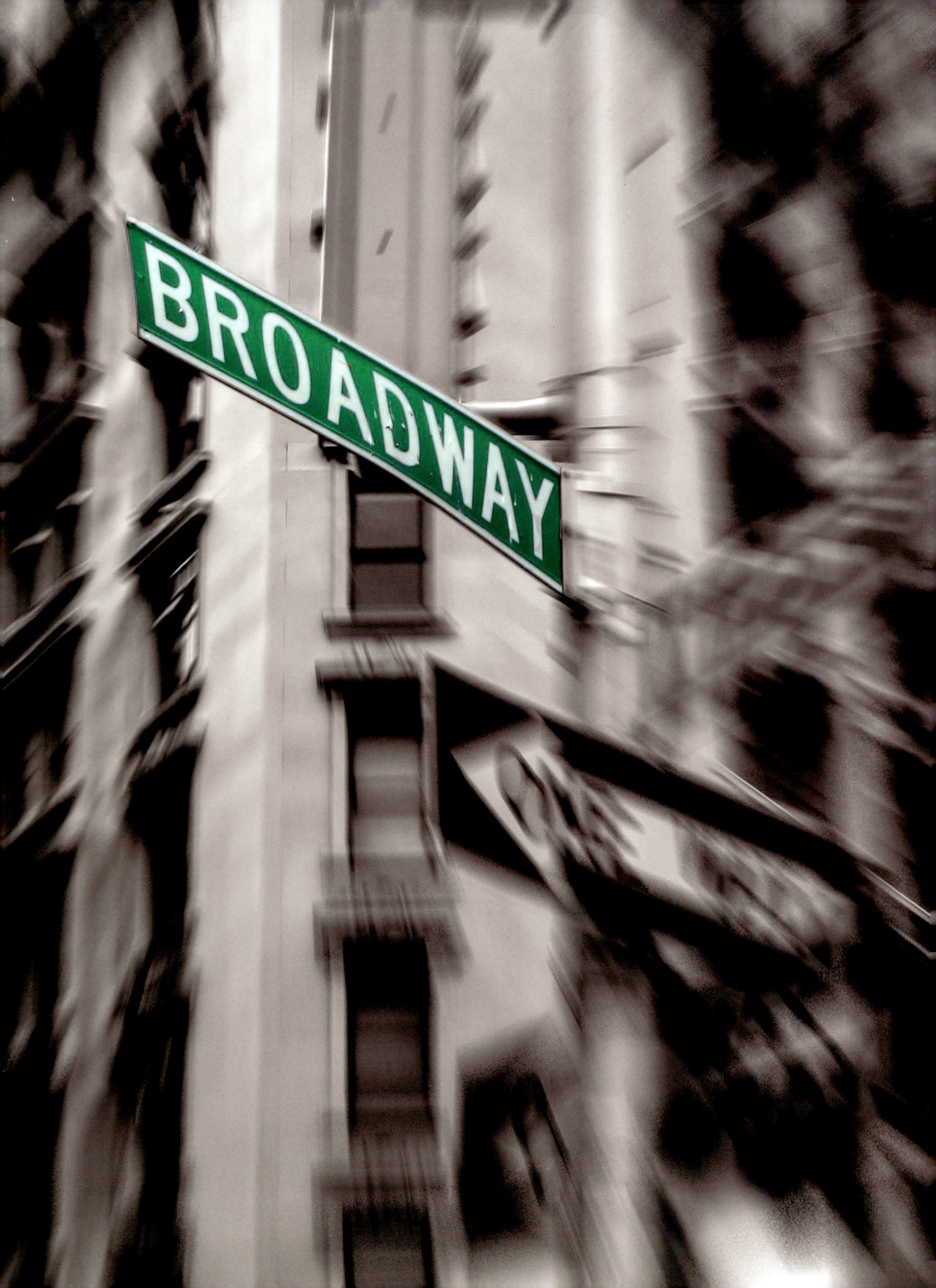
BROADWAY

Straßenschild am **Broadway**.
Wolkenkratzer am **Times Square**.

sucht, und seine Werke wurden vielfach ausgestellt. Seine Bilder sind neben seinen Gedichten in dem Buch *Hollywood Dreamings* (Insight Editions 2014) zu sehen. New York hat ihn auch in dieser Hinsicht inspiriert; er ist Teil der lokalen Kunstszene. »2010 hatte ich meine erste Einzelausstellung *The Dangerous Book Four Boys* in der Galerie The Clocktower in New York City, betreut von Alanna Heiss. Die Show umfasste Videos, Zeichnungen, Skulpturen und Installationen, die auf Kindheitserfahrungen beruhten. Die Galerie liegt im Dachgeschoss eines Gerichtsgebäudes, deshalb musste man am Eingang durch einen Metalldetektor. Und sie hat eine tolle Historie, Basquiat und Gordon Matta Clark haben hier ausgestellt«, sagt er.

Zu den weiteren Dingen, die James Franco an New York besonders liebt, zählt das Theater. »Ich liebe Theater. Als Teenager fuhr ich oft von Palo Alto, wo ich lebte, nach San Francisco, um Stücke anzuschauen. Wenn ich in New York bin und mal etwas Zeit habe, verbringe ich sie, indem ich Stücke am Broadway und anderswo anschaue.« Sein Bühnendebüt am Broadway feierte Franco als George in Anna D. Shapiros Neuinszenierung von John Steinbecks *Von Mäusen und Menschen*. »Ich war immer ein großer Broadway-Fan. Das sieht man an den ganzen Tickets, die ich aus den letzten 15 Jahren noch habe. Das fehlende Puzzlestück für mich war, selbst dazuzugehören, und ich suchte nach dem richtigen Stück als Einstieg. *Von Mäusen und Menschen* ist eine universelle Geschichte, die immer aktuell sein wird.«

Franco setzte sich für die Wohltätigkeitsorganisation Art of Elysium ein, die schwerkranken

Beleuchtete Werbetafeln am Times Square.

> »Ich liebe Theater ... Wenn ich in New York bin und Zeit habe, schaue ich mir Stücke am Broadway und anderswo an.«

Kindern hilft, und gab Unterricht in Film und Produktion an der New York University. Daneben unterstützt er die Arbeit seiner Studenten und liest Drehbücher, die er dann vielleicht sogar produziert. Er ist gerne Teil der New Yorker Community und Mentor für aufstrebende Künstler. »Ich liebe Schulen, ich lerne, lehre und bin gerne unter Menschen, die meine Interessen teilen. Zugleich möchte ich die Arbeit junger Talente fördern. Meine Studenten sind mir sehr wichtig«, betont er. »Wenn ich mit jemandem zusammenarbeite, schätze ich ein offenes, sicheres Verhältnis. Gia Coppola, die nach meinem Kurzgeschichtenband *Palo Alto* ein Drehbuch schrieb und Regie führte, gab ich alle Freiheiten der Welt. Meine einzige, wichtigste kreative Entscheidung ist die Auswahl des Künstlers. Danach möchte ich, dass er oder sie die eigene Version einbringt. Ich kontrolliere das nicht.« Damit steht er auch für den Geist und die Freiheit der Vielseitigkeit, und eine Metropole wie New York ist genau der Ort, wo jeder kreative und talentierte Kopf seine eigene Stimme finden kann.

Lichter am Times Square
Auf digitalen Anzeigen und riesigen Reklametafeln wird am Times Square Werbung für die berühmten Shows am Broadway gemacht.

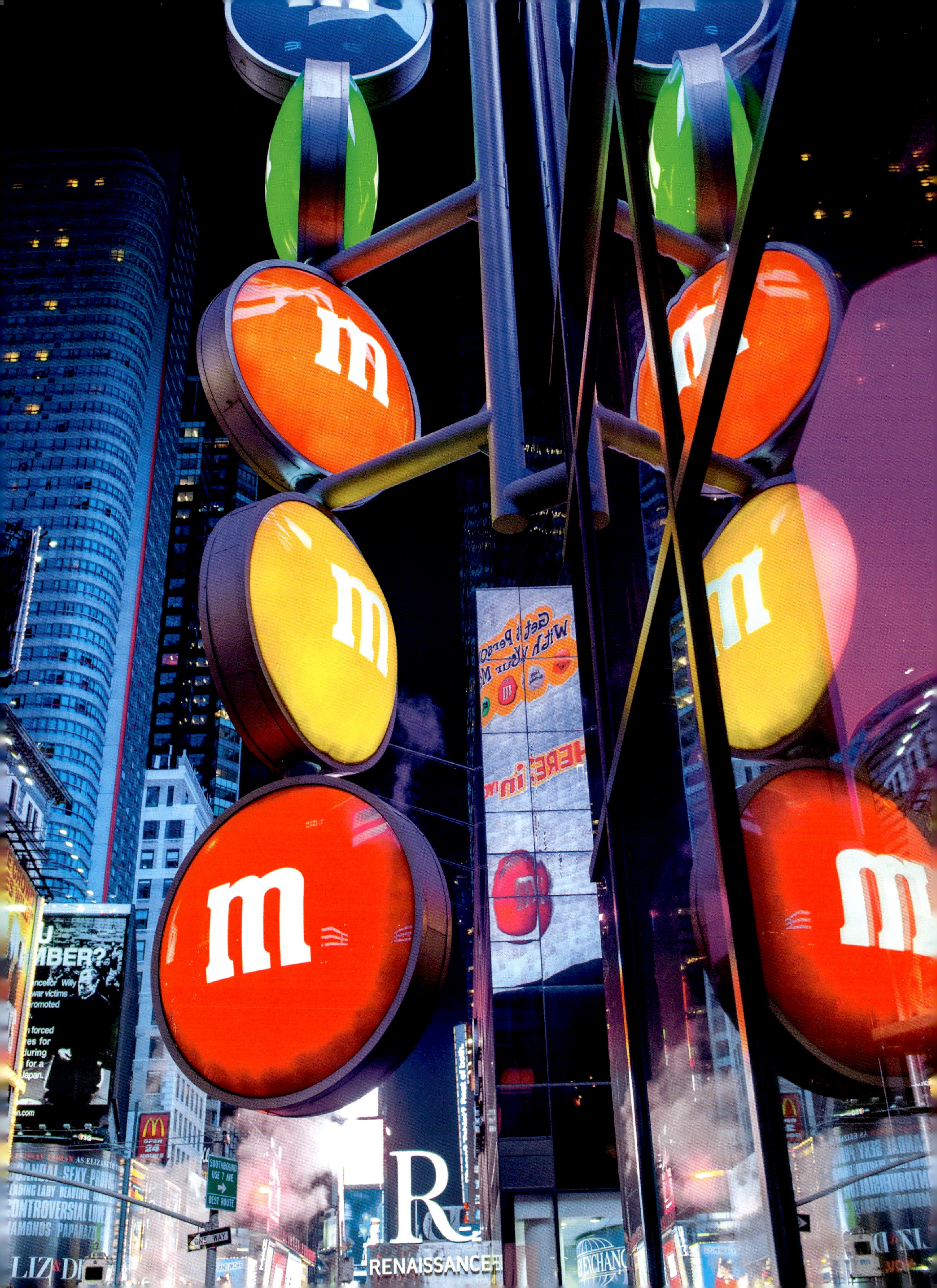
RENAISSANCE

JACK HUSTON
Ein Engländer in der Stadt

Sein Talent ist so vielfältig, alles umfassend und großartig, dass er zu einem der vielseitigsten Schauspieler unserer Zeit wurde, der selbst kleine Rollen mit großer Hingabe und viel Gespür spielt.

»New York ist für mich ein Zentrum der Inspiration, der Ideen und Möglichkeiten, mit einer unglaublichen Energie, die keine andere Großstadt hat«, sagt er.

Seine Liebe zu New York nahm ihren Anfang, als er noch ein Kind war und von der Stadt träumte, als er die vielen schönen alten Filme sah, die Orte und Augenblicke des Straßenlebens zeigten, all die Romanzen und Abenteuer.

Der 1982 in London geborene Jack ist zwar Brite, wurde jedoch zum New Yorker, als er im Verlauf der Dreharbeiten zu der HBO-TV-Serie *Boardwalk Empire* hier lebte.

»Aber ich bin immer hier, ich komme und gehe, weil ich weiterhin in der Stadt arbeite, und ich bin einfach gerne hier. Hier habe ich mich in meine Freundin Shannan Click verliebt, hier ist 2013 auch meine Tochter Sage geboren. Ich habe also zweifellos eine besondere Beziehung zu New York«, sagt er. »Das Gute an New York ist, dass man sich wirklich als New Yorker fühlt, wenn man eine Weile hier wohnt. Als Tourist oder wenn man nur kurz hier ist, ist das anders. Wenn man wirklich hier lebt, verinnerlicht man New York.«

> New York ist für mich ein Zentrum der Inspiration, der Ideen und Möglichkeiten, mit einer unglaublichen Energie, die keine andere Großstadt hat.

Als Schauspieler, aber auch Produzent des Films *Hunting & Gathering*, bei dem sein Bruder Matthew Regie führt und das Drehbuch gemeinsam mit der Künstlerin Melanie Gilligan verfasste, hat Jack ein spezielles Gespür, an Dinge heranzugehen, das nur einem Künstler eigen ist. Er schreibt und malt auch gerne. »Als ich in New York ankam, verblüffte mich die Energie der Stadt. Das sagen viele, aber für mich war es noch spezieller und anders. Und besonders ungewöhnlich für eine Stadt«, sagt er. »Mit 21 ging ich von London nach Los Angeles und kam dann erst nach New York. Es war wirklich sehr anders für mich hier, aber die Stadt faszinierte mich, weil sie in meinen Augen das Beste von L.A. und London verbindet. In New York hat alles Bedeutung, zugleich ist man ständig in Eile, irgendwo hinzukommen, weil immer irgendwo was los ist. Das Besondere an New York ist, dass alle Leute auf der Straße sind und um einen herum immer Leben ist.«

Jack ist der Enkel des großen Filmemachers John Huston, Sohn des US-Schauspielers Tony Huston und der adligen Malerin Margot Lavinia Cholmondeley; seine Tante Anjelica Huston und sein Onkel Danny sind ebenfalls Filmstars. Die Schauspielkunst liegt Jack im Blut, und er verkörpert sie durch und durch. Sie

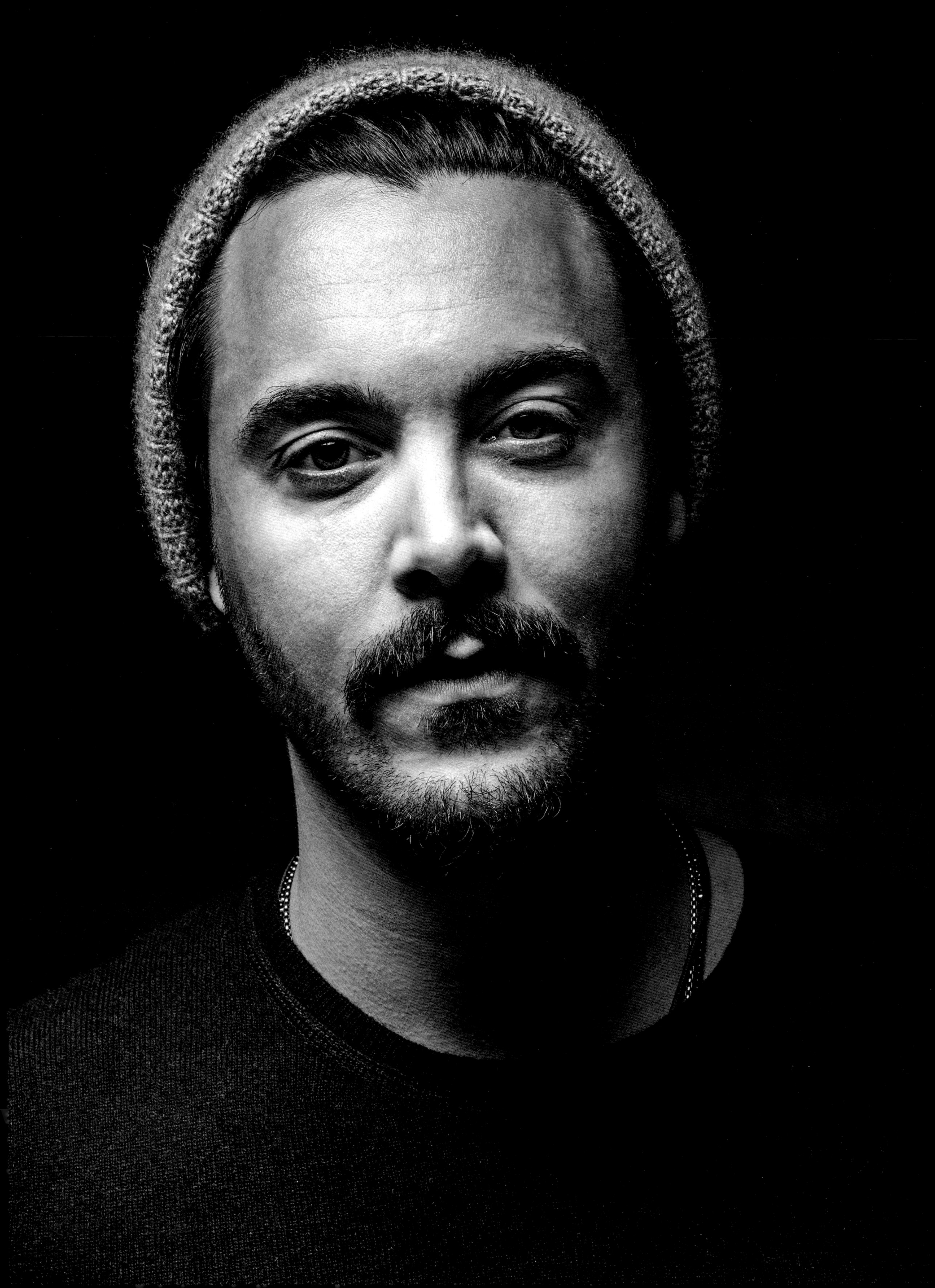

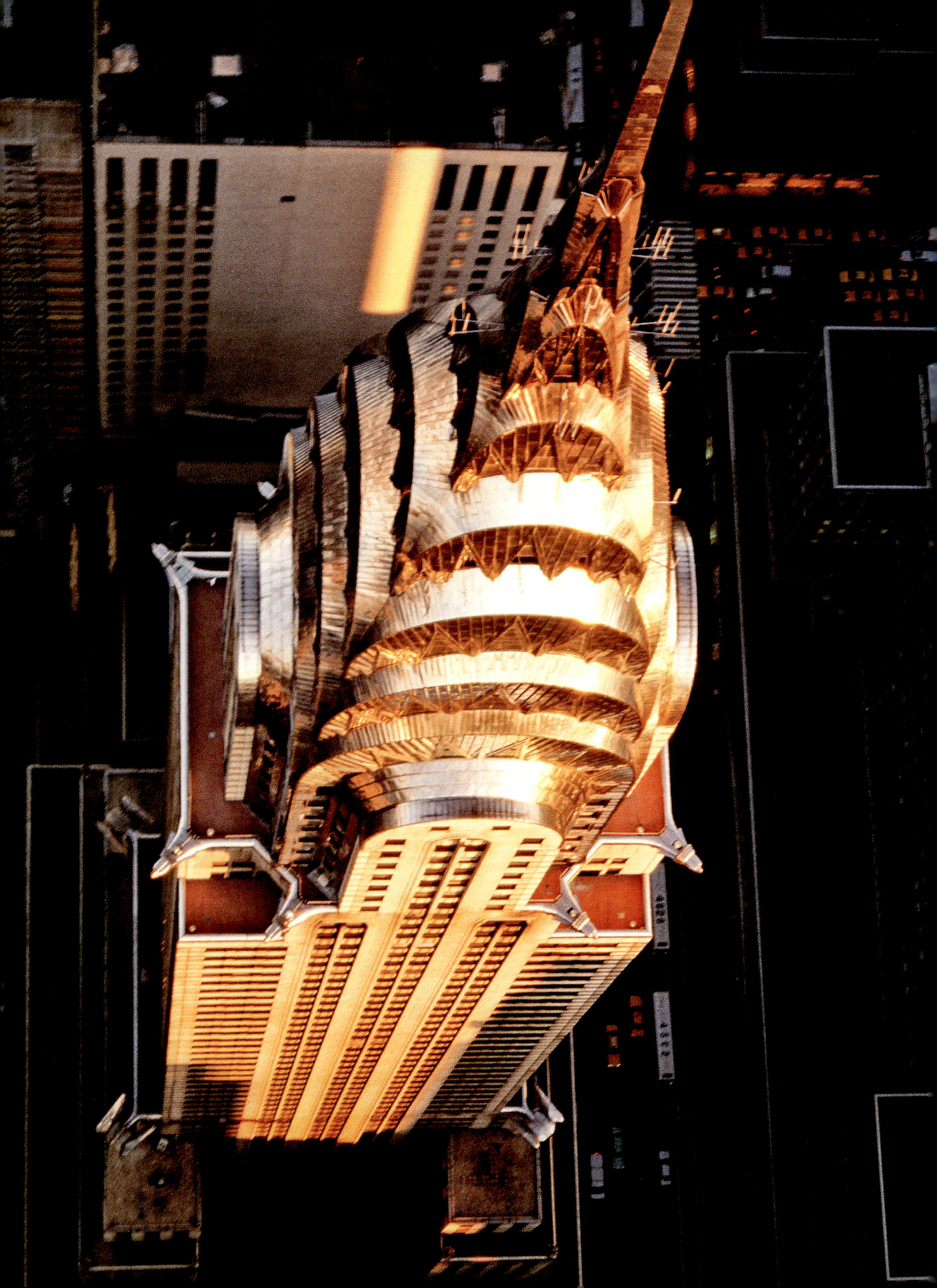

> »... das Chrysler Building ...
> Jedes Mal, wenn ich es sehe, denke ich, dass die Romantik
> in New York nie enden wird.«

ist seine große Leidenschaft, eine Liebe auf den ersten Blick.

Jack wollte immer Schauspieler werden und beschloss bereits mit sechs Jahren, diesen Weg einzuschlagen, nachdem er die Titelrolle in einer Schulproduktion von Peter Pan gespielt hatte. Er besuchte das Elitecollege Hurtwood House und spielte danach in vielen Filmen, unter anderem als US-Dichter Gerard Malanga in *Factory Girl*, als aufstrebender Rockstar in *Not Fade Away* (Regie: David Chase, Schöpfer der *Sopranos*), in *Eclipse: Bis(s) zum Abendrot*, *Wilde Salome* (Regie: Al Pacino), *Nachtzug nach Lissabon* und *American Hustle* von David O. Russell.

In New York indes entwickelte Jack in der TV-Serie *Boardwalk Empire* über die Bandenkriminalität im damaligen Atlantic City eine seiner bekanntesten Rollen als Richard Harrow, einen im Ersten Weltkrieg schwer versehrten Scharfschützen, der zum Gangster wird.

»Die Serie entstand an allen möglichen Orten, in und um New York, nicht so sehr in Atlantic City, wo die Strandpromenaden und Kasinos zwar interessante Schauplätze sind, sondern hauptsächlich in Studios in Brooklyn am Fluss. Das Tolle daran war, dass ich Gelegenheit hatte, die Stadt echt gut kennenzulernen.«

In New York spielte er eine weitere große Rolle in *Kill Your Darlings – Junge Wilde* von John Krokidas: den jungen Jack Kerouac, der in einen mysteriösen Mord an der Columbia University verwickelt wird. Der Film vermittelt die Atmosphäre der Uni und ihres schönen Campus, den man heute noch besuchen kann. Sie wurde 1754 auf Erlass des englischen Königs George II. als King's College gegründet, ist die älteste höhere Lehranstalt im Staat New York und die fünftälteste in den USA. 1897 wurde sie an ihren heutigen Standort Morningside Heights zwischen 116. Straße und Broadway verlegt. Der neue Campus wurde nach dem Vorbild einer Athener Agora gestaltet und umfasst die größte existierende Ansammlung an Gebäuden der Architekten McKim, Mead & White.

Die schöne neoklassizistische Low Memorial Library dominiert die Plaza mit ihren grünen Wiesen. Der College Walk führt an allen Hauptgebäuden vorbei, an der Butler Library, der Pupin Hall und der St. Paul's Chapel. »Kerouac zu spielen war eine wundervolle Erfahrung, weil wir das New York jener Zeit und die akademische Welt entdeckten. Es gibt auch lustige Szenen mit uns in der Bibliothek. Die Geschichte handelt von dem authentischen Mord an Lucien Carr, gespielt von Dane DeHaan. Neben Kerouac waren weitere Beat-Generation-Künstler beteiligt: Allen Ginsberg, gespielt von Daniel Radcliffe, und William Burroughs, gespielt von Ben Foster«, erklärt er.

Das Chrysler Building, aus der Luft betrachtet.

Restaurant im **East Village**.

»Der Film spielt in der Columbia University, und es war toll, dabei zu sein, weil ich New York durch den Blick und die Worte der Figuren entdeckte. Sie lebten nur für den Augenblick, wie heute noch viele Künstler in New York, glaube ich. Jack Kerouac war damals nicht der bekannte Schriftsteller, sondern nur ein junger Typ, der sich Gehör verschaffen wollte. Der Film spielt in der Vergangenheit, erinnert mich aber an das heutige New York, in das immer noch viele Künstler voller Träume kommen und versuchen, sich durchzusetzen.«

Als Künstler erlebte Jack selbst, wie es ist, in der Stadt zu leben. »Als ich nur zu Besuch in New York war, genoss ich es, aber ich war kein New Yorker. Ich hatte hier nur eine Menge Spaß, bekam aber viele Dinge nicht mit«, gesteht er. »Ich war nur auf der Durchreise, besuchte Freunde, tauchte aber nicht tief ins Herz der Stadt ein. Wenn man hier lebt, ist es was anderes – man findet sein Viertel, spielt Billard in einer Bar, trinkt ein Bier in einem Pub oder geht in eines der vielen liebenswerten Cafés. Man stellt fest, dass New York ein Ort ist, den man jeden Tag neu entdeckt, in ganz alltäglichen Momenten.«

New Yorker lieben ihr Viertel, das irgendwann so etwas wie ihr eigenes »Dorf« in der Großstadt wird. Daher sucht sich hier jeder irgendwann

Das **Chess Forum**, ein Mekka für Schachfans in Greenwich Village.

sein eigenes Viertel, in dem er sich zu Hause und geborgen fühlt. »Ich lebte eine Weile in Soho, dann zog ich mit meiner Exfreundin ins East Village, das seitdem mein Zuhause geworden ist. Ich liebe die Bars und Restaurants hier. Ich habe einen Lieblingsjapaner, wo ich gerne Sushi esse. Und es gibt zahlreiche Cafés«, sagt er. »Einer meiner liebsten Orte ist der Tompkins Square Park, wo es einen wunderbaren Hundeauslauf gibt. Dort war es früher mal gefährlich, jetzt ist es wirklich schön. Fast alle Darsteller aus *Boardwalk Empire* wohnten in der Gegend, nur ein paar Blocks voneinander. Ich gehe da gerne mit meinen Hunden hin.«

Fasziniert ist Jack auch von der Musik; und in New York findet er eine Menge unterschiedlicher Genres. »Ich höre gerne Livemusik, am liebsten in einem Laden, der einem Freund gehört. Er heißt Electric Room und liegt in Chelsea. Ich mag die Sessions dort. In L.A. bin ich Mitbetreiber des Writer's Room. Ich bevorzuge Läden, die eine spezielle Atmosphäre und eine individuelle Note haben«, sagt er.

Außerdem schätzt Jack die Möglichkeiten, die das Umland der Stadt bietet. »Von New York aus kommt man schnell in die Wälder und an den Strand. Ich liebe die schöne Natur außerhalb der Stadt. Ich mag es, dass man rausfahren kann und nicht immer nur in der Stadt ist«, sagt er. Ihm gefallen auch die Hamptons. »Ich miete gerne den Sommer über ein Haus in East Hampton; der Strand, das Meer und die Natur sind wirklich schön dort. In New York kommt es immer auf die Jahreszeiten an. Toll im Frühling, wenn die Bäume blühen, im Herbst mit dem Laub, das sich so wundervoll verfärbt, aber im Winter ist es sehr kalt und im Sommer schrecklich heiß und schwül. Deshalb suchen sich viele New Yorker für den Sommer was in den Hamptons. Was ich auch sehr mag, ist die Stadt Woodstock in den Catskill Hills, wo das legendäre Rockfestival war. Auch da bin ich oft.«

Erinnerungen an New York verdankt er auch seiner Familie: »Ich, mein Bruder Matthew und meine Schwester Laura stehen unserer Tante Anjelica sehr nahe und waren ein paarmal bei ihren Filmen am Set dabei. Ich erinnere mich vor allem daran, als sie in *Die Royal Tenenbaums* mitspielte. Meine Schwester wohnte damals bei ihr, und ich kam auf Besuch.«

Leben im Viertel
Ein Klavierspieler am Flügel im Washington Square Park, der viele Möglichkeiten bietet, unter freiem Himmel zu relaxen und Musik zu hören.

Village-Bewohner
Ein beliebtes Restaurant im West Village mit mediterraner Küche. Die New Yorker sind stolz auf ihre Stadtviertel und genießen sie in vollen Zügen.

»Das Besondere an New York ist, dass alle Leute auf der Straße
sind und um einen herum immer Leben ist.«

Wandgemälde in der 2nd Street East im East Village.
Dieses Wandbild in Greenwich Village zeigt **berühmte Musiker**.

Den Familiensitz der Tenenbaums (»Archer Avenue 111«) findet man in Harlem in der Covent Avenue 339 an der 144. Straße. Das Hotel, aus dem im Film Gene Hackman fliegt, ist das Waldorf Astoria, Park Avenue 301, in Midtown. Im Film zu sehen ist auch das National Museum of the American Indian am Bowling Green in Lower Manhattan. »Es ist unglaublich, was es in Manhattan alles zu entdecken gibt, wenn man in seine ganzen Bezirke vordringt. Da findet man wirklich immer was Neues.«

Was Jack ebenfalls fasziniert, sind die Farben von New York. »Wenn ich eine Farbe für New York benennen müsste, wäre das Silber. New York glitzert wie Silber. Es ist schwer, eine bestimmte Farbe auszuwählen, die richtige, weil man hier jeden Tag so viele sieht. Aber es ist meines Erachtens eine metallige, glänzend weiße Farbe«, sagt er. »Das ist auch die Farbe vieler Wolkenkratzer, die mich an Manhattan immer fasziniert haben. Mein Favorit ist das Chrysler Building. Das kenne ich noch aus den Filmen, die ich als Kind sah. Damals verliebte ich mich in New York und stellte fest, dass es in Wirklichkeit sogar noch schöner ist. Freunde von mir haben eine Wohnung am Madison Square Park mit einer Terrasse mit Blick auf das Chrysler Building, und jedes Mal, wenn ich es sehe, denke ich, dass die Romantik in New York nie enden wird.«

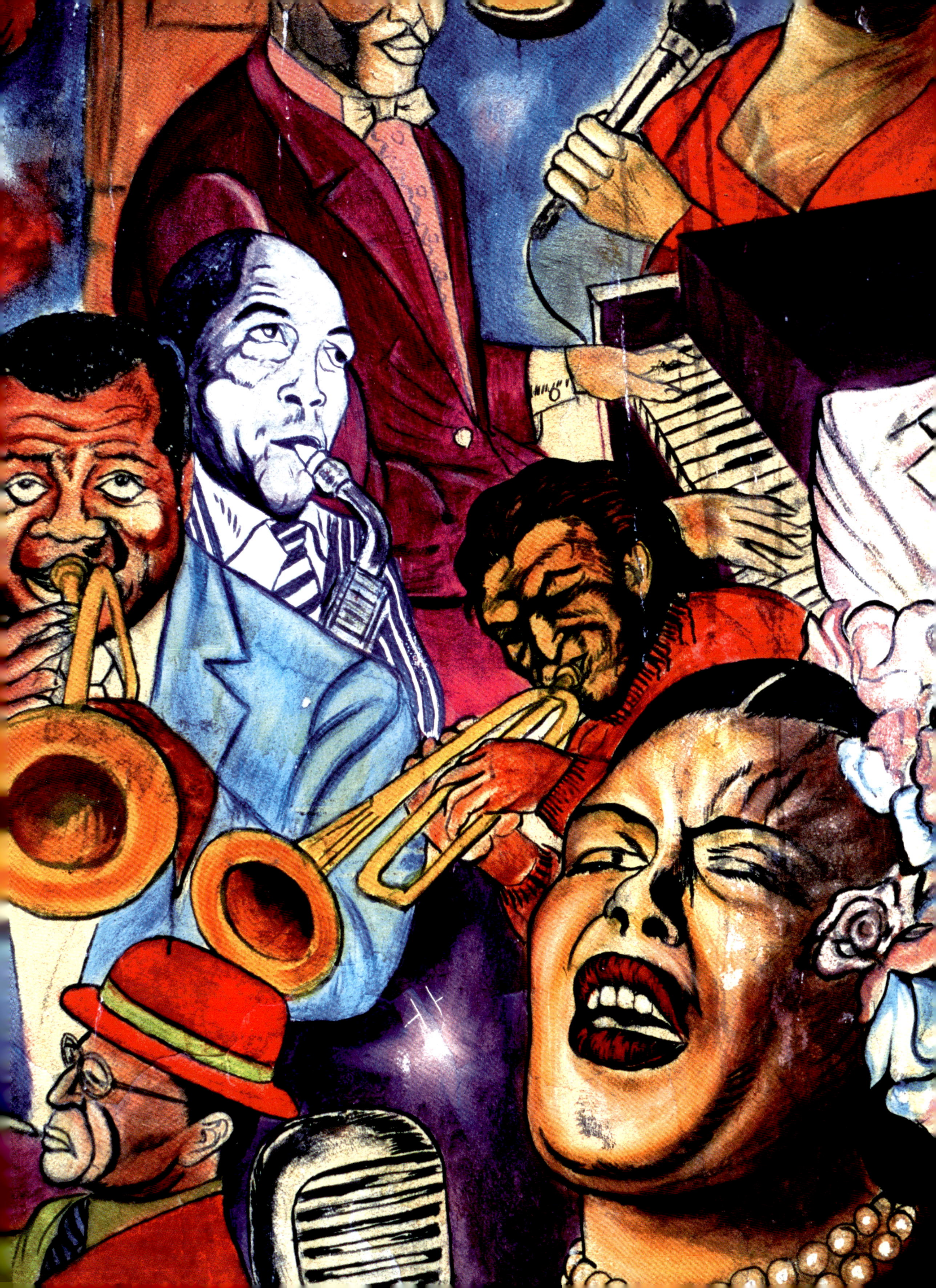

SIRI HUSTVEDT
Die »Psyche« der Stadt

Romanautorin und Essayistin Siri Hustvedt ist eine der berühmtesten zeitgenössischen Autorinnen der New Yorker Szene. Ihre Texte sind tiefgründig und erfüllt von ihrer bekannten, intensiv dramatischen sinnlichen Note.

In ihrem Stadthaus am Park Slope in Brooklyn ähnelt jedes Stockwerk einem Romankapitel, in dem man erstaunliche Einblicke ins Leben erhalten kann. In seiner Originalität und Schönheit spiegelt das Haus die chamäleonartige Vielfalt von New York wider.

Eine ähnliche Intensität besitzen Siri Hustvedts Bücher. »Schreiben ist für mich ein Bedürfnis, eine Art Berufung, lebensnotwendig. Es hat nichts mit ›Mögen‹ zu tun. Ich fühle mich dazu gezwungen, und das schon seit jungen Jahren. Wenn ich schreibe, fühle ich mich lebendiger.«

»New York inspiriert mich mit seiner ungeheuren Vielfalt. Park Slope in Brooklyn ist nur ein Teil in dem großen Puzzle der vielen Viertel, aus denen die Stadt besteht, aber für mich ist er vertraut und intim«, erklärt sie.

Ihr New York ist psychologisch, introspektiv und tiefgründig, wie etwa in den Romanen *Was ich liebte*, *Die Leiden eines Amerikaners* und *Der Sommer ohne Männer*. »Was mich an der Stadt fasziniert, sind die Beziehungen zwischen den Menschen, ihre Verbindung zueinander, wie sich ihre Lebenswege in einer Vielzahl von Welten kreuzen, treffen, mischen und verschwinden«, sagt sie.

Hustvedt wurde 1955 in Minnesota geboren und ging nach New York, um an der Columbia University zu studieren. In New York traf sie die Liebe ihres Lebens – ihren Seelenverwandten und heutigen Ehemann, den Bestsellerautor Paul Auster. 1987 kam ihre Tochter zur Welt, die Sängerin und Schauspielerin Sophie Auster.

Sophie wohnt im trendigen, legendären Viertel Tribeca, aber Siris New York ist Brooklyn und speziell Park Slope. Es ist ein Ort, glaubt sie, der wirklich ihre Befindlichkeiten reflektiert. »Für mich ist New York in erster Linie Park Slope. Ein gemütliches Viertel aus Häusern aus dem 19. Jahrhundert und Apartmentgebäuden mit dem wunderbaren Prospect Park, dem zweitgrößten Park der Stadt. Er ist voll von Spaziergängern und Radfahrern, Fußball-, Kricket- und Softballspielern, Leuten, die Picknicken, sogar wilden Tieren. Ich gehe gerne die 7th Avenue entlang und schnappe Unterhaltungen in den verschiedensten Sprachen auf. Ich sehe gerne den Kindern zu. Es gibt viele in unserem Viertel. Ich gehe immer in die gleichen Geschäfte und kenne die Inhaber

> **Für mich ist New York auch mein Zuhause. Die Stadt ist groß genug, um in Teilen rätselhaft zu bleiben, und sie verändert sich ständig.**

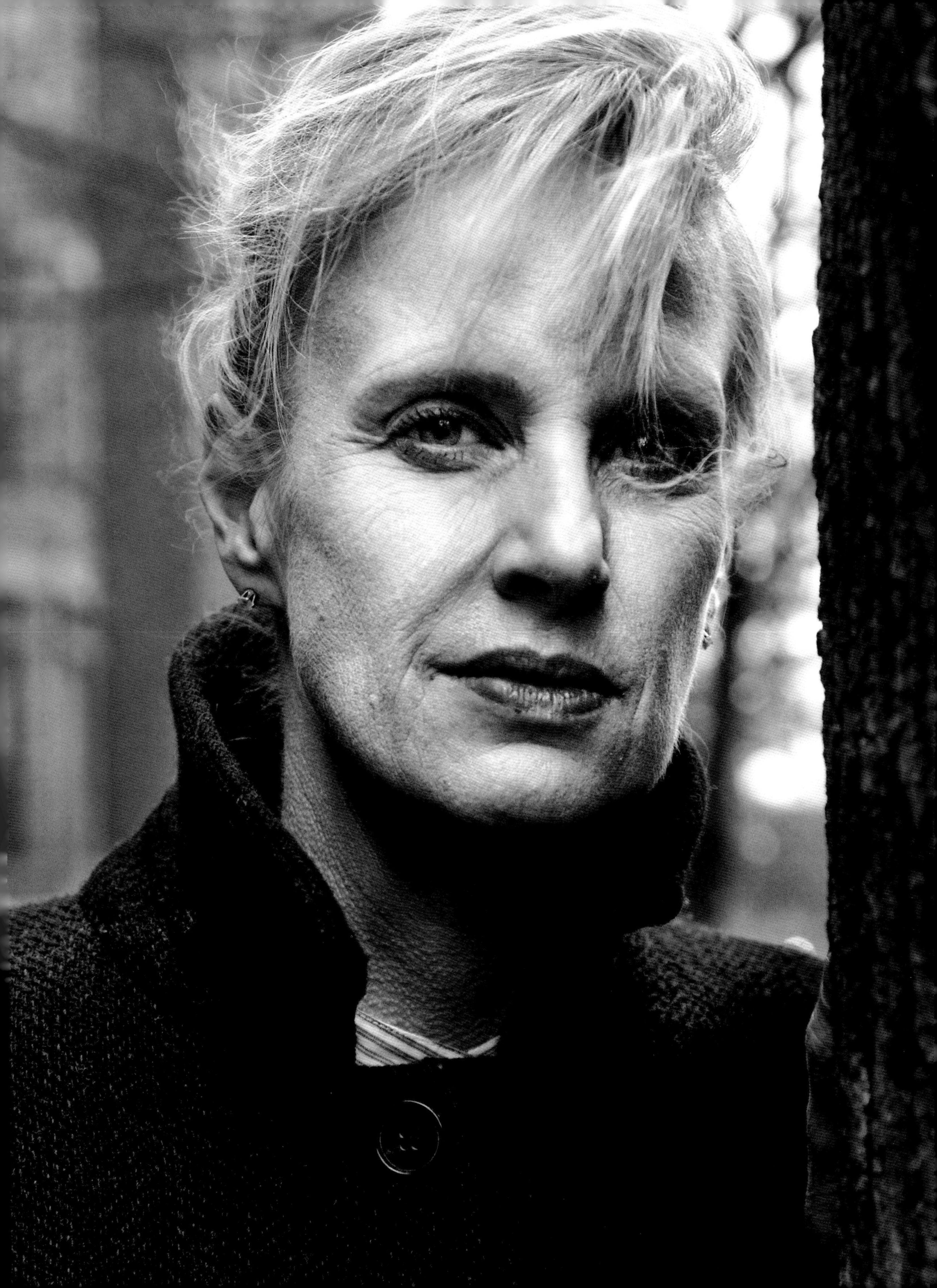

Der Alltag in **Park Slope** ähnelt dem in einer Kleinstadt.

und Händler. Park Slope ist oft wie ein Dorf, aber mit weniger Klatsch und Tratsch.«

Hustvedt schätzt Brooklyn, weil es so diskret und heimelig ist. »Zuhause bedeutet Vertrautheit, immer wiederkehrende Rituale, Sicherheit durch Gewohnheit. Wir alle verinnerlichen die Gegebenheiten des eigenen Heims, nicht nur bewusst, sondern auch unbewusst. Ich muss nicht nach einem Lichtschalter suchen. Mein Arm streckt sich danach, ehe ich daran denke. Der Mangel an Spannung sorgt dafür, dass man sich zu Hause wohlfühlt und nur sehr ungern umzieht«, glaubt sie. »Für mich ist New York auch mein Zuhause. Die Stadt ist groß genug, um rätselhaft zu bleiben, und sie verändert sich ständig. Niemand kann die ganze Stadt kennen. Sie bleibt unberechenbar.«

Sie erzählt von ihrem Haus, das wie alles in New York seine eigene Geschichte hat. »Ich schaute mir etwa ein Jahr lang Häuser in Park Slope an, bevor ich unser Haus fand. Es ist ein 1892 erbautes vierstöckiges Reihenhaus, die ursprüngliche Ausstattung war größtenteils intakt. Man stellt sich New York als Stadt der Wolkenkratzer vor, aber es ist auch eine Stadt von typischen Reihen- und Backsteinhäusern; diese Gebäude sind Teil eines älteren New Yorks, Teil des Gedächtnisses der Stadt.«

Ihr New York ist auch ein Ort der Dinge, deren Bedeutung jenseits des oberflächlichen Glanzes

Eine von Bäumen gesäumte Straße in **Park Slope** mit eleganten Stadthäusern.

liegt, der dem Gelegenheitsbesucher als Erstes ins Auge fällt. »Wir leben jetzt fast 19 Jahre in dem Haus, und mein Lieblingsraum ist die Bibliothek. Mein liebstes Möbel ist der rote Tisch, den meine Schwester, die Architektin Ingrid Hustvedt, für unser Esszimmer entworfen hat. Viele Menschen, die wir schätzen, saßen schon an diesem Tisch.«

»Paul und ich bleiben am liebsten zu Hause oder gehen ab und zu mal in ein Restaurant um die Ecke, etwa ins Rose Water und ins Al Di Là. In der Vertrautheit alltäglicher Dinge finde ich die Seele von New York, all das, was uns am nächsten ist.«

Hustvedt interessiert sich für die psychologischen und biologischen Aspekte des menschlichen Lebens, darunter eine zentrale Frage: Wo haben fiktionale Werke ihren Ursprung? »Ich habe in London mal eine Vorlesung gehalten mit dem Titel ›Warum eine Geschichte und nicht eine andere?‹. Ein Schriftsteller kann theoretisch alles schreiben, aber so funktioniert das nicht. Ihn begleitet stets die Frage nach Richtig und Falsch, die offensichtlich nichts mit der literarischen Wahrheit des Textes zu tun hat. Diese Frage beschäftigt mich sehr. Um es kurz zu machen, die Antwort ist zugleich soziologisch, psychologisch und neurobiologisch.«

»Mir gefällt die Vielfalt in New York, und ich mag die vielen Sprachen, die man spricht. Wer hier

Der **Prospect Park** im Herbst.

»New York inspiriert mich mit seiner ungeheuren Vielfalt.«

lebt, trifft nicht auf eine, sondern auf viele Welten. Charles Dickens hat mal über seine Stadt gesagt: ›Wer London nicht mag, mag das Leben nicht.‹ Wenn das damals für London gestimmt hat, trifft es noch mehr auf New York zu. Die Mischung der Kulturen macht diesen Ort besonders interessant und aufregend. Und mit ein paar kleinen Ausnahmen ist New York generell sehr tolerant.«

»New York ist ein Hort vieler Subkulturen. Die Kunstwelt habe ich in meinem Roman *Was ich liebte* beschrieben. Weil mich Psychoanalyse, Psychiatrie und Neurowissenschaft faszinieren, habe ich an Konferenzen teilgenommen, Vorträge gehalten und ehrenamtlich Schreibkurse für Psychiatriepatienten in einem New Yorker Krankenhaus gegeben. Der Erzähler meines Romans *Die Leiden eines Amerikaners* ist Psychiater. Meine Recherchen auf diesen Gebieten und meine Erfahrungen im Krankenhaus halfen mir beim Schreiben. Jeder Schriftsteller ist schließlich ein

Eine Bootsfahrt
Ein Elektroboot auf dem mit Algen übersäten See im Prospect Park. Die Rundfahrten beginnen bei dem historischen, 1905 erbauten Bootshaus.

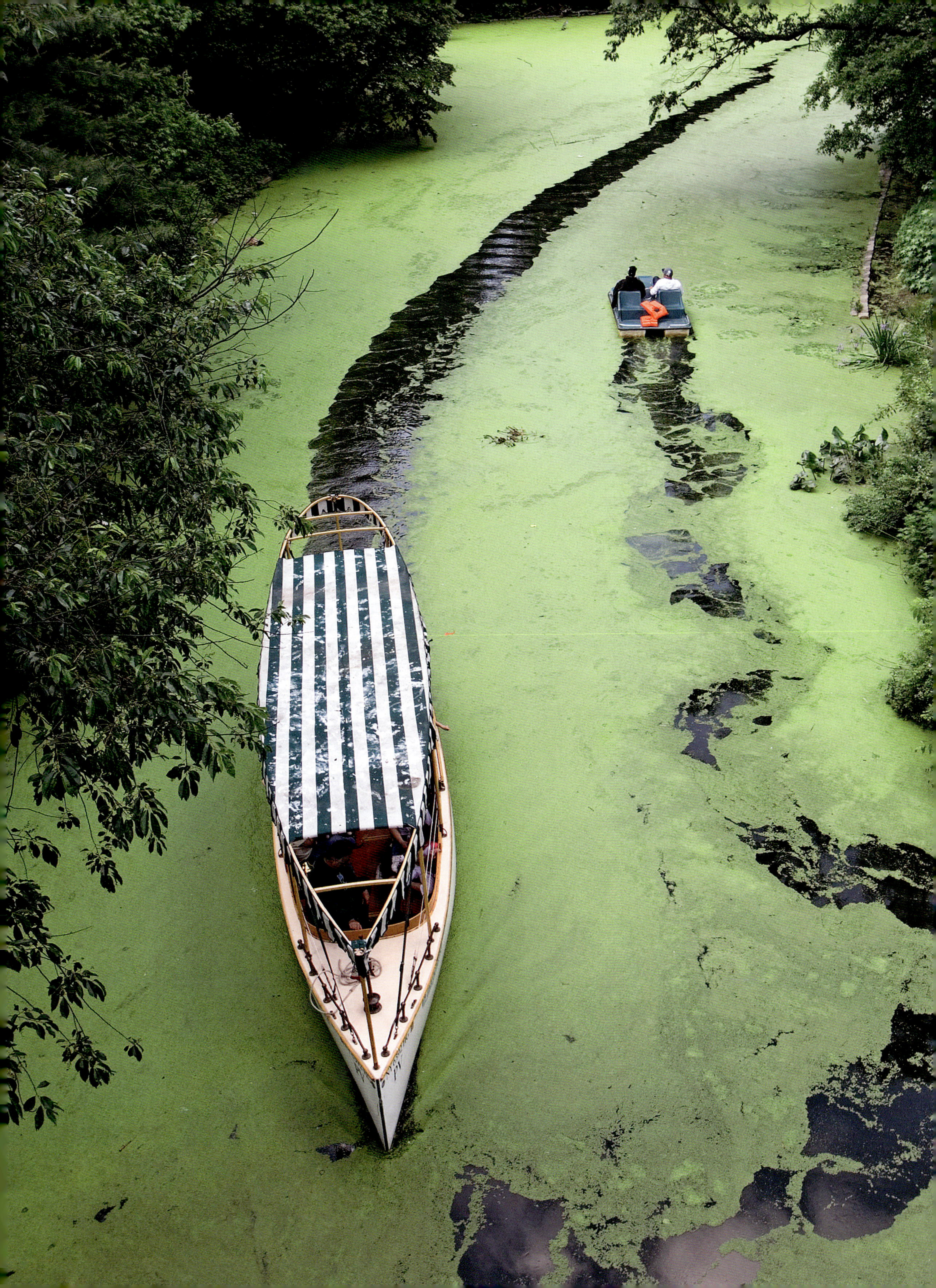

»Park Slope in Brooklyn ist ein Teil in dem großen
Puzzle der vielen Viertel, aus denen die Stadt besteht,
aber für mich ist er vertraut und intim.«

Der winterliche See im **Prospect Park**.

Voyeur, ein Mensch, der andere beobachtet. In New York gibt es massenweise Material für Literatur.«

Auch ihre Lieblingsorte in Manhattan sind sehr intim. »Ich liebe die Frick Collection zwischen 70. Straße und Fifth Avenue mit ihrer kleinen Sammlung bedeutender Werke von Vermeer, Goya, Chardin und anderen. Im Kontrast zu anderen Museen in New York ist sie gemütlich und nie sehr voll.«

»Ich bin in dieser Stadt tief verwurzelt, und meine Gewohnheiten, meine Vertrautheit mit ihr sind sicherlich Teil der Verbindung. Zugleich sehe ich die Stadt ob ihrer Fähigkeit, sich anzupassen, wie eine Person, ein Wesen, das sich verändert und entwickelt. Trotz meiner Bindung denke ich, dass ich wahrscheinlich an vielen Orten leben könnte. Bringt mich irgendwo hin – ich würde zweifellos die Freuden und Eigenarten einer anderen Gegend entdecken. Ich bin in einer Kleinstadt aufgewachsen und möchte nicht zurück in die Provinz. Ich spüre gerne, dass ich Teil von etwas bin, das viel größer ist als ich, dass ich eine Person unter Millionen in einer Metropole bin.«

SPIKE LEE
Die »Seele« der Stadt

Lees Charaktere sind stolz und stark, fähig zu strahlen, zu fühlen und noch in den bittersten Momenten Sinn zu finden. Im Hintergrund läuft jazziger Blues von leidender Intensität und folgt dem Schicksal der Figuren.

Spike Lee ist einer der einflussreichsten Filmregisseure unserer Zeit. Er ist aber auch Schauspieler, Produzent und Autor. Als Professor an der Universität New York (NYU) hält er Kontakt zu Studenten, jungen Leuten, zum gewöhnlichen Alltagsleben.

Spike Lees Filme setzen sich mit New Yorks afroamerikanischer Identität und ihrem steten Kampf um Gleichberechtigung auseinander. Er zeigt uns Gemeinschaftssinn, Mut und Beharrlichkeit, Einsatzbereitschaft und Aktivismus. In Filmen wie *Jungle Fever* und *Malcolm X* erkundet er die Gegenwart aus dem Blickwinkel der schwarzen Community, anhand von Familienverhältnissen, Beziehungen der Ethnien, Kriminalität und Armut in der Stadt sowie politischen Themen. Inspirieren lässt sich Lee von Vorbildern wie Malcolm X und Martin Luther King, die sein Werk stets prägen. »Ich dachte nie daran, für die gesamte afroamerikanische Community zu sprechen. Ich habe einfach nur meine Ideen in die Tat umgesetzt. Manche New Yorker denken wie ich, andere wiederum nicht«, erklärt er.

Für ihn ist New York durch die Noten von Jazz und Blues zu hören, die die intensiven Gefühle der Stadtbewohner ausdrücken. »New York ist in mir«, sagt Spike Lee. »Es ist ein Teil meines Körpers und meiner Seele geworden, und mit meinen Filmen versuche ich, seine unterschiedlichen Aspekte zum Ausdruck zu bringen. New York ist nicht eine, sondern eine unendliche Zahl von Welten. Ich liebe New York, die Leute, diese Energie, die es nirgendwo sonst auf der Welt gibt. Was New York ausmacht, sind die Menschen und ihre unglaubliche Energie.«

> Ich liebe New York, die Leute, diese Energie, die es nirgendwo sonst auf der Welt gibt. Was New York ausmacht, sind seine Menschen und ihre unglaubliche Energie.

»Es ist die großartigste Stadt auf der Welt, aber das bleibt nicht lange so, wenn nur Reiche hier wohnen«, sagt Lee. »Die Leute müssen es sich leisten können, in der Stadt zu leben, ihren Kindern eine angemessene Bildung zukommen zu lassen, sie auf gute öffentliche Schulen zu schicken. Wenn wir so weitermachen, werden es sich leider viele Leute nicht mehr leisten können, hierzubleiben.«

Lees New York ist das des Alltäglichen. Und nicht nur Manhattan, sondern auch Brooklyn, wo man die hellen Lichter der Großstadt vergessen und tiefer in die Nuancen der amerikanischen Seele vordringen kann. In seinen Filmen offenbart er seine besondere Beziehung zu Brooklyn. »Ich habe verschiedene Chroniken

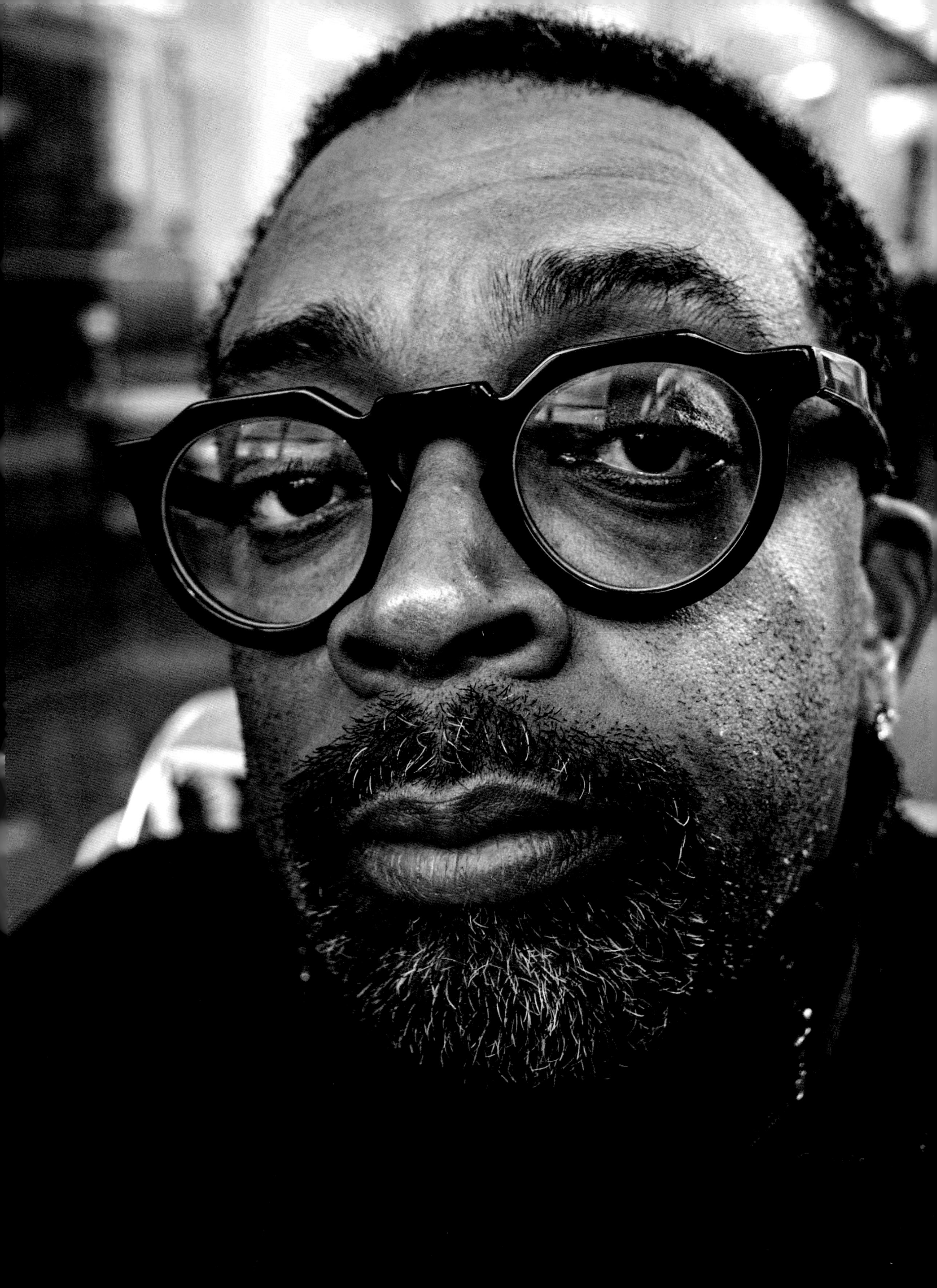

> »New York ist in erster Linie die Geschichte,
> die du in dir verbirgst.«

von Brooklyn gemacht, *She's Gotta Have It*, *Do The Right Thing*, *He Got Game*, *Clockers und Crooklyn*, einen meiner autobiografischsten Filme. Ich habe Gegenden der Stadt gezeigt, die Touristen für gewöhnlich nicht zu sehen bekommen – auch die vergessenen Elemente«, sagt er bei unserem Treffen in seinem Studio in der NYU.

Spike Lees New York ist auch die Welt der Universität, von der er glaubt, sie halte ihn in Kontakt zu »echten« Menschen. »Ich mag das Lehren ebenso wie das Filmemachen. Ich gebe seit vielen Jahren an der NYU Filmkurse. New York ist auch die Stadt der Studenten, der jungen Leute, die voller Ideen und Träume hierherkommen und an die Möglichkeiten glauben, die sie hier finden.«

In dem Film *Red Hook Summer* erzählt Spike Lee in einer Art Brooklyn-Genesis die Geschichte eines 13-jährigen Jungen aus Atlanta, der zu seinem Großvater in Red Hook geschickt wird, einem aufkommenden Viertel in Brooklyn, das seinen lokalen Charakter bewahrt hat. Die Story enthüllt Facetten des Filmemachers selbst und aller jungen Menschen, die an einem so vielfältigen und weltstädtischen Ort wie New York aufwachsen.

»New York ist in erster Linie die Geschichte, die du in dir verbirgst. Ich wuchs in Cobble Hill auf und lebte viele Jahre in Fort Greene«, sagt er. Heute gilt Fort Greene als eine Art »neues Harlem«; es ist die Heimat der Brooklyn Academy of Music (BAM). Spike Lee ist in die Upper East Side gezogen, fühlt sich aber noch sehr verbunden mit dem Viertel. »Fort Greene ist immer noch meine Lieblingsgegend, obwohl es inzwischen gentrifiziert ist. Der Fort Greene Park lag in der Nähe meiner Wohnung, zwischen Washington Street und Vanderbilt Avenue, und ich spaziere gerne an den Cafés und afrikanischen Restaurants an der DeKalb Avenue vorbei. Letzten Endes ist New York also ein Ort der Erinnerungen und Wurzeln.«

Spike Lee wurde 1957 in Atlanta geboren. Seine Mutter unterrichtete Kunst und afroamerikanische Literatur, sein Vater William James Edward Lee III. war Jazzmusiker und Komponist. Er hat drei jüngere Geschwister, die auch an seinen Filmen mitgearbeitet haben. Als er noch ein Kind war, zog seine Familie nach Brooklyn, wo er das traditionell afroamerikanische Morehouse College besuchte. Später machte Lee einen Masterabschluss im Fach Film & Fernsehen an der New Yorker Tisch School of the Arts.

»Im College entdeckte ich meine Leidenschaft für

Brooklyn Bridge
Nach heftigem Schneefall sind nicht viele Leute auf der Brücke unterwegs. Das verleiht der Szenerie eine besonders romantische Note.

Folgende Doppelseite: Typische Treppenaufgänge der Häuser in **Brooklyn Heights**.

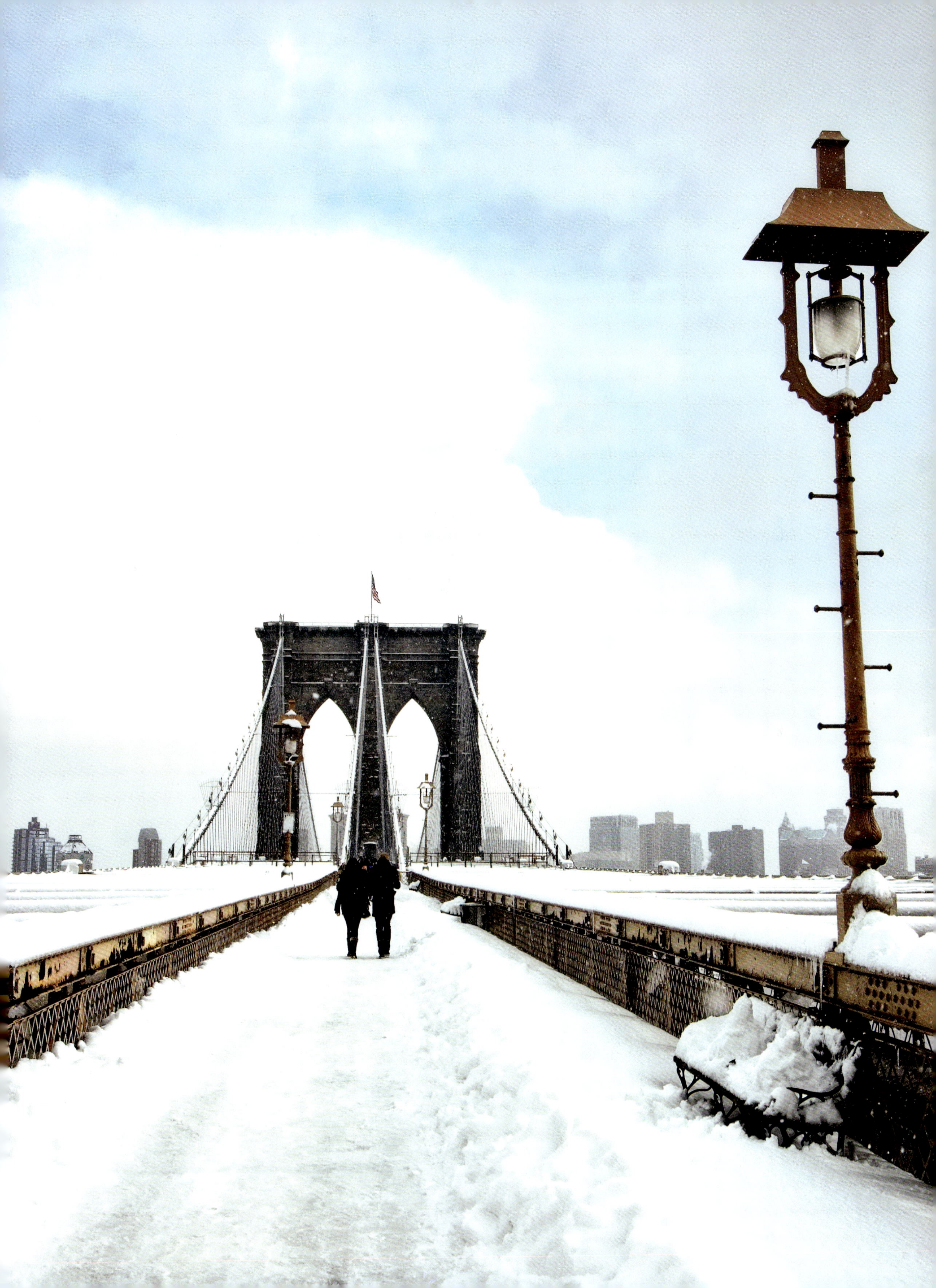

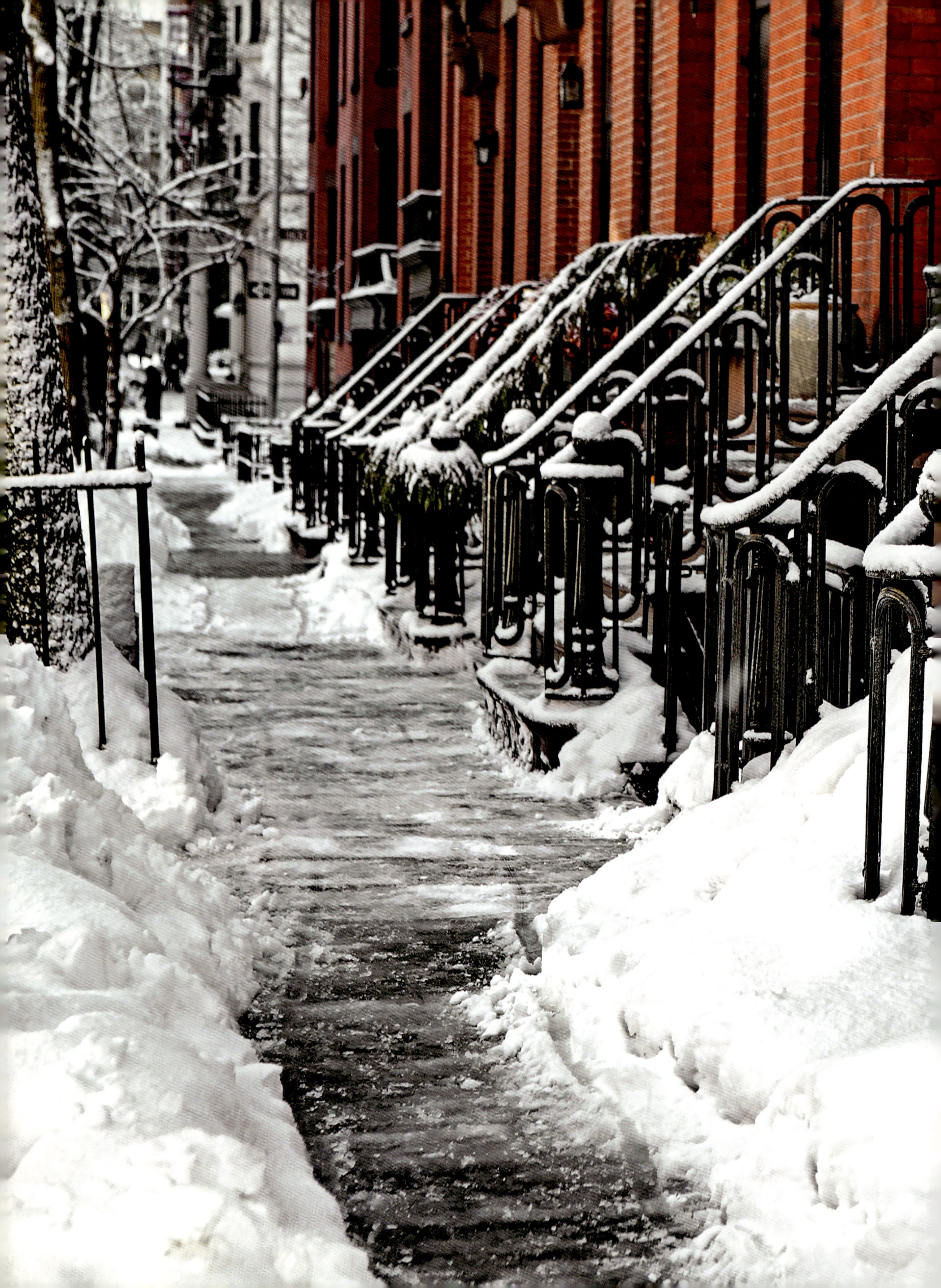

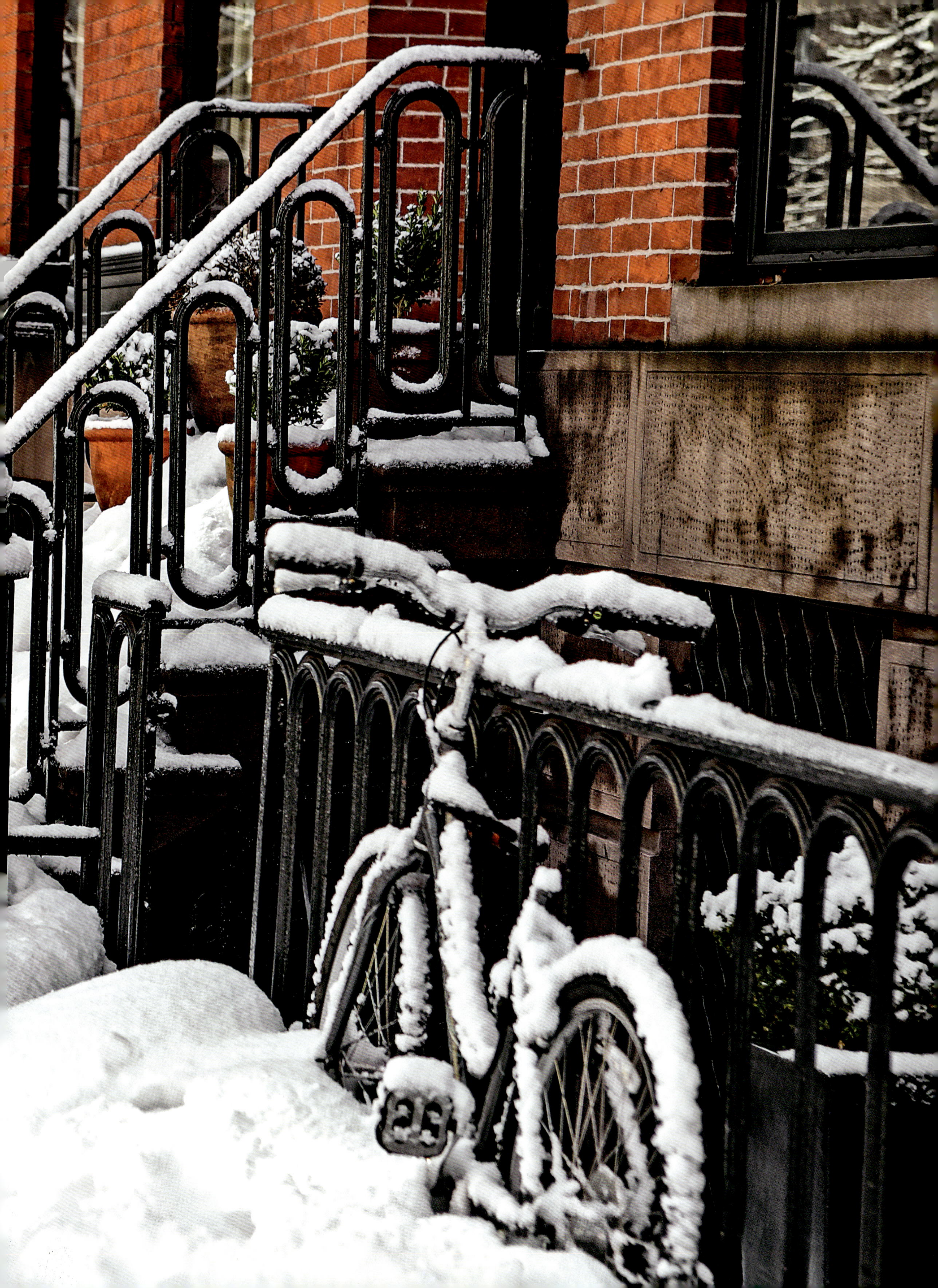

»New York ist nicht eine, sondern eine unendliche Zahl von Welten.«

das Kino«, erzählt Lee. »Ich war am Clark College, das heute Clark Atlanta University heißt, und hatte einen tollen Professor, Dr. Herb Eichelberger. Es ist ihm zu verdanken, dass ich einer der ersten afroamerikanischen Regisseure der USA wurde. Wenn ich damals Freunden erzählte, ich wolle Filmemacher werden, schauten sie mich müde lächelnd an. Sie glaubten mir nicht.«

»Vor allem muss ich meiner Mutter für ihre Kunstleidenschaft danken«, sagt Lee. »Sie nahm mich als Kind mit ins Kino, ins Theater und zu Broadway-Musicals. Anfangs wollte ich nicht so recht, aber wenn die Show erst mal losging, war ich immer sehr glücklich. Mein Vater war Musiker, von ihm habe ich die Liebe zur Musik.«

New York ist für Lee auch die Welt der Musik und der Musicals. »Der Broadway und seine Musicals haben mich immer fasziniert, ebenso wie die ganzen Jazz-, Blues- und Nachtclubs. New York ist die Stadt großartiger Musik und Sounds und drückt seinen Beat durch die Geschichten aus, die es erzählt, und die Menschen, die es geschaffen haben.«

Red Hook
Graffiti sind an Häuserwänden und Balustraden in Brooklyn oft zu sehen. Die hier abgebildeten in Red Hook vermitteln eine starke soziale Botschaft.

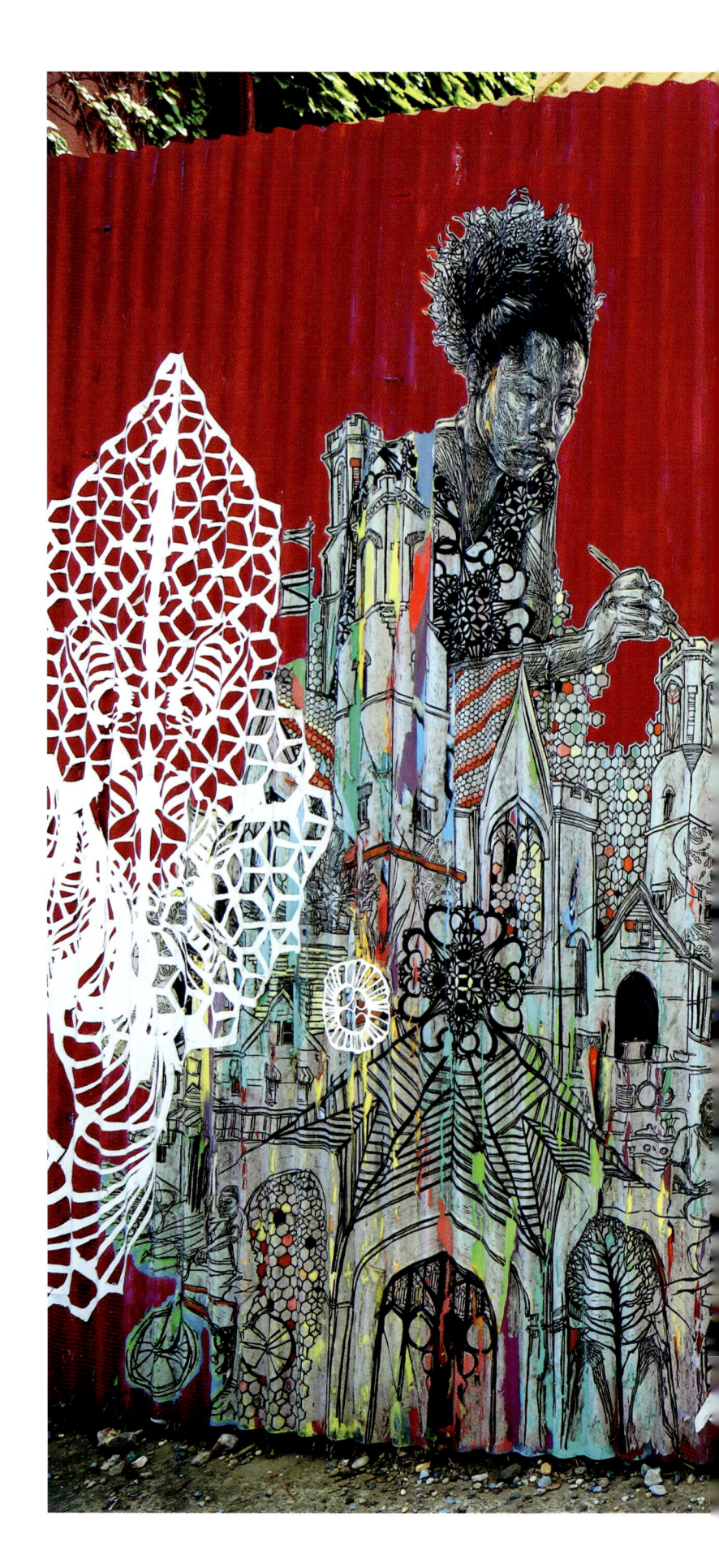

121

»Heute ist Dumbo gentrifiziert, aber es ist immer noch interessant zu erkunden, voller neuer Trends. Hier wohnen immer noch Künstler und kreative Leute, die Ausstellungen besuchen, Livemusik hören und den Kulturbetrieb unterstützen.«

Antiquitätenladen in **Dumbo**.
Ein Café in **Dumbo** mit trendig-künstlerischer Atmosphäre.

Lee ruhte sich nie auf seinen Erfolgen aus und demonstriert den unabhängigen Geist, der auch für das »alternative« New York typisch ist. Er gründete seine Produktionsfirma 40 Acres And A Mule Filmworks mit Studios und Büros in den vielseitigen, angesagten Vierteln Fort Greene und Dumbo.

Dumbo («Down under the Manhattan Bridge Overpass«), mit all seinen Galerien und Künsterlofts, beheimatet das Dumbo Arts Center und das Dumbo Arts Festival, Buchläden, Cafés und Restaurants. Und es hat auch einen beliebten Park mit Blick auf den East River und die Panoramaterrassen des Fulton Ferry Landing and State Park.

Dumbo war einst ein Industrieviertel mit Lagerhallen und Fabriken, die Maschinen, Kartonagen und Scheuerschwämme herstellten. Seit der Deindustrialisierung der 1970er-Jahre wandelte es sich zum Boheme-Wohnviertel, in dem viele Künstler preisgünstige Loftapartments fanden. »Heute ist Dumbo gentrifiziert«, sagt Lee. »Aber es ist immer noch interessant zu erkunden, voller neuer Trends; hier wohnen immer noch Künstler und kreative Leute, die Ausstellungen besuchen, Livemusik hören und den Kulturbetrieb unterstützen.«

Obwohl es in der Upper East Side – für ihn als Outsider aus Brooklyn – recht kühl zugeht, schätzt

123

»New York ist in mir. Es ist ein Teil meines Körpers und meiner Seele geworden, und mit meinen Filmen versuche ich, seine unterschiedlichen Aspekte zum Ausdruck zu bringen.«

Lee den historischen Teil seines neuen Viertels und seine »Institutionen«, wie das Café Viand in Yorkville »an der Ecke 61. und Madison Avenue. Ich finde, es ist eine der besten Anlaufstellen für guten Kaffee in New York.«

Mit dem Auge des Künstlers und Filmemachers hat er in *25 Stunden* (nach dem Roman von David Benioff) einen der atmosphärischsten Teile der Upper East Side erkundet. »In einer Szene sitzt Edward Norton mit seinem Hund auf einer Bank im Carl Schurz Park, einem der romantischsten Plätze der Stadt«, sagt er. Der Park blickt auf die Flussenge Hell Gate und Wards Island im East River. Die schöne Uferpromenade, gewundene schattige Pfade, Wiesen und Blumenbeete sind nicht nur bei Hundebesitzern beliebt. Hier steht auch

Das Dumbo Arts Center
Poster verwandeln sich in Kunstwerke im Dumbo Arts Center, das moderne und zeitgenössische Kunst ausstellt und im Mittelpunkt des herbstlichen Dumbo Arts Festival steht.

Kunst in Dumbo
Das 1997 gegründete Dumbo Arts Center spielte eine tragende Rolle in der Entwicklung des Bezirks zum führenden Künstlerviertel und zur Touristenattraktion.

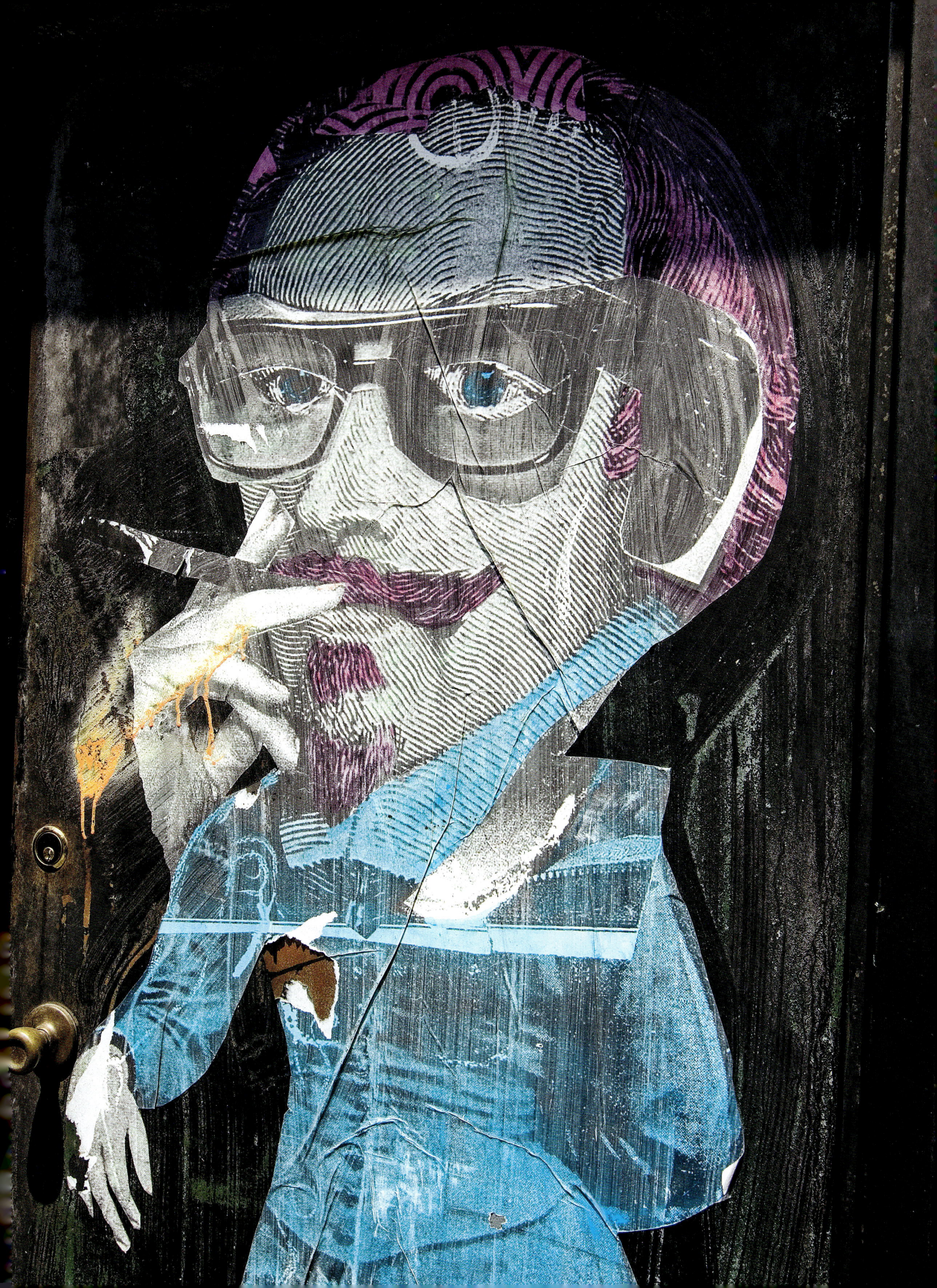

Der **Madison Square Garden** von vorne und aus der Vogelperspektive.

»Mein New York ist das, wo die Basketballmannschaft der New York Knicks im Madison Square Garden spielt.«

das 1799 erbaute Anwesen Gracie Mansion, heute Residenz des New Yorker Bürgermeisters.

Um Lees New York kennenzulernen, muss man sich jedoch auch dem Sport öffnen. »In New York dreht sich alles um Sport. Er schafft ein großartiges Gemeinschaftsgefühl«, sagt der leidenschaftliche Sportfan. »In meinem New York spielen die Basketballer der New York Knicks, das Baseballteam der Yankees, die Footballspieler der Giants und Jets.« In der Dokumentation *Kobe Doin' Work* (2009) zeigte Lee einen Tag im Leben des Basketballers Kobe Bryant.

»Die Liebe zum Sport wie zur Musik habe ich von meinem Vater. Von ihm habe ich die Leidenschaft für Baseball, Basketball, Tennis, Fußball und Football geerbt. Sport spielt für mich eine besondere Rolle, die mit der Beziehung zu meinem Vater verbunden ist. Jetzt gebe ich das meinem Sohn weiter, der auf Fußball, Baseball und Eishockey steht. Das ist wie ein Kreis, der sich schließt. Sport vereint Menschen, lässt sie gemeinsam feiern und leiden, wie das Leben und wie New York. Sport ist ein Teil der New Yorker Seele, davon bin ich überzeugt.«

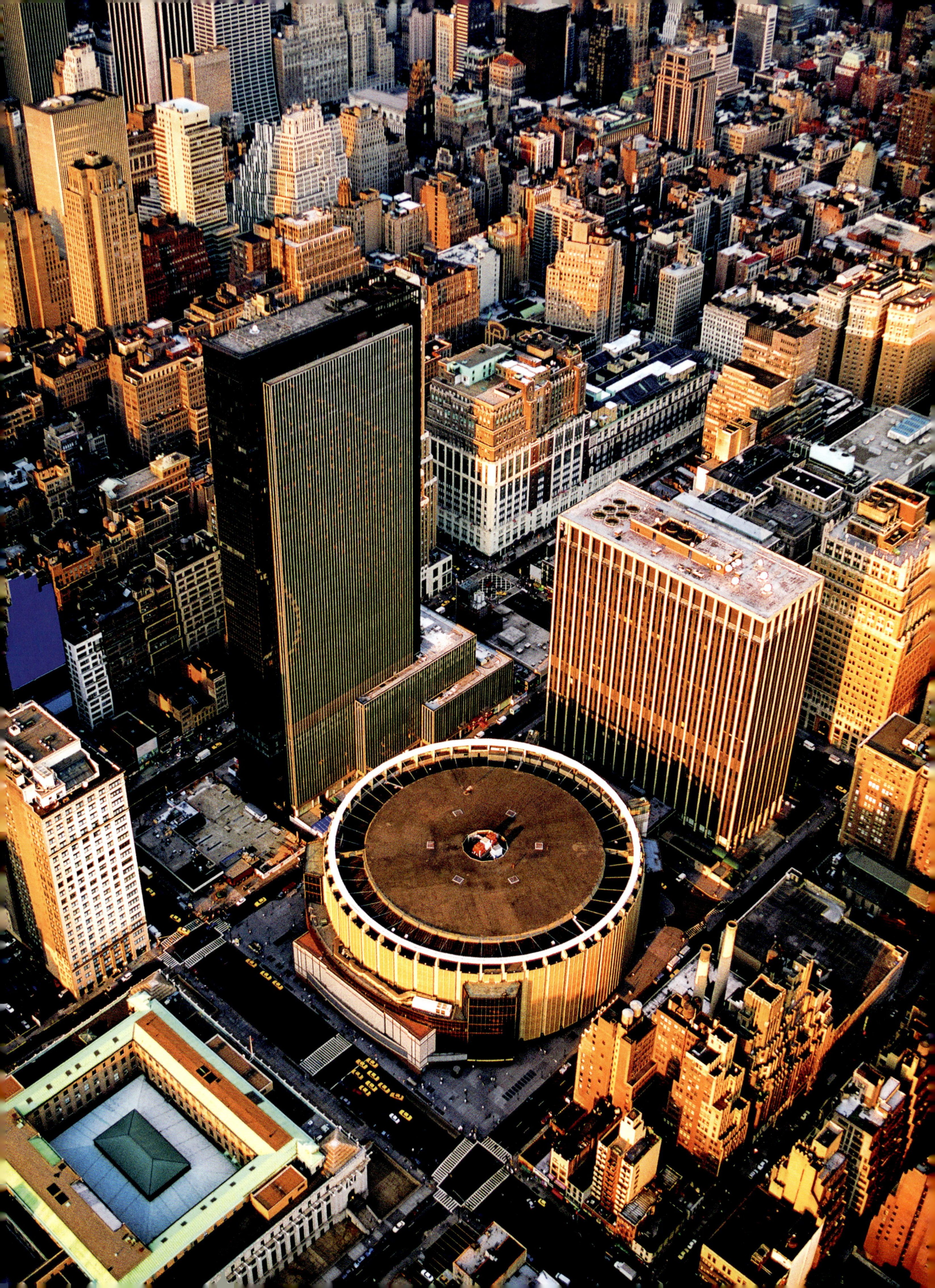

DANIEL LIBESKIND
Der »Visionär« der Stadt

Was einen Menschen auszeichnet, sind seine Visionen und Ideen. Das gilt noch mehr für einen Architekten wie Daniel Libeskind, dessen Werk das Profil einer Stadt formen kann. »New York ist ein Utopia der Gedanken, wo Träume und Ideen Wirklichkeit werden können. Große Denker hat New York schon immer geliebt und in seine Seele aufgenommen«, sagt er. »New York eignet sich ihr Können und ihre Menschlichkeit an. Ihre Gefühle, ihre Empfindsamkeit wurden Teil seines reichen, vielseitigen Geistes.«

Libeskinds Ideen haben eine ganze Generation von Architekten beeinflusst, und jeden, der sich für die Zukunft der Stadt und der Kultur interessiert. Er ist nicht nur Architekt und Künstler – sein Werk ist ein Strom unterschiedlicher Zeichen, die die Skyline wie eine sichtbare Melodie erleuchten, seine Vision Teil der Zukunft der Stadt.

»Ich war Profimusiker und liebe Musik. Ohne sie kann ich nicht leben. Ich höre sie gerne und lasse sie mir zu Herzen gehen«, sagt er. »Musik ist der Architektur sehr ähnlich. Beide sind recht abstrakt und werden auf spezielle Weise ›geschrieben‹, selbst das kleinste Intervall kann jede Schwingung verändern. Musik wird auf einem Blatt Papier architektonisch organisiert und muss von einem großen Chor oder Orchester dargestellt werden. Für ein Publikum ist sie wie Architektur. Als Architekt und Schöpfer von Projekten bin ich nicht nur der, der das Klavier oder Cello spielt. Ich muss meine Architektur wie ein abstraktes, intellektuelles Musikstück steuern und dirigieren. New York ist Architektur und Musik, ein immenses Kaleidoskop von Klängen und Formen, das hoch am Himmel schwebt und das man aus unterschiedlichen Blickwinkeln bewundern kann, wobei sich die Perspektive bei der kleinsten Bewegung ändert.«

»Wie die Architektur«, so der Visionär, »vermittelt Musik die tiefste Sehnsucht der Seele mittels Emotionen. Sie verwandelt. Ein Musikstück verwandelt uns auf sehr ähnliche Weise wie Architektur. Es geht nicht nur um Zahlen, Statistiken, mathematische Berechnungen und neue Technologien. Sondern um die Erfahrung des Menschen. Um verwandelt zu werden, muss man da sein und offen für die Möglichkeiten der Welt.«

»Ich liebe alle musikalischen Genres, alte Musik, Klassik, Pop, Rock, Rap, Blues und Jazz, jüdische Musik aus dem Tempel Emanu-El – in New York gibt es sie alle. Mich fasziniert Bach, er ist ein fabelhafter ›Architekt‹. Ich habe seine Musik studiert, zwischen den Noten erschafft er Botschaften für die Zukunft. Das versuche ich, mit meiner Architektur auch zu erreichen. Für mich repräsentiert New York, mit all den unterschiedlichen architektonischen Formen, die die Stadt ausmachen,

> New York ist Architektur und Musik, ein immenses Kaleidoskop von Klängen und Formen, das hoch am Himmel schwebt.

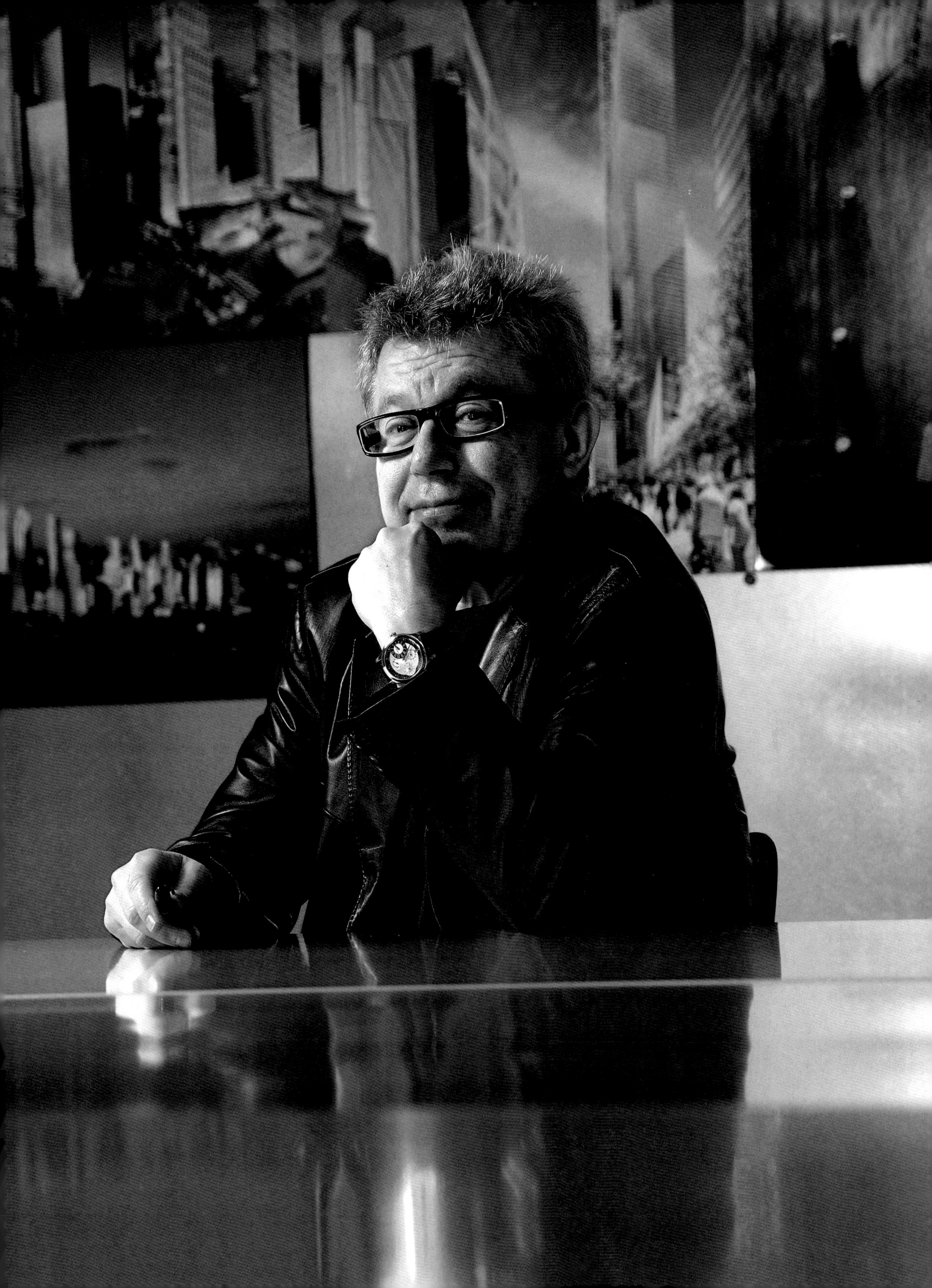

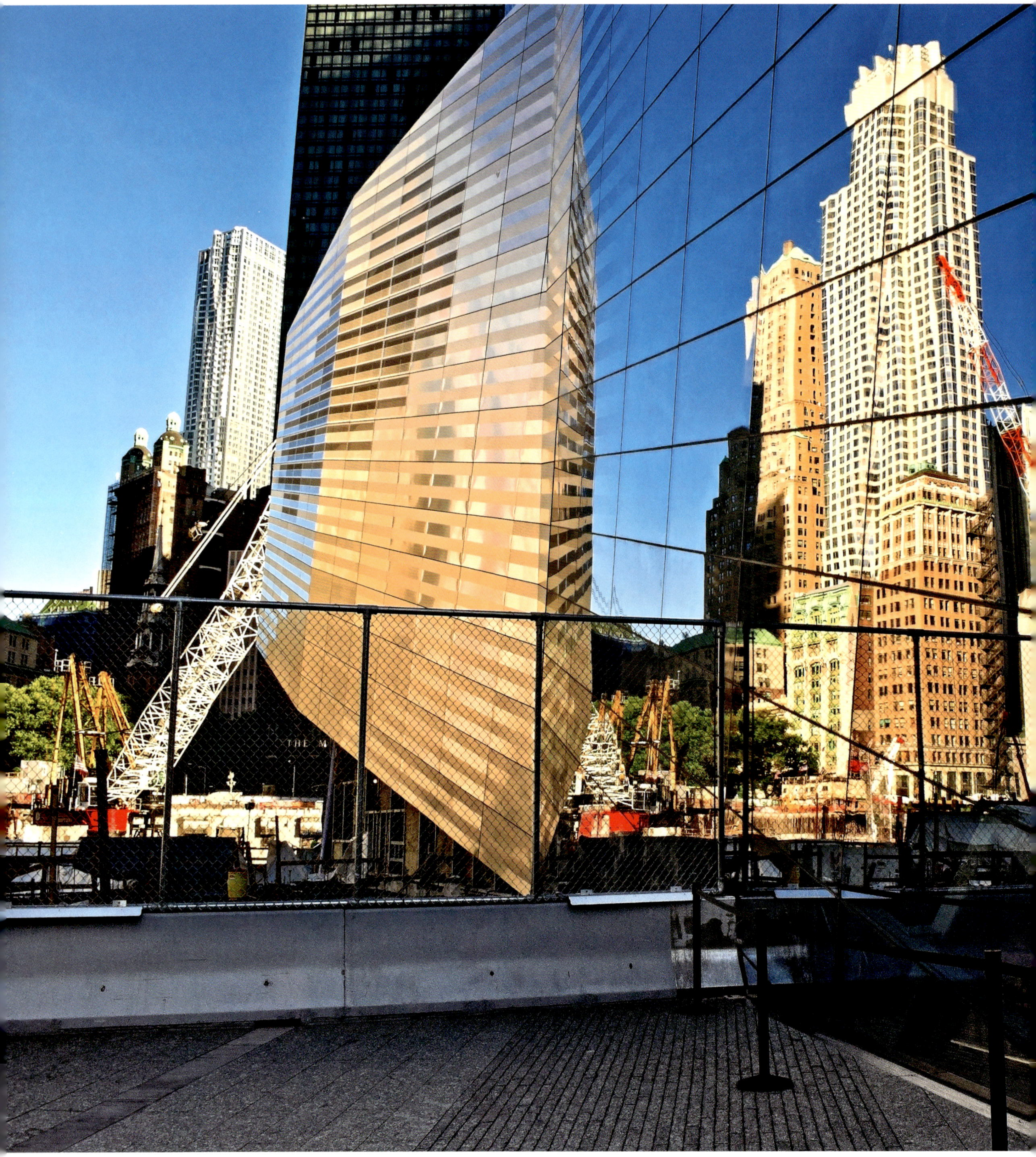

eine Sinfonie, in der ich versuchen kann, meine Stimme zu spielen.«

Daniel Libeskind wurde 1946 im polnischen Łódź geboren, seine Eltern waren jüdische Überlebende des Holocaust. Nachdem er mit seiner Familie nach Amerika ausgewandert war, wurde er 1965 US-Bürger. Er studierte in Israel und New York Musik und wurde ein virtuoser Musiker. Letztendlich entschied er sich dann jedoch für ein Architekturstudium, das er 1970 an der New Yorker Cooper Union for the Advancement of Science and Art und 1972 mit einem Master in Geschichte und Theorie der Architektur an der britischen Universität Essex abschloss.

Er hat auf der ganzen Welt gearbeitet, unterhielt anfangs Studios in Berlin, dann Zürich und Mailand sowie Manhattan; zu New York hat er jedoch eine tiefe Bindung. »New York ist ein großer öffentlicher Raum unter freiem Himmel. Es ist ein einziger offener Raum mit endlosen Horizonten. New York ist eine Stadt, in der Menschen ohne religiöse Grenzen und kulturelle Beschränkungen zusammenleben. Leute aus der ganzen Welt kommen mit einem Traum hierher. New York ist eine Stadt ohne Grenzen«, sagt er. Auch seine Arbeit, die als dekonstruktiv gilt, verkörpert den revolutionären Geist der Stadt.

Libeskind wurde dazu auserkoren, seine Vision von New York in einem seiner Meisterwerke zu verwirklichen: dem Master Plan Redevelopment für das am 11. September 2001 zerstörte World Trade Center. »Als junger Architekturstudent habe ich zugesehen, wie das World

Wiedergeburt
Diese Aufnahme des 9/11 Memorial Park, in einem anderen Gebäude gespiegelt, entstand, noch während das neue World Trade Center errichtet wurde.

Trade Center in den 1960er-Jahren erbaut wurde. Mein Vater arbeitete in einer Druckerei in der Stone Street in Lower Manhattan. Nach meinen Vorstellungen sollte das neue World Trade Center in erster Linie für die Menschen sein. Mir ist wichtig, dass es ein Ort der Erinnerung ist und ein Platz, an dem sich Menschen treffen und Zeit miteinander verbringen können. Ich finde, Architektur hat die Aufgabe, etwas Positives zu tun, etwas zu schaffen, das zeigt, dass wir zusammen und New Yorker sind. Das ist eine tolle Inspiration für mich.«

»Ich habe solches Glück, Architekt in New York zu sein«, meint Libeskind. »Hier ist es so einmalig, fantastisch und zauberhaft, das bringt mich auf wundervolle Ideen. New York ist für mich wie eine alte ›Kathedrale‹ der amerikanischen Architektur. Ich liebe New York, wie so viele. Mit seiner dynamischen Kraft ist es das Zentrum der Welt. Und für mich persönlich ist es in jeder Hinsicht die Stadt der Inspiration. Hier inspiriert mich alles – Menschen auf den Bürgersteigen, der Blick in jemandes

Freedom Tower
Eine Teilansicht des 541 Meter hohen Freedom Tower zeigt seine perfekte Form und architektonische Proportion. Das Gebäude, auch One World Trade Center genannt, überragt die Wolkenkratzer in seiner Umgebung. Es wurde nach acht Jahren Bauzeit 2014 eröffnet.

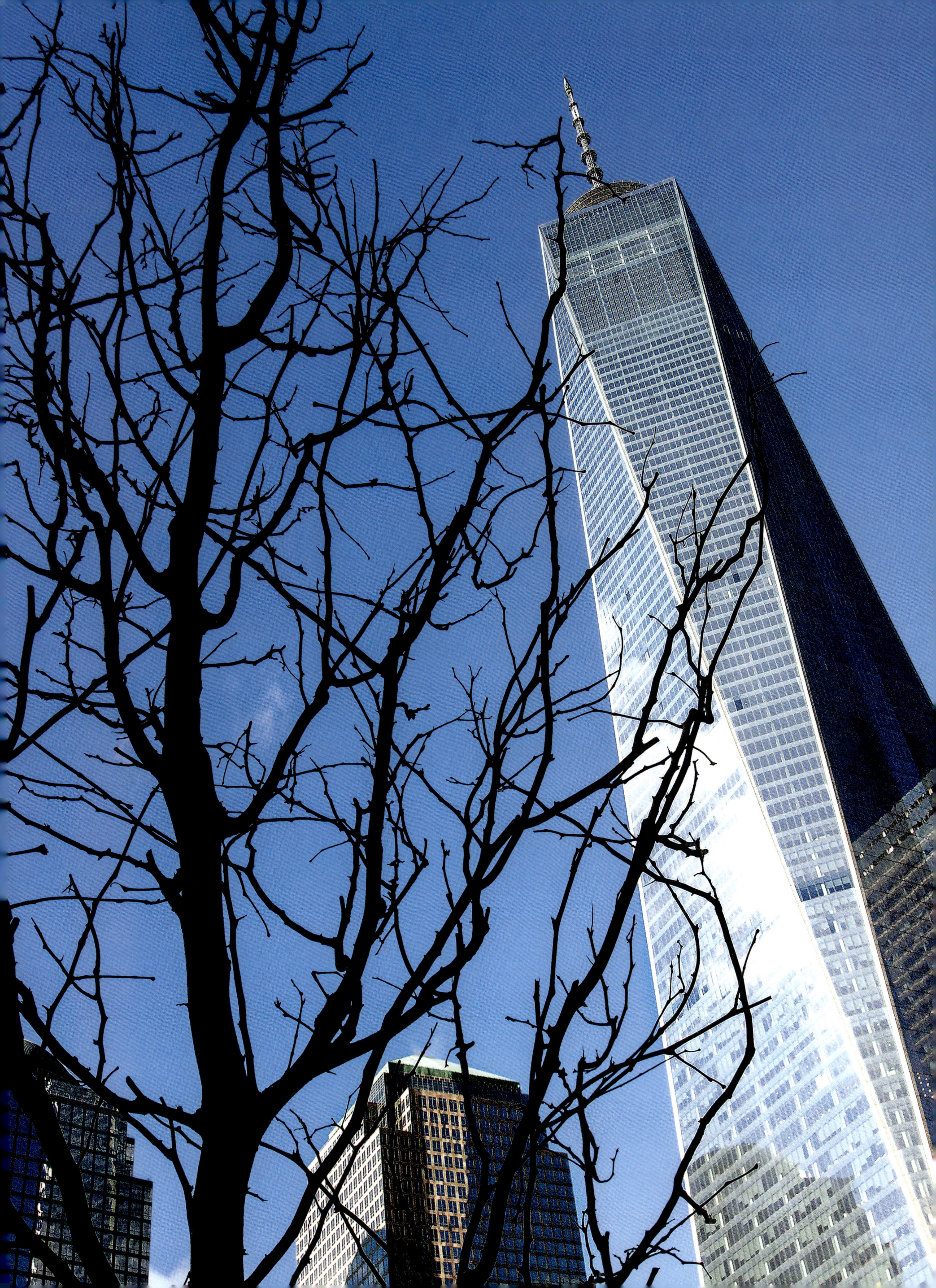

»New York ist ein Utopia der Gedanken, wo Träume und Ideen Wirklichkeit werden können. Große Denker hat New York schon immer geliebt und in seine Seele aufgenommen.«

Der **Hearst Tower**, Sitz des Medienkonzerns Hearst Corporation.
Die **Wolkenkratzer von Manhattan** spiegeln sich gegenseitig.

Augen, die Liebe, die in der Luft liegt, ein Zufall des Schicksals. Man wird von allem inspiriert!«

Mit tiefer Zuneigung für die Stadt denkt Libeskind auch an seine Wurzeln zurück: »Ich bin ein Einwanderer und habe mich hier in New York von Anfang an zu Hause gefühlt. Aber New York gemahnt auch an eine Geschichte, die wir nie vergessen sollten. Hier ist alles und jeder tief miteinander verbunden. Hier passiert immer etwas Unerwartetes, sodass man plötzlich innehalten und nachdenken muss.«

Das neue WTC-Projekt hat ein Team von internationalen Architekten, Künstlern und Stadtentwicklern zusammengebracht, die ein neues urbanes Zentrum für das New York des 21. Jahrhunderts schaffen sollen – mehr als je zuvor eine Art Welthauptstadt. Libeskinds Memory-Foundations-Gesamtplan umfasst vier neue Wolkenkratzer. 1 WTC, von Libeskind entworfen und von Gouverneur Pataki Freedom Tower getauft, wurde von David Childs umgestaltet. 2 WTC ist das Werk der Architekten Foster & Partners. 3 WTC entwickelte Richard Rogers, 4 WTC Fumihiko Maki & Associates. Das Resultat ist ein unglaubliches Zentrum, das Lower Manhattan und seine Skyline neu definiert; die Ideen dazu kamen aus aller Welt, was Libeskind zufolge »den New Yorker Schmelztiegel widerspiegelt«.

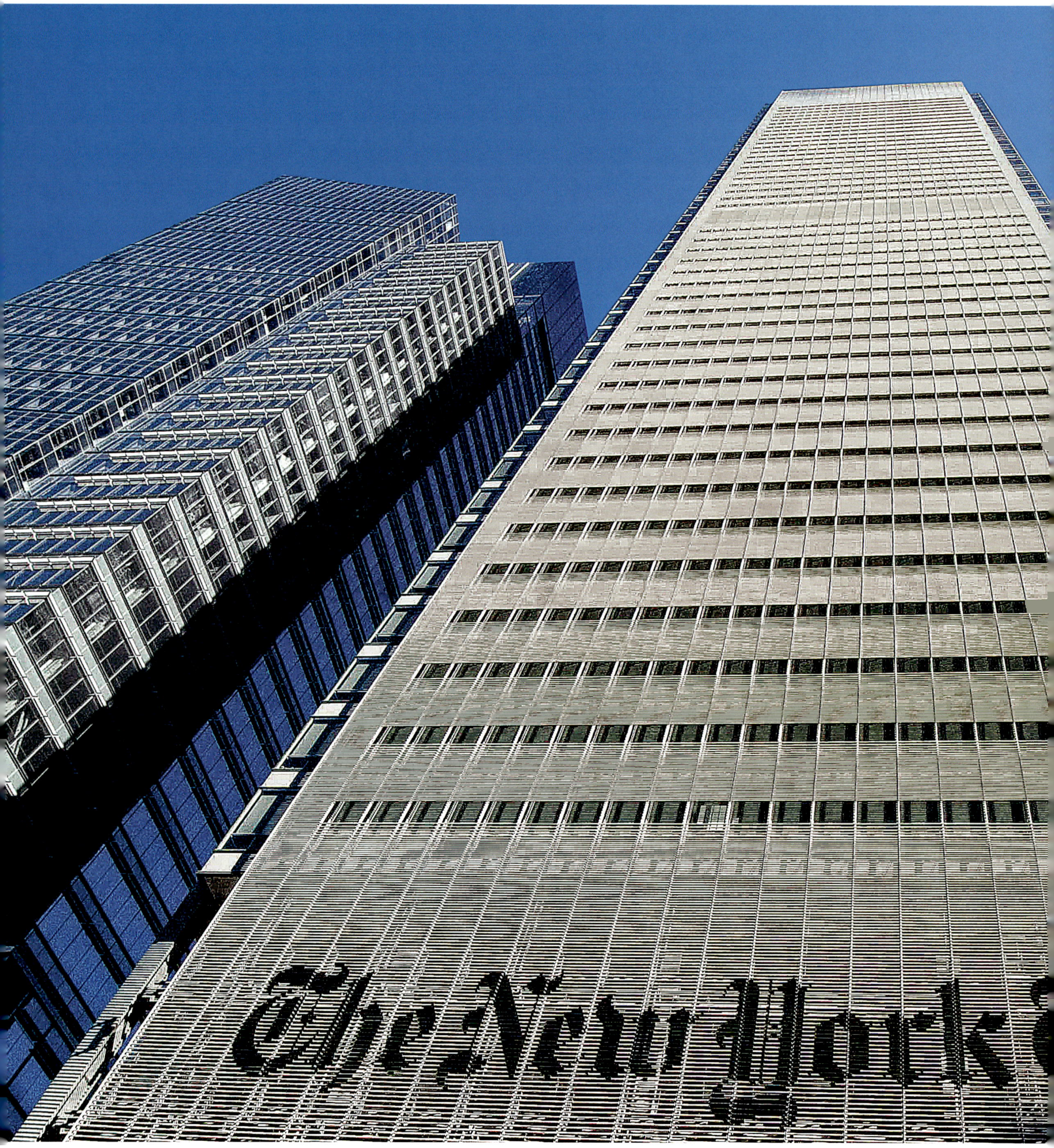
The New York

Das World Trade Center, das er als riesige »Piazza« versteht, enthält weitere Elemente. Das von Davis Brody Bond entworfene National September 11 Memorial Museum liegt unter dem Memorial Plaza, die alte Schlitzwand ist in die Konstruktion eingearbeitet. Das Besucherzentrum am Eingang gestaltete Snohetta. Das emotionale Herz bildet Reflecting Absence von Michael Arad mit einer Baumgruppe und zwei Teichen in der Mitte, wo einst die Zwillingstürme standen. Auf den Umrandungen der Teiche findet man die Namen aller Opfer. Die U-Bahn-Station World Trade Center von Santiago Calatrava erinnert an einen Vogel, der zum Himmel fliegt. Er ist ein Symbol der Hoffnung und der Zukunft, auf die die Stadt stets zielt.

Das neue WTC ähnelt einem Spiel unterschiedlicher Ideen, die in einem friedlichen Traum koexistieren wie die Vielzahl von Menschen und Nationalitäten in New York.

»Auf die Frage nach seiner Lieblingsfarbe antwortete Goethe: ›der Regenbogen‹«, meint Libeskind. »Es fällt schwer, die schönsten Gebäude in New York zu benennen, weil ich zu viele davon liebe: alte, moderne, heilige, kommerzielle, Kirchen und Kathedralen, Reihen- und Stadthäuser, kleine Häuschen und Apartments. Sie alle sind in einer schönen, einzigartigen Welt verbunden.«

Spiel der Formen
Das Hochhaus mit dem Hauptsitz der *New York Times*, entworfen von Renzo Plano, ist das vierthöchste Gebäude der Stadt.

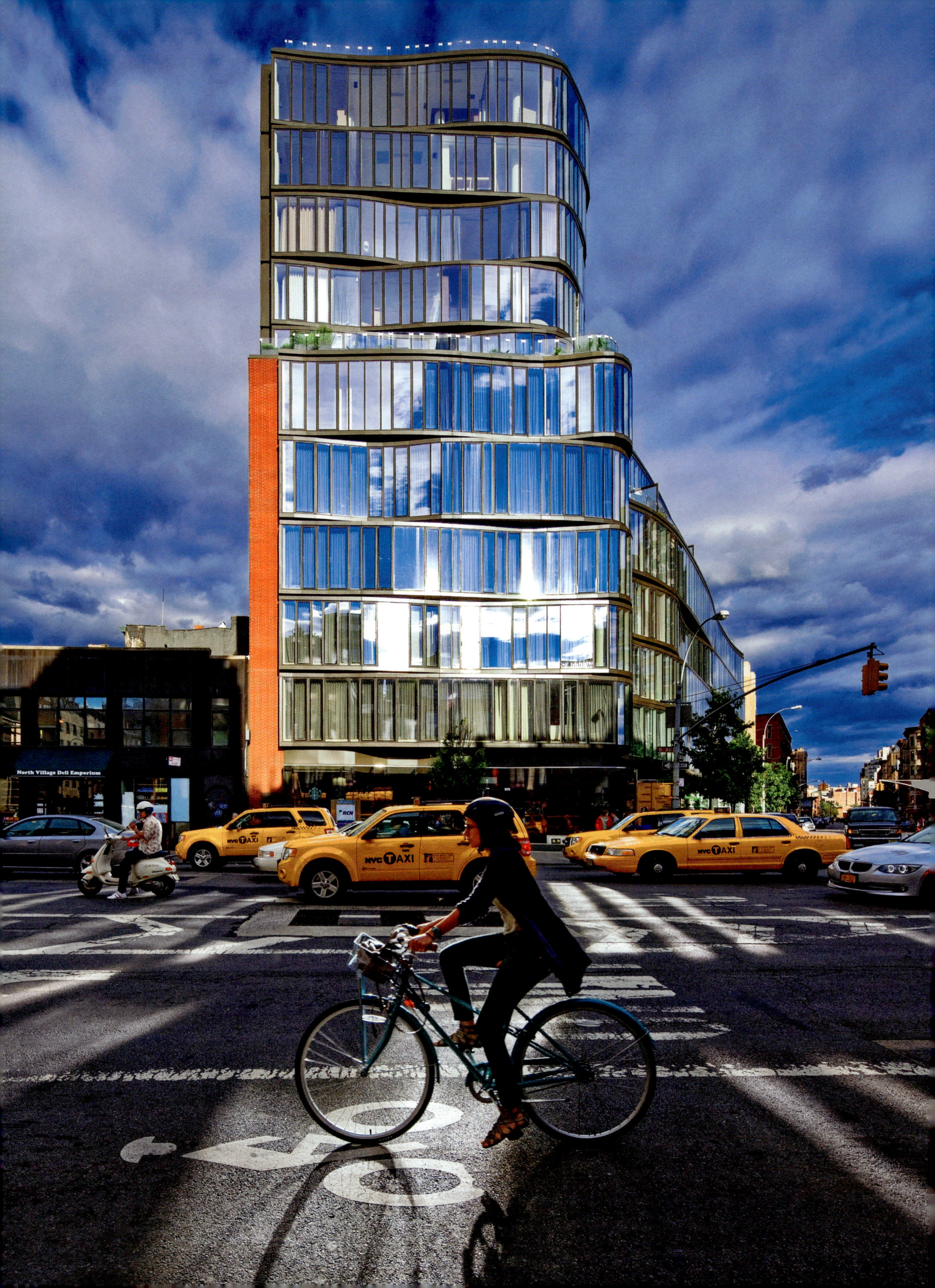
North Village Deli Emporium
NYC TAXI

Manhattan ist eine regelrechte Spielwiese **moderner Architektur**.
Der **Beckman Tower**, ein Werk von Frank Gehry.

»Ich habe solches Glück, Architekt in New York zu sein. Hier ist es so einmalig, fantastisch und zauberhaft, das bringt mich auf wundervolle Ideen.«

»Jedes Gebäude trägt eine spezielle Idee in sich. Es birgt Kunst, aber auch Schöpfung, Liebe und Leid. Was ich an der Architektur in New York am meisten mag, ist, dass sie die öffentliche Kunst einer Stadt ist. Sie hat ihre eigene reine Schönheit, die sich jedem demokratisch mitteilt. New York wird eine bessere Stadt, weil es immer mehr öffentliche und kulturelle Räume für jedermann schafft, wodurch sich die Menschen noch näher kommen«, sagt der Architekt.

Daniel Libeskind findet, New York sollte »nicht nur ein ›Privatspielplatz‹ für reiche Leute sein. Es muss Platz zum Leben und Arbeiten für jedermann garantieren. Nur so kann seine unglaubliche Energie weiterleben. Das wird New York noch herrlicher und pluralistischer machen.«

»Ich denke immer daran, wofür die Freiheitsstatue steht – die immerwährende Hoffnung von Einwanderern wie mir. Sie sagt, auch wenn du erschöpft und arm bist, verdienst du, frei zu sein. Wie nie zuvor«, glaubt der visionäre Architekt, »erlebt New York eine Wiedergeburt und ersteht aus seiner Asche.«

Winterfarben
Die Skyline, hier überragt vom Freedom Tower, bietet durch die Kontraste und intensiven Farben einen spektakulären Anblick (folgende Doppelseite).

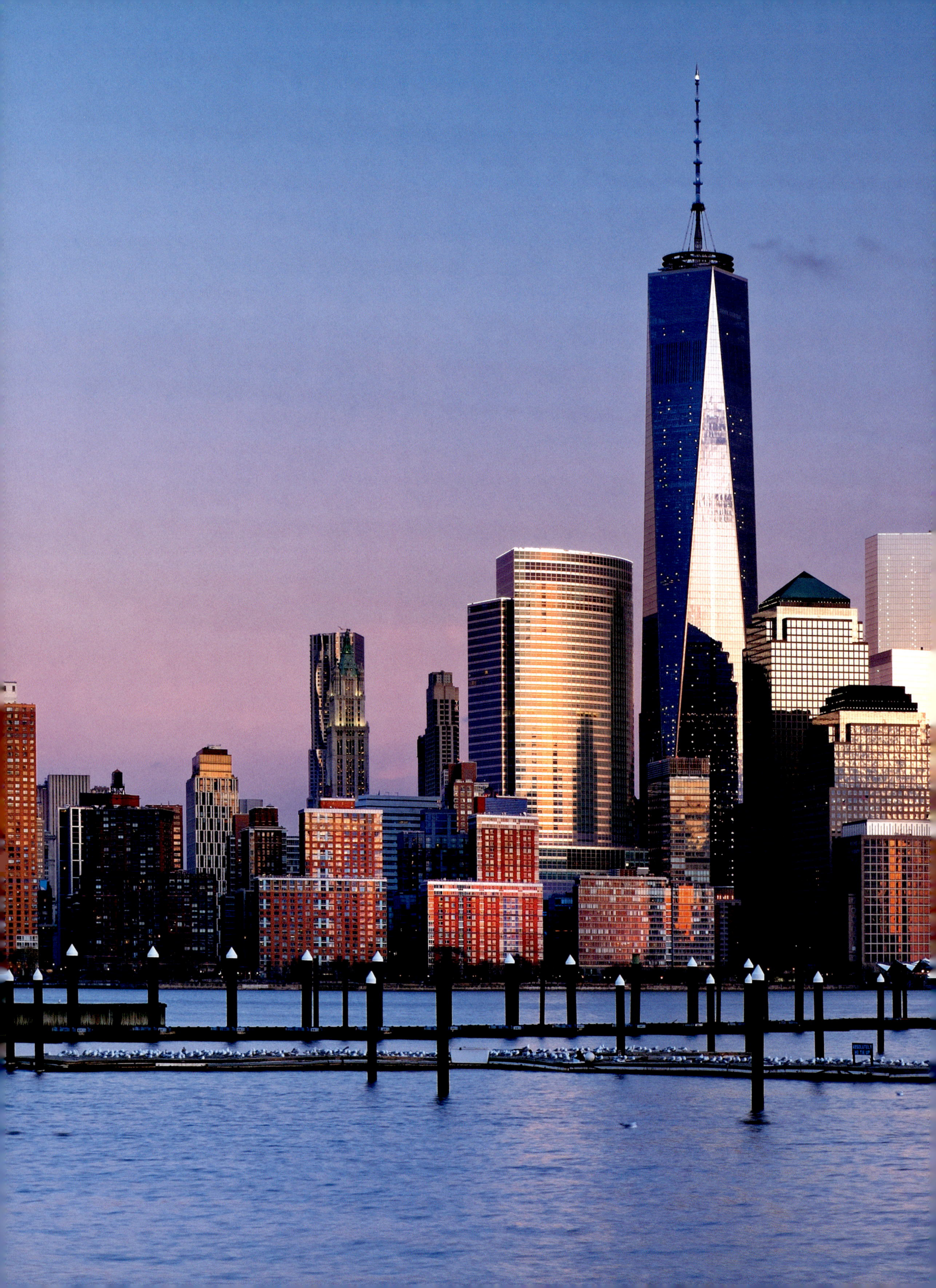

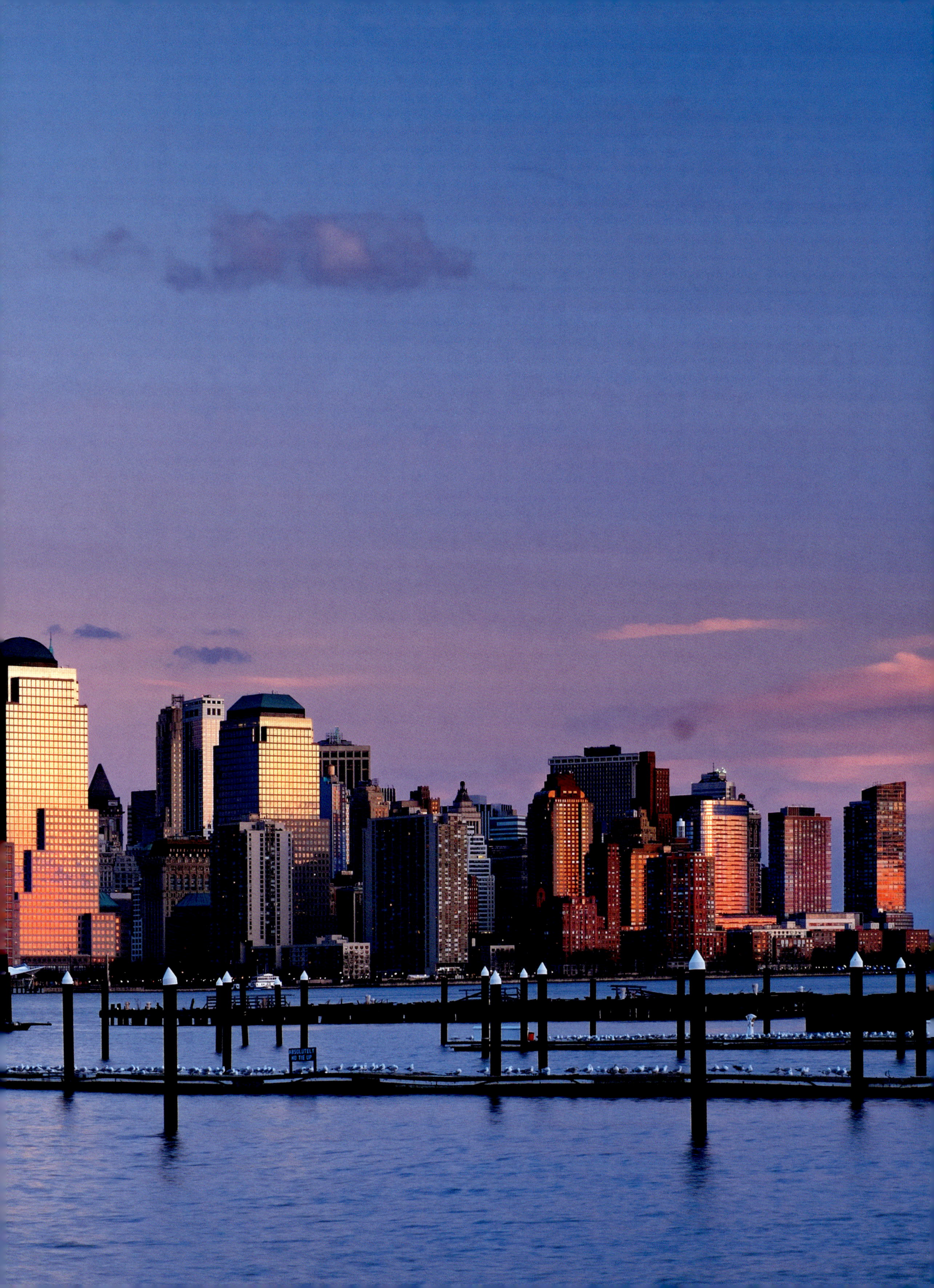

STEVE McCURRY
Der Fotograf der Stadt

Steve McCurry findet man in der Wüste mit einer Kamera in der Hand, wie er einen Sandsturm oder die Passagiere auf dem Dach eines überfüllten Busses knipst. Am bekanntesten wurde er jedoch für sein Foto von Sharbat Gula, dem grünäugigen »afghanischen Mädchen« auf der Titelseite der Juniausgabe des NATIONAL-GEOGRAPHIC-Magazins von 1985. Obwohl er beruflich ständig unterwegs ist, findet man ihn auch in New York, das er sein Zuhause nennt.

»Ich wohne direkt gegenüber dem Washington Square Park. Hier habe ich über die Jahre viele Stunden mit Fotografieren, Lesen und Relaxen verbracht. Ich fühle mich hier wirklich daheim«, sagt er. »Ich liebe das Leben, die vielen Menschen, die lesen, schlafen, Schach spielen, Musik machen oder mit ihren Hunden rumlaufen. Am schönsten ist der Park im Sommer, wenn es viele Veranstaltungen gibt.«

Steve wurde in Pennsylvania geboren und weiß noch, wie er das erste Mal nach New York kam. »Als ich 1964 mit meiner Familie New York besuchte, waren wir beim World's Fair in Queens. Ich war fasziniert von den Gebäuden und Menschenmassen, das Tempo des Lebens hier war sehr schnell«, sagt er. »Wir gingen zum Empire State Building. Ich war überwältigt von dem kolossalen Bauwerk – es raubte mir total den Atem. Ich erinnere mich an das Panorama, die ungeheure Szenerie, ganz anders als in den Vorstädten in Pennsylvania, wo ich meine Kindheit verbracht hatte. Abends sah ich die Lichter dieser pulsierenden Stadt bei Sonnenuntergang. Das Blau des Himmels, erleuchtet von den Lichtern in den Fenstern und auf den Straßen.«

Steve McCurry ist einer der weltweit anerkanntesten Fotografen des 21. Jahrhunderts mit unübersehbarem Mitgefühl für Menschen. Was ihn zum New Yorker macht, ist der Reichtum seiner Bilder an Objekten, die den authentischen Geist der Stadt enthüllen. Er erklärt, wie er zu seiner Begeisterung für das Festhalten der Umgebung fand: »Ich war 22 und studierte Film an der Universität, als ich das Fotografieren für mich entdeckte. Ich besuchte folglich einige Kurse in Kunstfotografie und knipste Bilder für die Unizeitung. Mir wurde klar, dass ich nur eine Kamera brauchte, um die Welt zu erkunden und die Dinge aus einer anderen Perspektive zu sehen.«

»Mit 19 verbrachte ich ein Jahr in Europa, wohnte in Stockholm und Amsterdam, mit 22 ging ich nach Mittelamerika und verbrachte ein paar Monate in Afrika. Das Reisen – anfangs zum Spaß, später zum Arbeiten – verband sich mit dem Anliegen, unterschiedliche Welten und Kulturen zu erforschen. Mit 25 begann ich für

> New York hat ein bisschen was Graues, dazu die gelb-orangenen Explosionen der Taxis. So sehe ich New York.

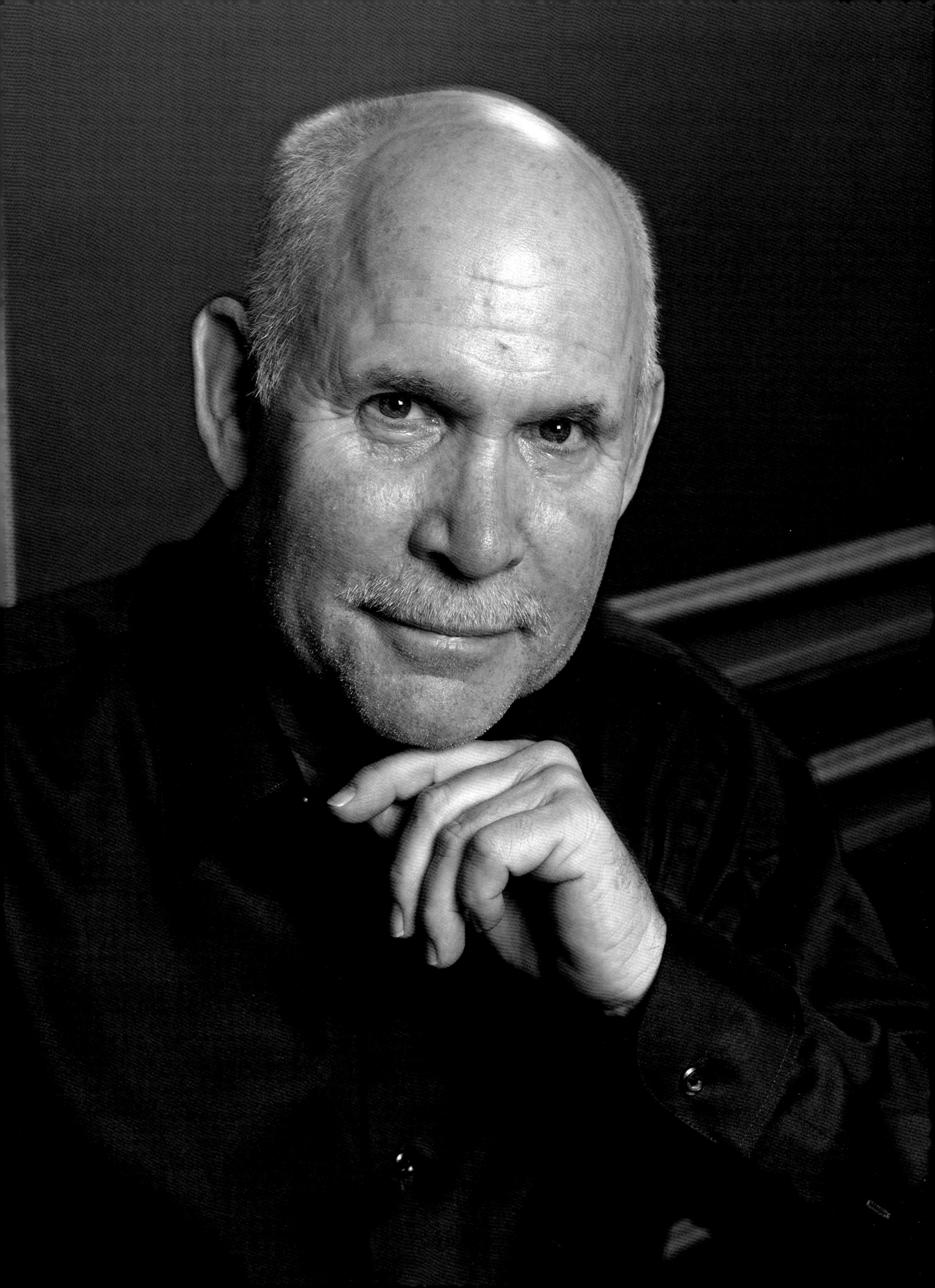

Der **Schatten des Empire State Building** schwebt über Midtown.
Architektonische Ikonen der Stadt: das **Chrysler Building** und das **Empire State Building**.

> »... das Empire State Building.
> Ich war überwältigt von dem kolossalen Bauwerk –
> es raubte mir den Atem.«

eine Zeitung zu arbeiten, danach lebte ich zwei Jahre in Indien. Das war eine unglaubliche Entdeckung, eine Welt voller exotischer Farben und Religionen. Ich traf dort fantastische Menschen, lernte neue Kulturen kennen und erfuhr viel über Buddhismus, Hinduismus, Jainismus und Sikhismus«, erzählt er. »Wenn man in Asien fotografiert hat, wird einem klar, dass es ein anderes Tempo gibt, ein anderes Leben als das, was wir im Westen gewohnt sind. Wir sind eine moderne Gesellschaft und achten nur auf Geschwindigkeit und Resultate, und die Erfahrung, dass diese Menschen ganz andere Sorgen haben, lässt einen demütig werden. Das sind Situationen, die mich inspirieren; dann möchte ich Fotos machen, um der Welt die Seelen dieser Menschen zu zeigen. Das Gleiche gilt für New York. Fotos können tiefgründige Geschichten erzählen.«

Seine Bilder enthüllen die New Yorker Wirklichkeit auf eine Art, die ihm und der Stadt eigen ist. Er übermittelt Intimität in Momenten des Alltäglichen und schafft eine surreale Atmosphäre.

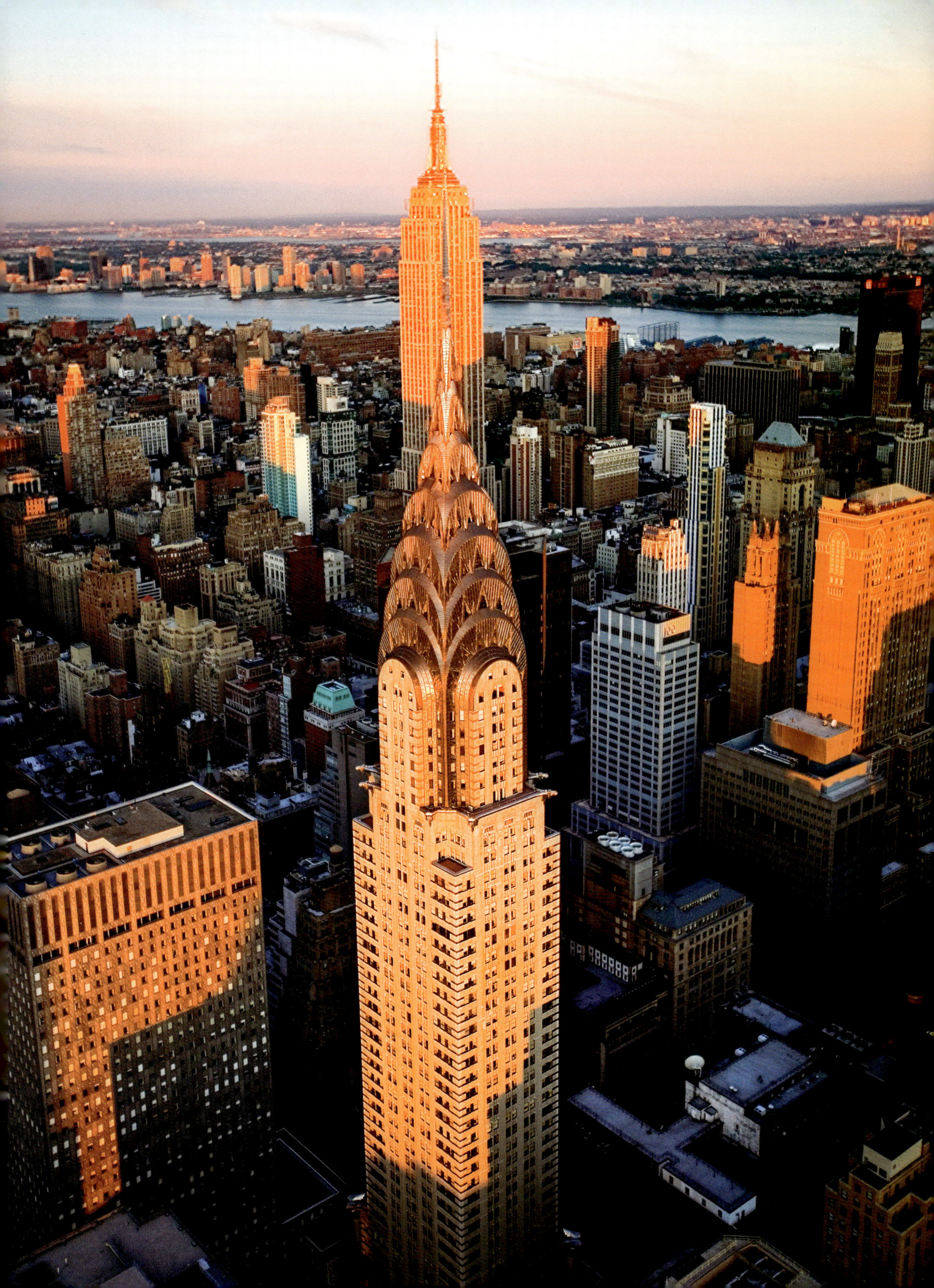

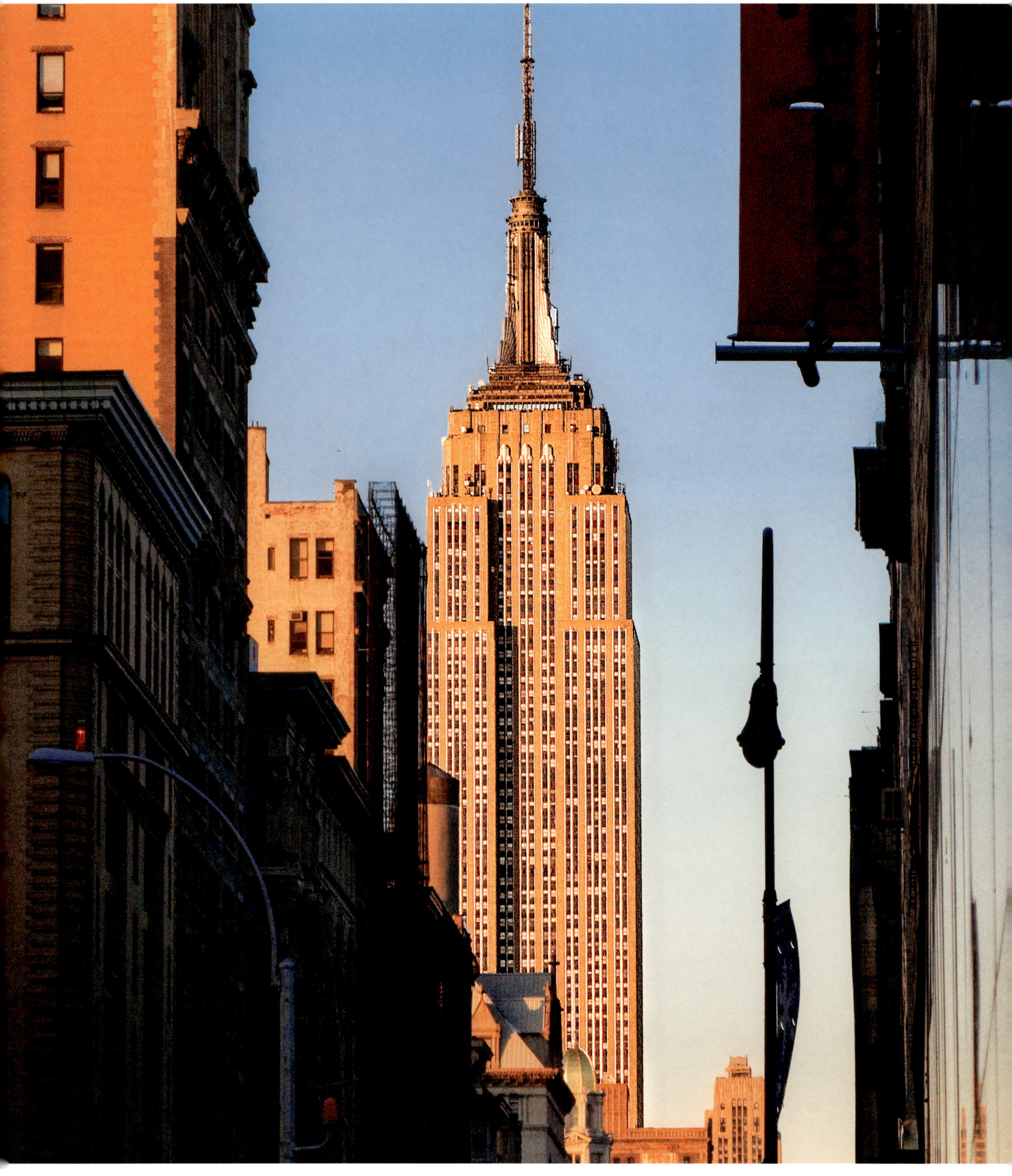

Sein New York ist zugleich intim und real. In jedem seiner Fotos zeigt sich seine originelle Sichtweise der Stadt. Seine Bilder sind eine Abfolge unerwarteter Geschichten und Momente, in ihnen wird der Augenblick zur Geschichte, etwa bei 9/11. »Klar, der 11. September war einer der schockierendsten, verstörendsten und unfassbarsten Tage. Es lässt sich in Worten immer noch kaum beschreiben. Ich war tags zuvor von einem Auftrag in China zurückgekehrt. Das schiere Ausmaß, dass 3000 Unschuldige unterschiedlicher Nationalitäten ums Leben kamen, das war ein so wahnsinniger und brutaler Angriff. In meinen Fotos von Ground Zero wollte ich den Heldenmut der Menschen von New York zeigen«, erinnert er sich.

Steve schätzt das authentische New York, in dem man interessanten Leuten begegnen kann. »Ich liebe Greenwich Village. Als ich hier ankam, war es ein anderer Planet, wegen der Leute, wie sie sich kleideten, was sie so taten, wegen der vielen Cafés, dem Verhalten ziemlich bizarrer Gestalten. Es war, als ob alle auf der Straße lebten. Ich kam aus einer Kleinstadt in Pennsylvania, und im Washington Square Park spielten und sangen Künstler. So viele farbenfrohe Menschen; ich wollte gar nicht mehr nach Hause. Es interessierte mich überhaupt nicht mehr«, sagt er. »Anfangs lebte ich in SoHo, damals der Knotenpunkt der Künstlerszene. Ich wohnte in der Sullivan Street, heute gibt es dort tolle Restaurants. Damals,

Das Empire State Building
Gespiegelt in einem anderen Gebäude, bietet der grandiose Wolkenkratzer einen überraschenden Effekt. Auf der Aussichtsplattform ließ sich Steve McCurry von den Lichtern der Stadt verzaubern.

Mitte der 1970er-Jahre, machte ich mit einem Freund ein Fotoprojekt über die Geschichten der Leute auf der Straße. Obdachlose faszinieren mich schon immer am meisten in New York. Ich erinnere mich an eine Frau mit Einkaufswagen, die aussah, als wäre sie verrückt; wahrscheinlich war sie schizophren – sehr arm. Sie lebte um den Columbus Circle herum, und sie hatte verblüffende Geschichten zu erzählen. Das Leben hatte ihr ziemlich mitgespielt. Ihr Mann war gestorben, sie war krank geworden, hatte ihren Job verloren und landete schließlich auf der Straße.«

»Greenwich Village liebe ich noch immer. Eines meiner Lieblingsviertel ist die Bowery, wo ein Freund von mir ein achtstöckiges Haus besitzt. Er selbst lebt ganz oben. Ich mag die Atmosphäre der Gegend – nach wie vor ein bisschen Underground, an den Wänden findet man noch Graffiti«, sagt er. »Da ich viel reise, verbringe ich hier in New York gerne Zeit in meinem Studio. Wenn ich nicht dort arbeite, schaue ich mir im Angelika Film Center Filme an oder gehe mit Freunden downtown abends essen. Ich mag das Souen, ein makrobiotisches Restaurant, das Café Regio, und ich gehe gerne auf einen Drink im McScorley's im East Village. Da trifft man jede Menge interessante Leute.«

Ein weiterer Ort, der ihn inspiriert, ist die Grand Central Station. Die künstlerisch gestaltete Decke, die gewaltigen, eleganten Hallen erinnern an eine andere Zeit. »Dort habe ich meine letzte Rolle Kodacchrome verschossen, mit der ich auch Robert De Niro fotografiert habe.«

Freizeit
In seiner freien Zeit geht Steve McCurry gerne in das Angelika Film Center, wo Filme von unabhängigen und ausländischen Regisseuren laufen.

»Jeder Fotograf hat seine eigene Inspirationsquelle. New York ist eine der bedeutendsten Städte der Welt, ein Schmelztiegel von Menschen aller sozialen Schichten und Kulturen.«

»Für mein Empfinden hat die Stadt eine starke, mitreißende Energie. Jeder hier ist zielstrebig – alle wollen sich finden und beruflich einen Namen machen. Das sorgt für Schwung und Tempo.«

Gemälde, Zeichnungen und Fotos im **McSorley Old Ale House**.

Auch der Central Park ist für ihn ein besonderer Ort. »Er ist einmalig mit seiner Eislaufbahn, den Seen, Brücken und Felsen. Meine liebste Jahreszeit ist der Herbst, wenn das Laub fällt, aber ich gehe auch gerne in der verschneiten Einsamkeit spazieren, wenn kaum Leute unterwegs sind«, sagt er.

Steve McCurrys New York ist schön, erbaulich, bewegend. Es zeigt sich durch den speziellen Blick des Künstlers mit seiner Einfühlsamkeit, die tief in die Schattierungen und die Seele des Stadtlebens eindringt, in die Intimität des unbeobachteten Moments. »New York hat ein bisschen was Graues, dazu die gelb-orangenen Explosionen der Taxis. So sehe ich New York. Ich arbeite meist wenn es wolkig oder bedeckt ist, dann ist das Licht gleichmäßiger, weniger Kontrast. Mit den hohen Häusern und reichlich Schatten ist dies für mich der perfekte Ort zum Fotografieren.«

Sein bestes Bild von New York? »Mein Foto vom Times Square bei Nacht, als es schneite. Es war sehr kalt und dunkel. Wunderbar. Es war gegen halb sechs Uhr am Nachmittag, viele Leute waren unterwegs, dazu die Lich-

Sein Lieblingsplatz
Steve McCurry bevorzugt charakteristische Läden wie das McSorley Old Ale House, das den Besucher mit einer Fülle an Kunstwerken, Antiquitäten und historischem Krimskrams in die Vergangenheit zurückversetzt.

Die vierseitige Uhr in der Haupthalle des **Grand Central Terminal**.

ter, Leuchtanzeigen und der Verkehr, eine typische Szenerie.«

New York ist für ihn eine unerschöpfliche Quelle der Inspiration. »Jeder Fotograf hat seine eigene Inspirationsquelle. New York ist eine der bedeutendsten Städte der Welt, ein Schmelztiegel von Menschen aller sozialen Schichten und Kulturen der ganzen Welt. Viele angesehene Fotografen haben hier Bilder gemacht, und ich denke nicht, dass es hier schwerer fällt als irgendwo sonst«, sagt er.

»Für mein Empfinden hat die Stadt eine starke, mitreißende Energie. Jeder hier ist zielstrebig – alle wollen sich finden und beruflich einen Namen machen. Das sorgt für Schwung und Tempo. In Wahrheit ist es schwer, sich irgendwo auf der Welt durchzusetzen. New York bietet viel mehr Möglichkeiten, das macht es leichter. Mehr Möglichkeiten bringen auch mehr Wettbewerb mit sich, aber wenn man mit den Besten konkurrieren muss, gibt es keine bessere Arena.«

Grand Central Terminal
GTC ist, gemessen an der Zahl der Bahnsteige, der größte Bahnhof der Welt und ein Wahrzeichen New Yorks. Dahinter ragt eine weitere Ikone der Stadt auf, das MetLife Building.

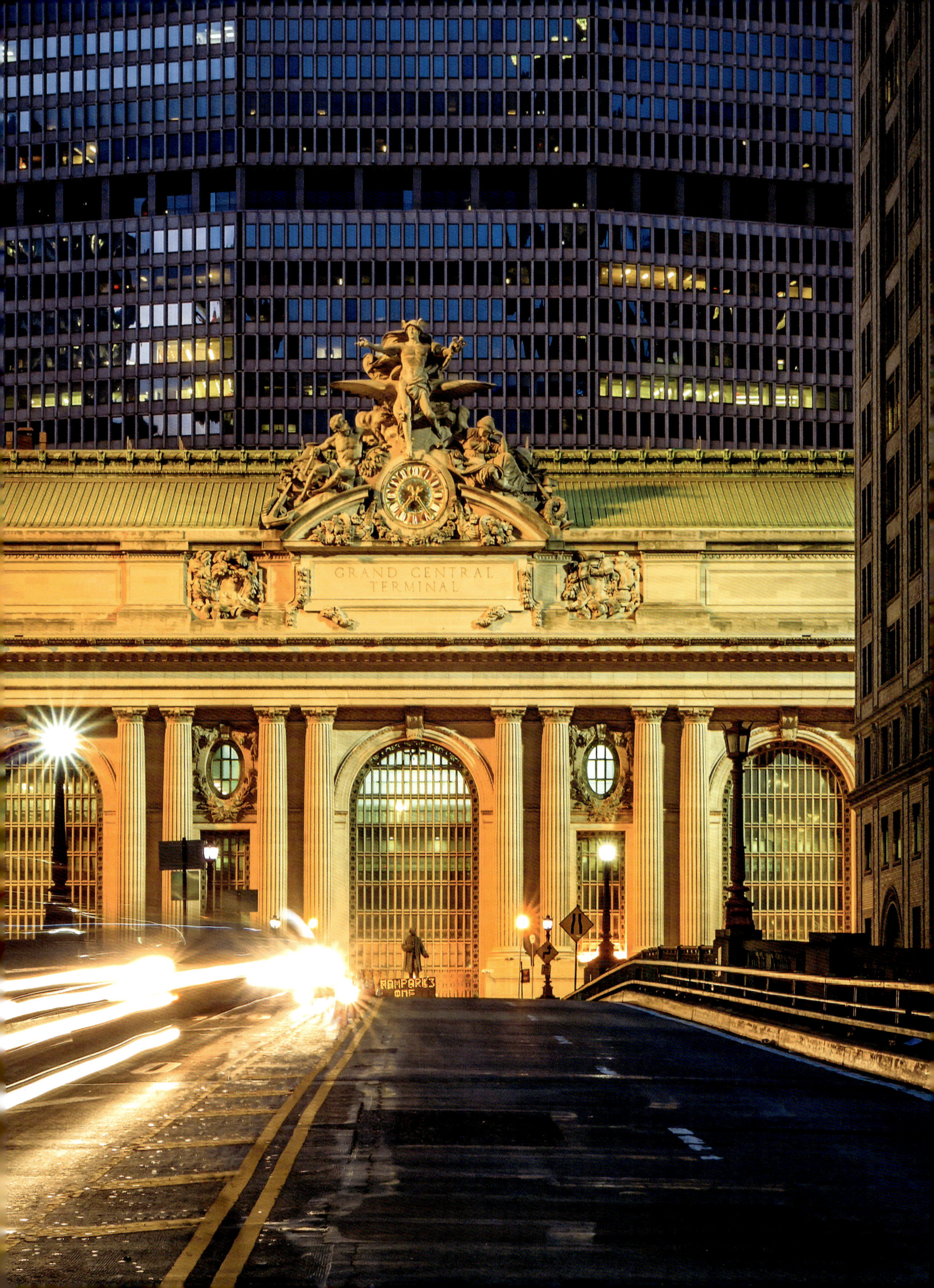
GRAND CENTRAL
TERMINAL

JAY McINERNEY
Die »Augen« der Stadt

Ein Schriftsteller sieht die Welt mit anderen Augen. Aus Menschen, denen er begegnet, aus Straßenszenen entspringen Figuren. Sie werden lebendig, zuerst in seiner Fantasie, dann auf Buchseiten. Das Auge des Schriftstellers entwickelt aus der Kunst des beständigen Spiels und Kampfs mit Worten ein besonderes Feingefühl.

Ein Schriftsteller lebt in seiner eigenen Welt, aber Jay McInerney hat den Mut, die Grenzen zu überschreiten. Er beobachtet, hört zu, spielt eine aktive Rolle in der New Yorker Szene und im Stadtleben, während er in Echtzeit die nicht endende Geschichte einer dynamischen, sich ständig verändernden Metropole erzählt.

»Mein Geheimnis ist das Beobachten«, sagt McInerney. Ich studiere das Leben der New Yorker, was sie um mich herum tun. New York ist für mich eine Plattform, um Menschen und ihre Geschichten zu porträtieren. Ich versuche, die Nuancen eines bestimmten Verhaltens zu verstehen. Mich interessieren verschiedene Welten: der Finanzsektor, die Welt der Literaten und Künstler, wohltätige Organisationen, junge Leute, Studenten, High-Society-Events, Bars, die Clubszene, der Klatsch von New York, Flucht und Verzweiflung, die Suche nach dem Sinn des Lebens.«

In New York »wollen viele immer noch beweisen, dass sie einer bestimmten Clique oder Klasse angehören«.

> Ich studiere das Leben der New Yorker, was sie um mich herum tun. New York ist für mich eine Plattform, um Menschen und ihre Geschichten zu porträtieren.

McInerney ist ein New Yorker Insider, der die Geheimnisse und sozialen Schichtungen aller Viertel kennt. In den meisten hat er gelebt, die übrigen eingehend erforscht. Er ist das »Auge« einer Stadt, die er auf jeder Seite seiner Romane offenbart. Ein Großteil seiner Werke ist autobiografisch inspiriert, und man kann New York darin entdecken.

Sein erster Roman *Ein starker Abgang* »beschreibt das Gesicht von New York: das Leben aufstrebender junger Leute, den Kampf eines jungen Autors, der sich wie ich einst als Faktenchecker für den *New Yorker* durchschlägt, um Erfolg«, sagt er. In dem Buch erzählt er von der Welt der Models, von Kokain, Sex, Nachtleben, den Exzessen der 1980er-Jahre, die nicht so anders waren als heute. »Auch das ist New York, ein riesiges Monster unwiderstehlicher Versuchungen, mit all seinen Klassen und ihren Gewohnheiten, als wären sie ein eigener Volksstamm.«

In seinen anderen Romanen entdecken wir noch mehr über verschiedene New Yorker Gegenden. Immer wieder sind sie von den Ereignissen des 11. September 2001 inspiriert, von dem Gemeinschaftssinn, den New York danach entwickelte, aber auch von seinen Ehen (etwa der letzten mit der Millionenerbin Anne Hearst), von High Society und Tradition, dem Wall-Street-Crash,

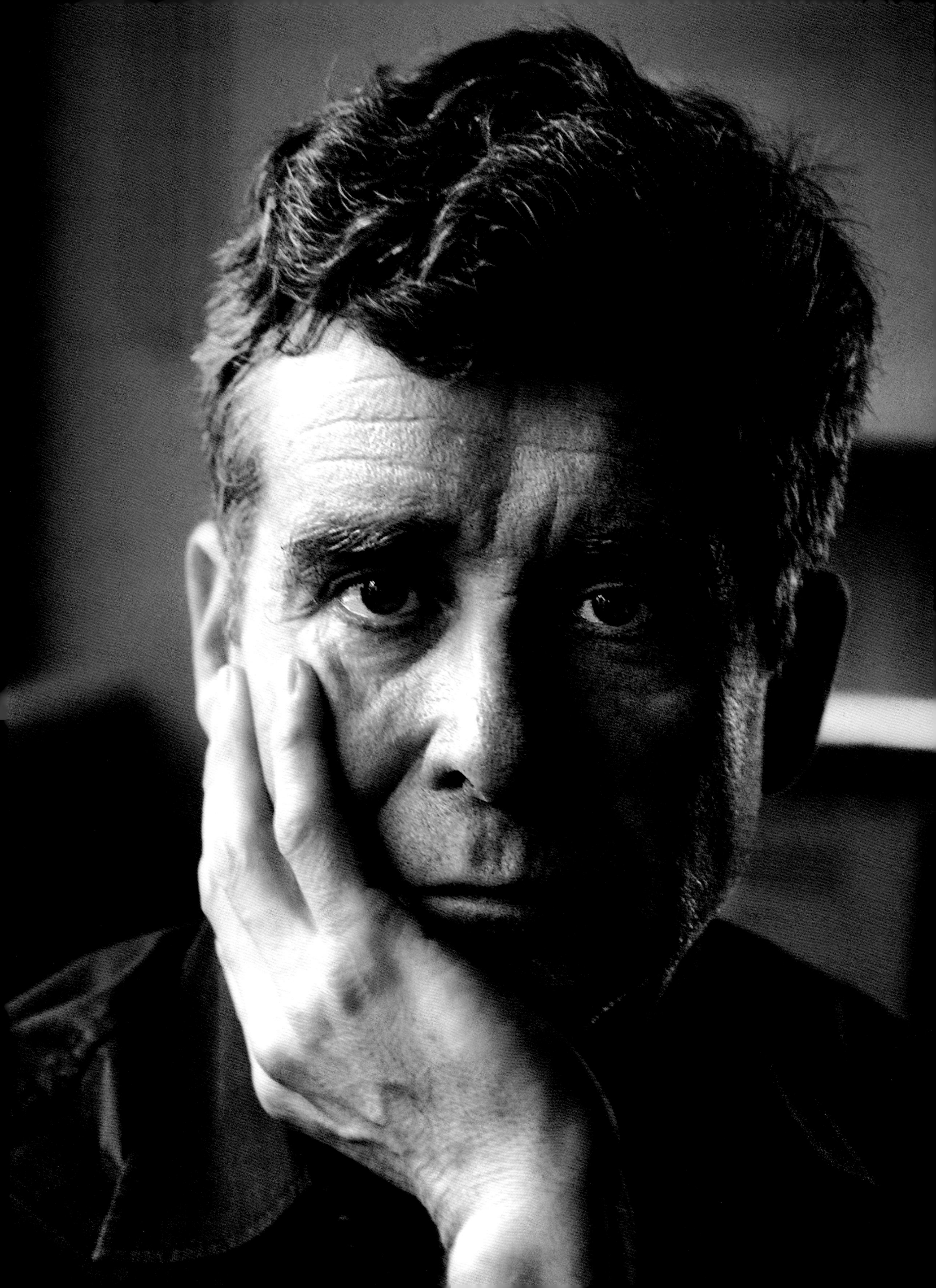

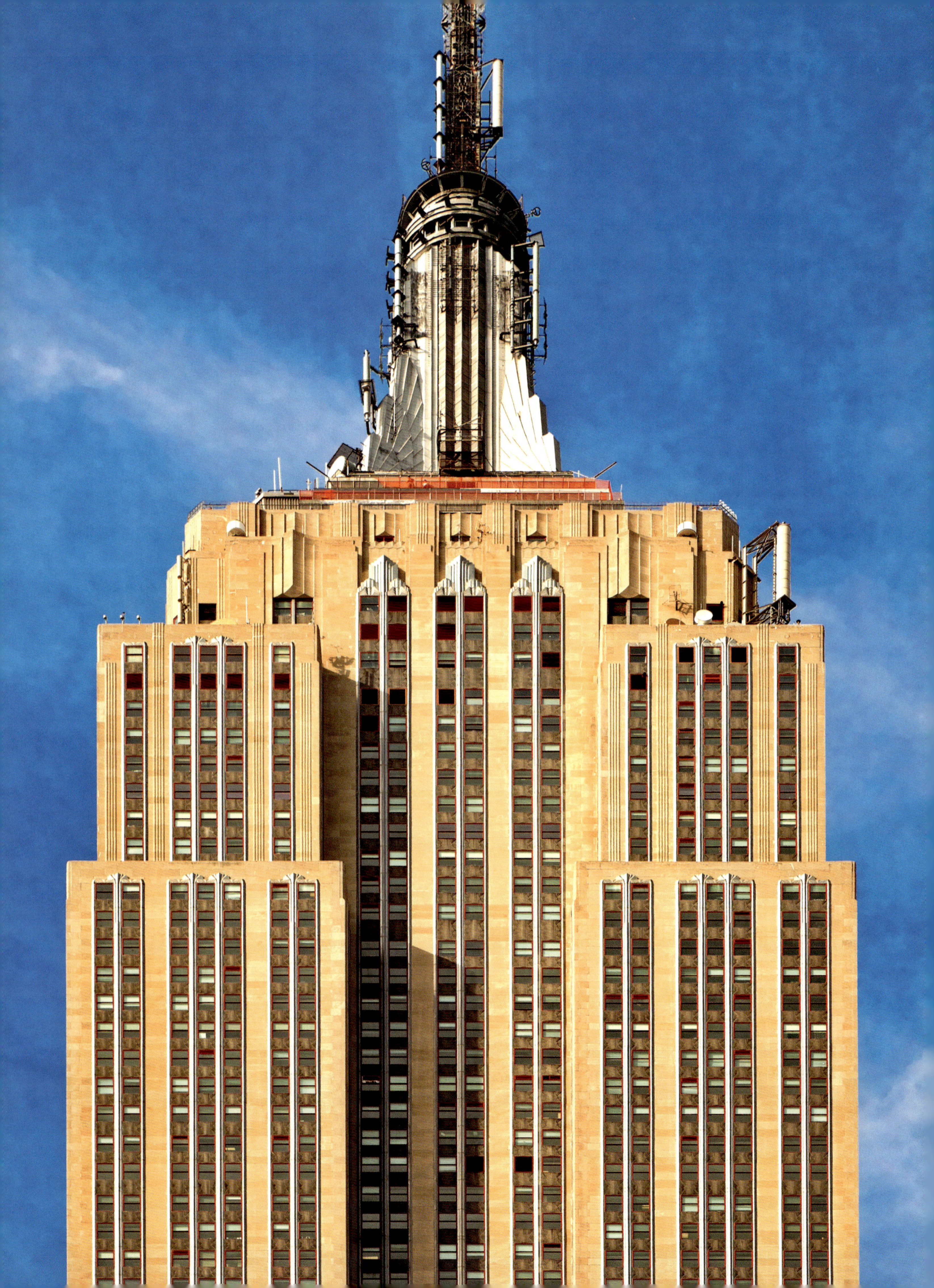

> »Wolkenkratzer fand ich immer sehr schön, eine Art Berge
> und Täler der Stadt. Ich könnte Stunden damit zubringen,
> das Empire State Building oder das Chrysler anzustarren.«

seinen Erfahrungen als Vater, der Welt der Kultur und der Intellektuellen, den schönen Frauen, die immer schon Teil des New Yorker Amüsements waren, sowie der Wiedergeburt der Stadt mit dem neuen WTC. »New York ist ein Ort, wo die Menschen nicht an gestern denken, sondern nur an die Gegenwart und die Zukunft«, erklärt er.

Ich nun wieder, *Letzter Schrei*, *Das gute Leben* und die Kurzgeschichtensammlung *How It Ended* – sie alle sind Liebesbriefe an seine Stadt. Jay selbst ist ein Teil von New York, aber auch ihr Chronist. Mit unheimlich objektivem Blick zeichnet er ein beeindruckendes Porträt der Stadt, ein Spiegelbild in 3-D. Wenn man ihn liest, kann man diese Dinge und Menschen fühlen, riechen und berühren. Sein Stil ist ebenso verführerisch hinreißend wie die Lichter der Stadt.

»Als ich in New York ankam, war die Stadt schmutzig und heruntergekommen, aber sie hatte eine gewisse Aura, die ich heute vermisse. Sie war weltstädtisches Grenzland, der urbane Wilde Westen«, sagt er. »Sie war voll von Graffiti. Es war mitunter gefährlich, man musste sich vorsehen.«

»Aber wie gesagt, ich vermisse das irgendwie: den farbenfrohen Underground-Geist, wo jetzt alles so sauber und nett ist.

Empire State Building
Das weltbekannte Empire State Building, 1901 im Art-déco-Stil erbaut, bietet eine der berühmtesten Panoramaterrassen der Welt; von hier hat man einen gigantischen Blick auf die gesamte Stadt.

Der erste Wolkenkratzer
Das Flatiron Building mit seiner charakteristischen dreieckigen Form fasziniert Jay McInerney ebenso wie die Profile anderer Hochhäuser der Stadt.

Treppenhaus und Glaskubus des **Apple Store** in der Fifth Avenue.

> »New York ist ein Ort, wo die Menschen nicht an gestern denken, sondern nur an die Gegenwart und die Zukunft.«

Neulich sah ich mal wieder Graffiti in der Lower East Side, und immer wenn ich so was finde, fotografiere ich es mit dem iPhone. Graffiti stehen in meinen Augen exemplarisch für New York, wie es Augenblicke erlebt, die so bunt, schön, herrlich und manchmal tiefgründig sind, die aber leicht verschwinden und die man wie Graffiti, die weggewaschen werden, in dem brennenden Verlangen, nach vorne zu blicken, vergisst.«

Jay erinnert sich an die New Yorker Atmosphäre der 1980er-Jahre. »Damals wurden die Leute reich. Ich sah, wie dieselben Leute alles verloren und es wieder zurück schafften. New York ist ein Ort der Kreisläufe von Aufstieg und Niedergang, von psychologischen und materialistischen Verschiebungen. Ich weiß, was es bedeutet, Geld zu haben und es zu verlieren«, sagt er. »New York ist der schönste und interessanteste Ort der Welt, aber auch gefährlich, fordernd und bedrohlich.«

Jay McInerney wurde 1955 in Hartford, Connecticut, geboren und studierte bei dem legendären Autor Raymond Carver, zog dann nach Manhattan, wurde in den 1980er-Jahren wie Bret Easton Ellis als Teil des »Brat Pack« berühmt und tat sich danach schwer. »Es war nicht so leicht, aber ich kann sagen, ich habe Glück gehabt. Ich hab's geschafft. Und auch als ich kein Geld hatte, war ich in der Stadt immer sehr glücklich«, erinnert er sich.

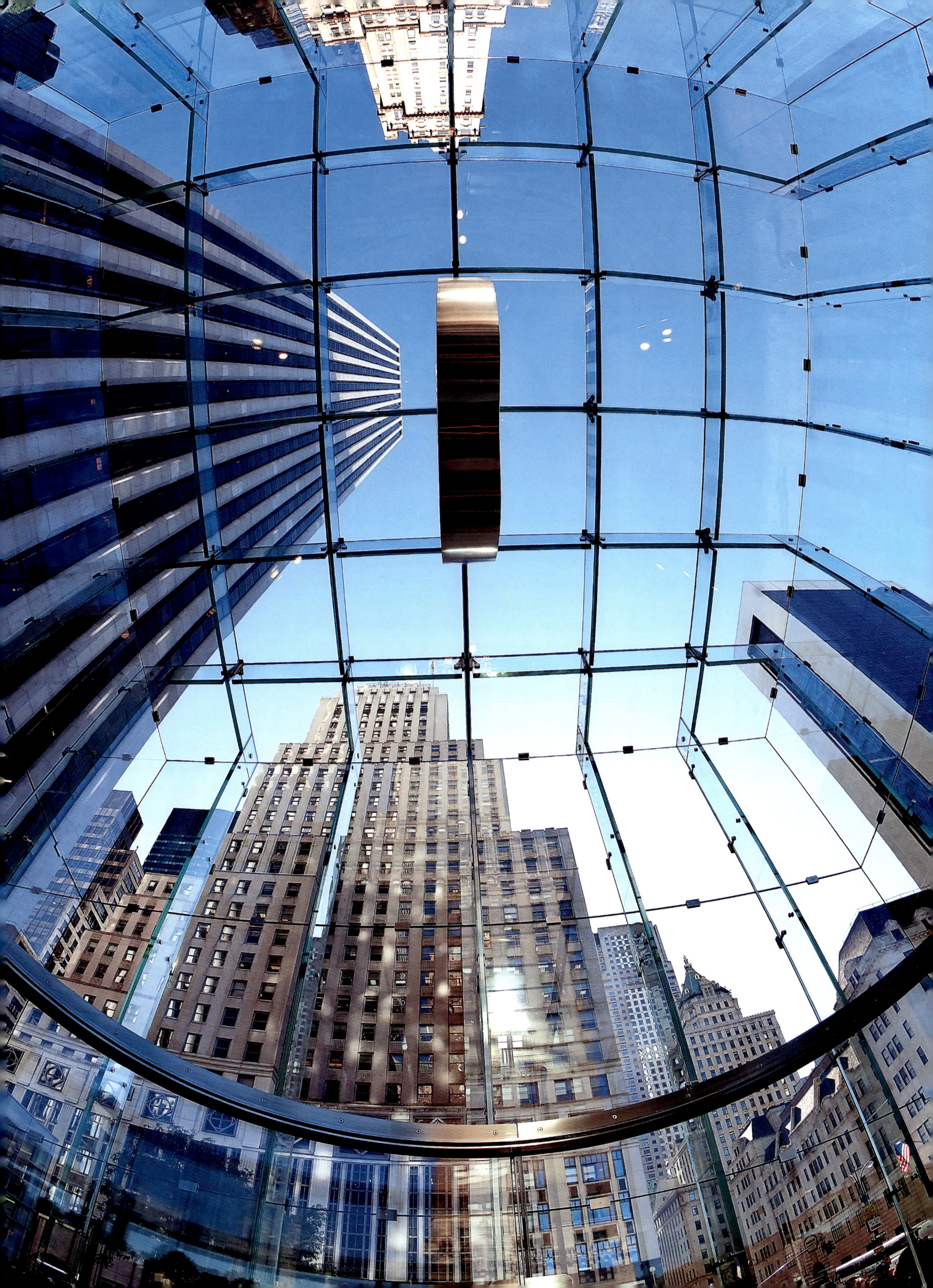

Top of the Rocks, die Panoramaterrasse des Rockefeller Center.

»Wolkenkratzer fand ich immer sehr schön. Sie sind so etwas wie die Berge und Täler der Stadt. Ich könnte Stunden damit zubringen, das Empire State Building oder das Chrysler anzustarren«, sagt er. »In den letzten zehn Jahren hat sich das Stadtbild verändert. Manche neuen Gebäude sind schön, etwa die Arbeiten von Richard Meier und Frank Gehry, andere sind fürchterlich. Ehrlich gesagt, solange ich zurückdenken kann, mochte fast niemand das World Trade Center, bis es einstürzte. Ich habe von New York gelernt, in jeder Tragödie die Ironie zu sehen.«

McInerney liebt Greenwich Village, wo er in vielen Apartments gewohnt hat. »Jetzt habe ich ein Penthouse beim Washington Square Park. Es ist ein altes Art-déco-Gebäude mit Pförtner. Und es hat Terrassen, das findet man in New York sehr schwer. Auf einer davon habe ich einen japanischen Garten.«

Jay fand diese Gegend schon immer faszinierend, »und sie ist ohne Zweifel meine liebste«, sagt er. »In den 1920er-Jah-

Futuristische Architektur
Die Adresse des avantgardistischen Bank of America Tower (2009) lautet: One Bryant Park; die Bank selbst wird ebenfalls oft so benannt.

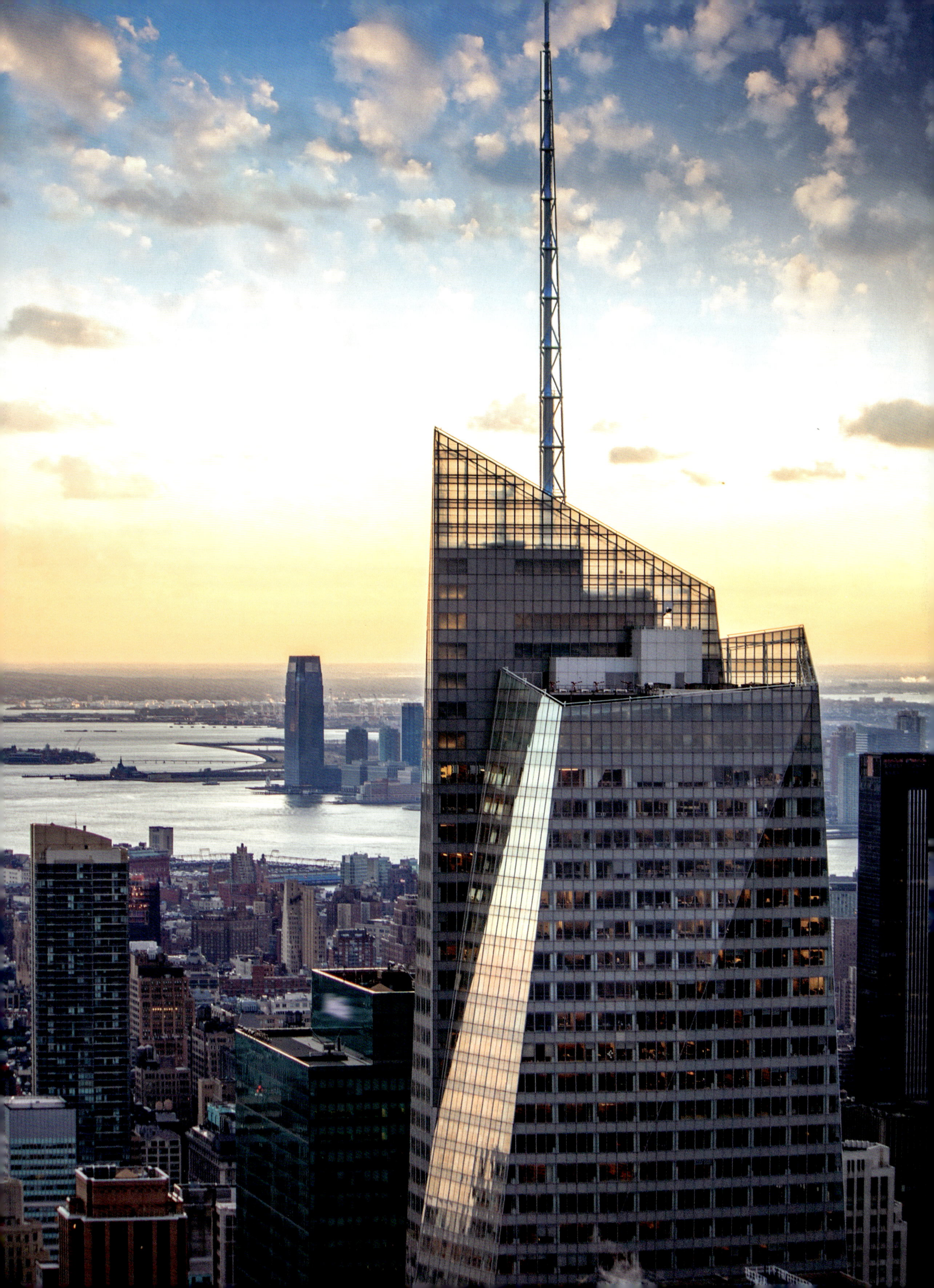

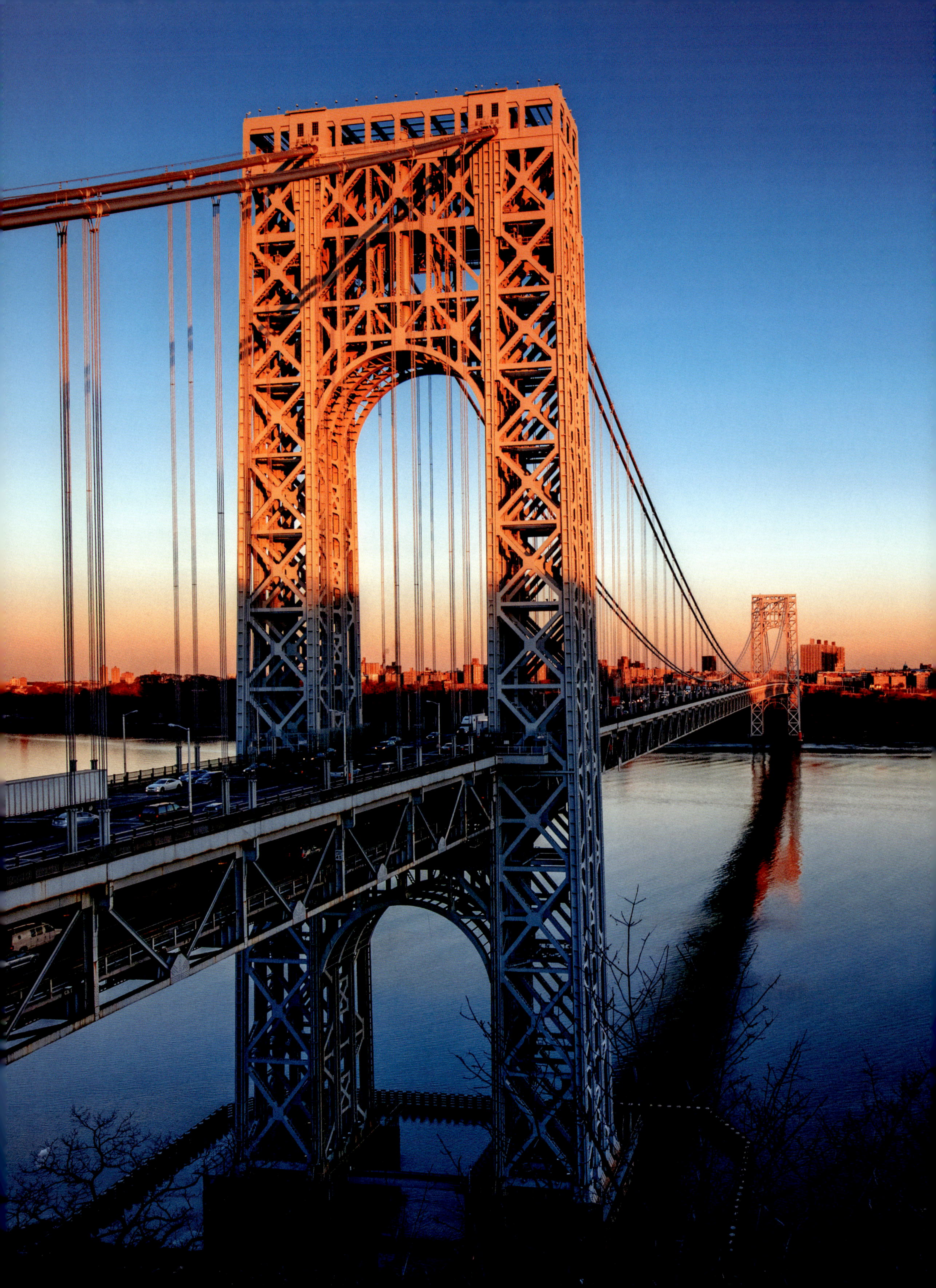

Sonnenuntergang am **Central Park**.

ren und noch davor lebten hier Künstler und Autoren wie Eugene O'Neill, Marianne Moore, Jackson Pollock und Willem De Kooning. Als ich nach New York zog, hatte ich eine romantische Vorstellung von der Stadt, und damals in den 1980er-Jahren war sie noch sehr Boheme-mäßig. Es gab hier keine Banker und Wall-Street-Händler. Ich wohnte in der Gegend, als ich *Ein starker Abgang* schrieb. Es ist daher kein Zufall, dass die Hauptfigur gleich bei der West 12th Street lebt. In dem Gebäude habe ich nie gewohnt, aber es gefiel mir gut genug, um den Hintergrund für meine Story abzugeben.«

»Inzwischen ist es teuer geworden«, stellt McInerney fest. »Aber das Viertel hat seinen Charakter bewahrt, dank der Universität und dem Studentenleben drum herum. Studentenviertel habe ich immer geliebt. Ich fühle mich lebendig mit so vielen jungen Leuten um mich.«

Wie hat sich New York nun verändert? »Die New Yorker Viertel waren in ›Volksstämme‹ aufgeteilt. In der Upper East Side lebten die Deutschen, in Chinatown die Chinesen, in Little Italy die Italiener, um den Central Park herum sehr wohlhabende Leute«, sagt Jay. »Die West Side war das Theaterviertel, wo viele Schauspieler wohnten, die Upper West Side war sehr jüdisch geprägt. Die lokale Bindung ist immer noch stark, aber heute gibt es eher eine bunte Mischung, und die Unterschiede sind nicht mehr so deutlich.«

George Washington Bridge
Die Brücke zwischen Washington Heights in Manhattan und Fort Lee, New Jersey, wurde 1931 eingeweiht und ist eine der meistbefahrenen der Welt.

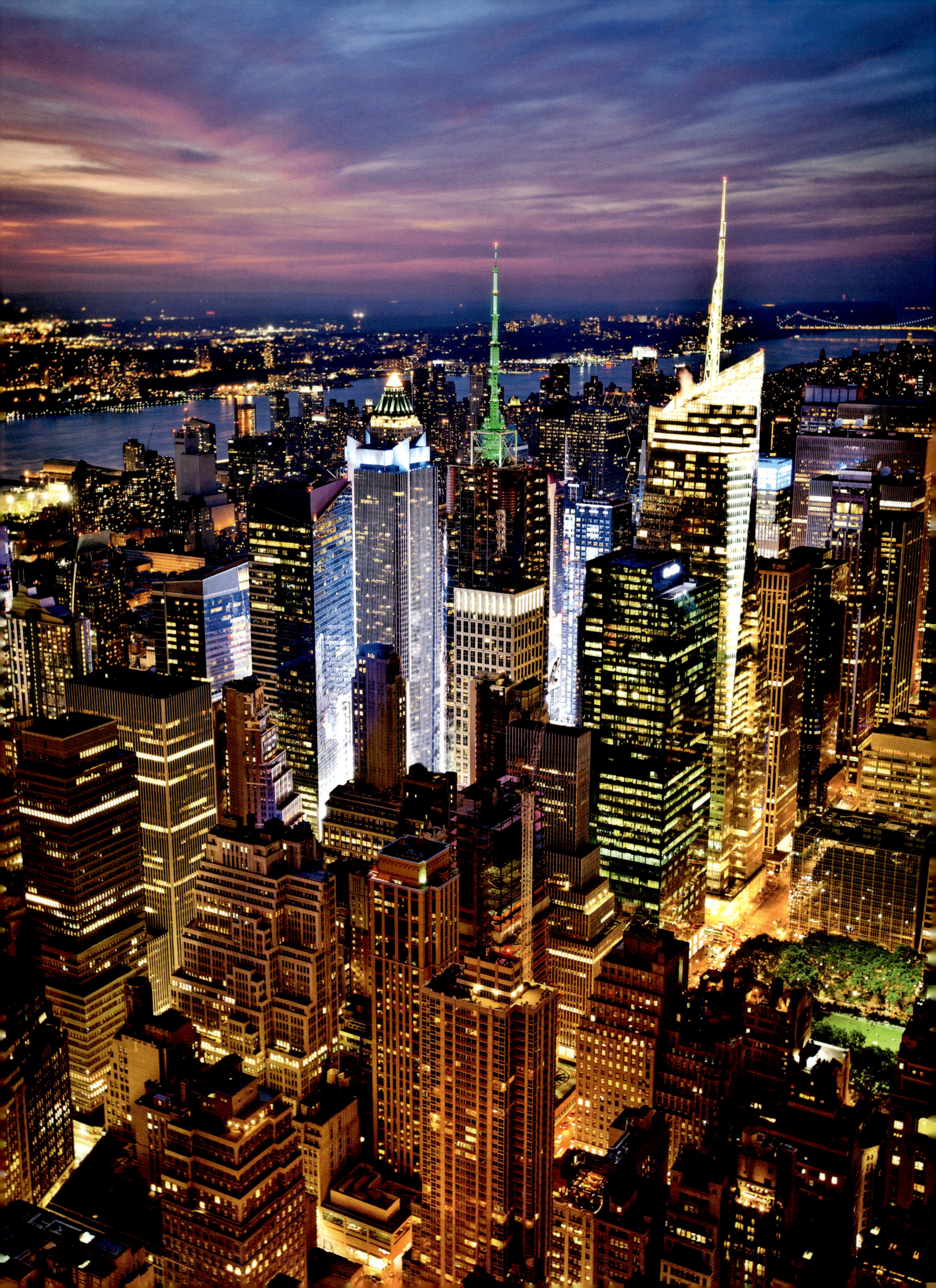

> »New York verändert sich ständig. Es wäre falsch zu glauben,
> dass es je gleich bleiben wird, weil das unmöglich ist.
> Neue Gebäude, neue Menschen, neue Geschäfte, ständige,
> unablässige Bewegung: Das ist New York.«

Es gibt eine ganze Menge Orte in New York, die McInerney gerne aufsucht: »Restaurants, die ich in meinen Büchern erwähne, etwa das Odeon und Raoul's, die zur New Yorker Szene gehören. Aber ich mag auch andere Läden sehr, wie den Club 21, wo ich mit Anne Hearst Hochzeit gefeiert habe, Gotham Bar & Grill, Spotted Pig, Babbo, Waverly Inn und die Minetta Tavern. New York ist auch eine Stadt der Restaurants, ein Tempel für Gourmets, die die beste Gastronomie und Kochkunst der ganzen Welt probieren möchten, die bezaubernden Gewürze und Geschmacksnoten von Meisterköchen, die mit neuen Varianten experimentieren. In New York könnte ich eine Liste von hundert Restaurants aufstellen, und jede Woche macht ein neues gutes auf! Aber ich ziehe Lokale vor, die sich bewährt haben, die ebenso wie Menschen eine Geschichte erzählen.«

Wie lautet sein Motto für New York? »Ich bin Optimist und ein hoffnungsloser Romantiker: Essen, Trinken, Lieben und sich neu vermählen.«

Jay ist durch und durch Genussmensch. Er liebt die Frauen, er liebt das schöne Leben, guten Wein und feine Küche. Für das Magazin House & Garden schrieb er eine Weinkolumne und veröffentlichte Bücher mit Titeln wie *Bacchus and Me: Adventures in the Wine Cellar*, *A Hedonist in the Cellar: Adventures in Wine* und *The Juice: Vinous Veritas*.

Wie sieht er New Yorks Zukunft? »New York verändert sich ständig. Es wäre falsch, zu glauben, dass es je gleich bleiben wird, weil das unmöglich ist. Neue Gebäude, neue Menschen, neue Geschäfte, ständige, unablässige Bewegung: Das ist New York«, sagt er. »Die Tragödie von 9/11 schuf ein tolles Gemeinschaftsgefühl, trotzdem redet kaum jemand von diesem Tag. Ich kann den Freedom Tower von meinem Apartment aus sehen, und in all den Jahren ist ein neues New York aus seiner Asche erstanden.«

Blick von der **Panoramaterrasse** des Empire State Building.
Die spätabendliche **Skyline** von Manhattan.
Folgende Doppelseite: Die **Queensboro Bridge** erstreckt sich über Long Island.

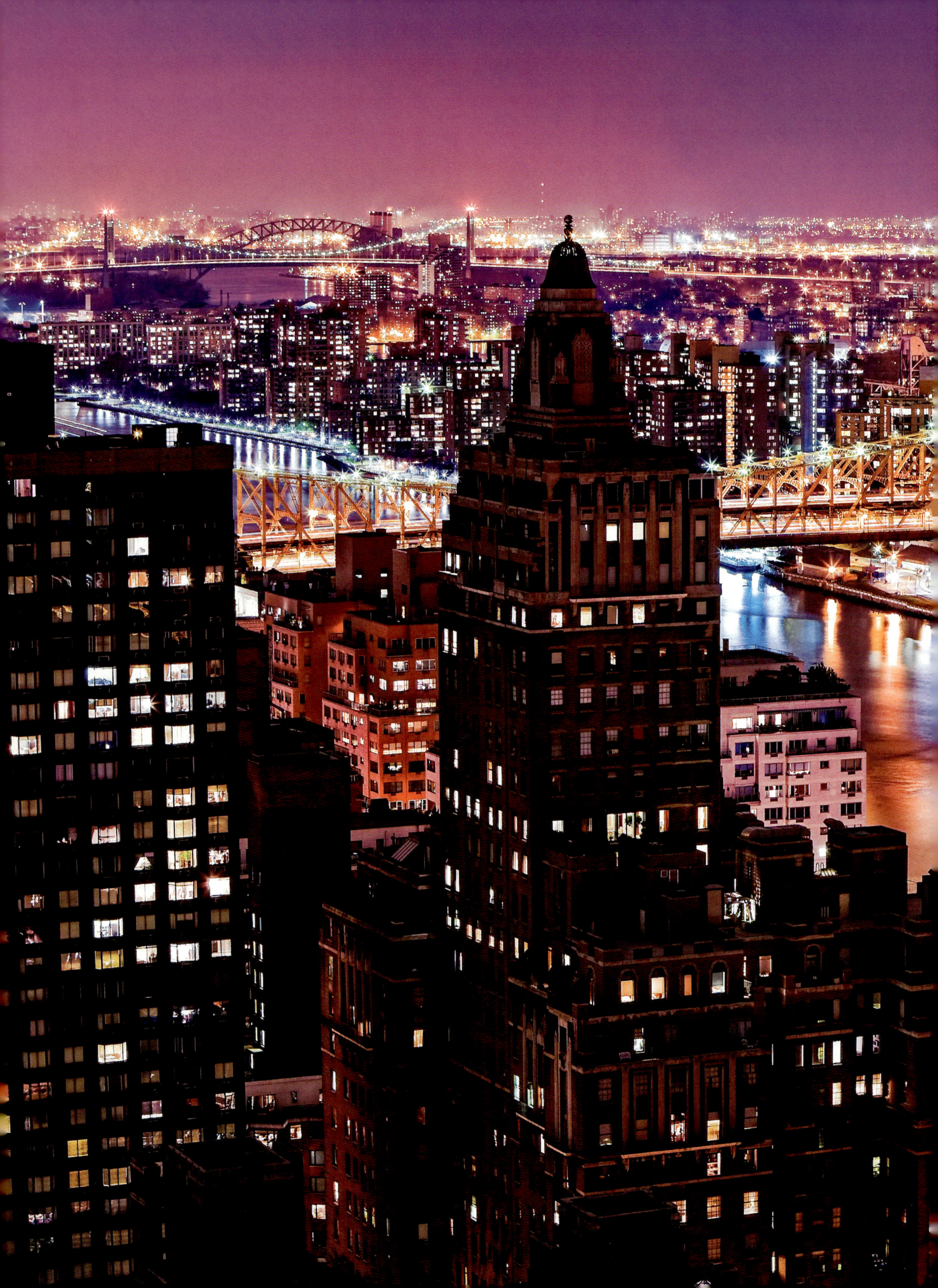

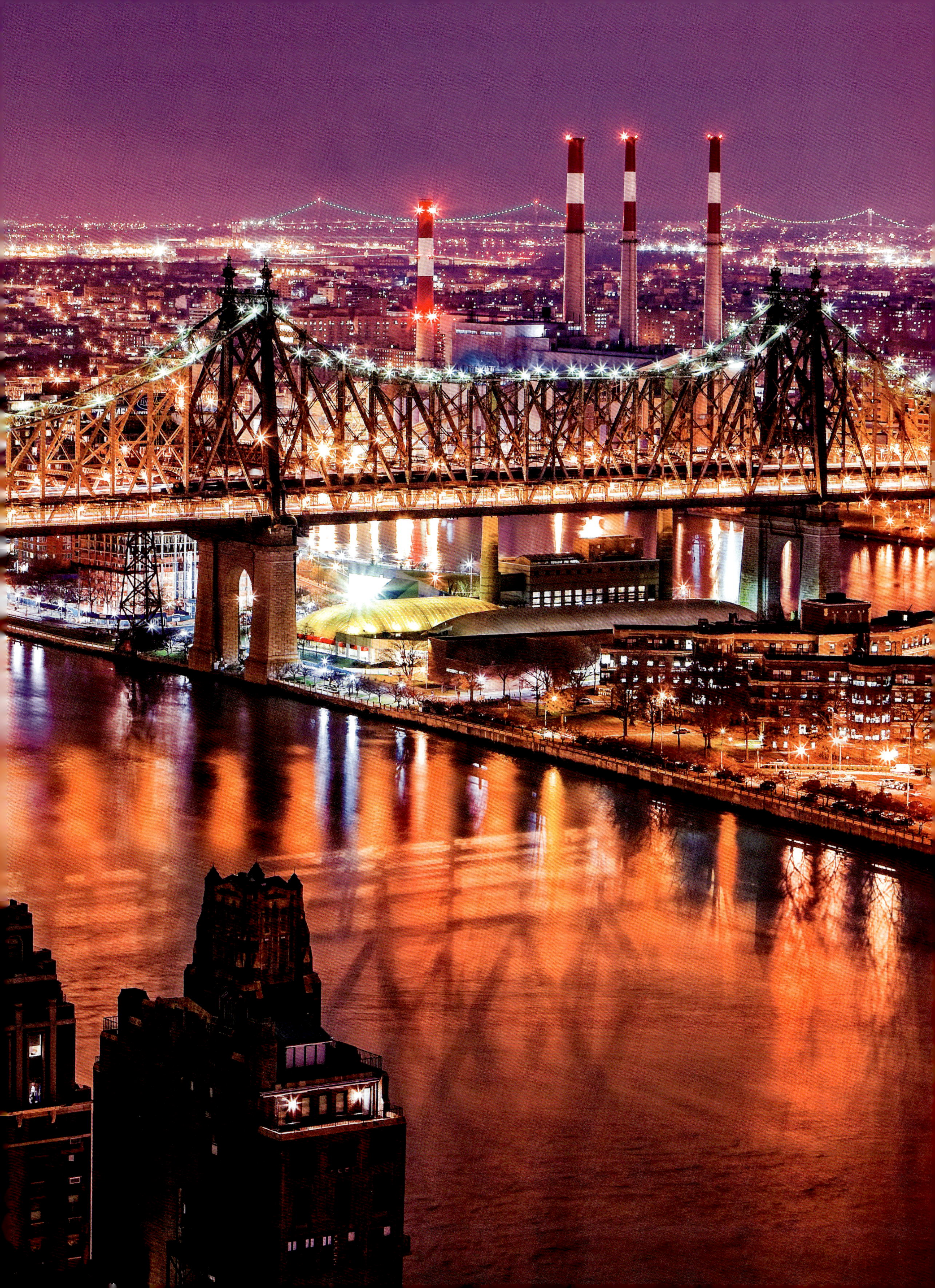

MOBY
Der »Sound« der Stadt

Moby ist einer der berühmtesten Singer/Songwriter, Musiker und DJs der Welt und dazu ein großartiger Künstler und Fotograf. Das zeigt sich auch an seiner Vision von New York. »New York ist so besonders, dass man es selbst auf einem Foto erkennt, das aus einem Taxifenster voller Regentropfen aufgenommen und leicht verwackelt ist. Du siehst sofort, was es ist. Also habe ich geschaut und geknipst«, sagt er über ein Bild, das entstand, als er von einer Tournee zurückkehrte: ein seltener und unverwechselbarer Anblick des Empire State Buildings aus einem Taxi heraus, auf dem Weg von Queens nach Manhattan.

Moby ist zweifellos ein Künstler mit vielen Facetten, ein wahres Multitalent, dem es gelingt, jeden anzusprechen oder, wie er sagt, zu verunsichern, um eine Reaktion zu provozieren. Er bringt einen zum Nachdenken, und er ist ein New Yorker, obwohl er die letzten Jahre in L.A. verbracht hat. New York hat seine kreative Entwicklung inspiriert. Hier hat für ihn alles begonnen, hierher kehrt er immer wieder zurück, sieht sein Zuhause mit neuen Augen, durch die Linse einer Kamera, durch Klänge und Worte.

Moby wurde in Harlem als Sohn einer Arzthelferin und eines Chemieprofessors geboren. Seinen Ruf- und zweiten Vornamen gaben ihm seine Eltern in Anspielung auf *Moby-Dick*-Autor Herman Melville, seinen Urururgroßonkel. »Ich wuchs in New York auf. Hier bin ich geboren und in den 1970er-Jahren groß geworden, und ich fand es den seltsamsten und sonderbarsten Ort der Welt«, sagt er. »Alle meine liebsten Autoren, Musiker und Künstler lebten hier, und es war so schmutzig, aufregend und gefährlich. Als Kind mit 14, 15 Jahren in der Lower East Side fand ich New York den besten Ort – wild, abenteuerlich, mit den merkwürdigsten Bars und Clubs. New York in den 1980er-Jahren war so eigenartig und dynamisch. Künstler, Autoren, Musiker, Designer, alle hingen zusammen rum, und ich lernte Musik aller Richtungen kennen. Dann, in den 1990er-Jahren, wurde es sauberer und war nicht mehr so schlimm. Es war sicherer, hatte aber was verloren. Manche Leute dachten, die Gentrifizierung hört irgendwann auf, aber das tat sie nicht.«

> Alles in New York fordert eine Gegenreaktion heraus, die letztlich die Suche nach immenser Kreativität ist!

Moby wurde von den Sounds von New York geprägt und schaffte schließlich seinen eigenen. Dabei mischt er unterschiedlichste Genres: Blues, Soul, Rock, Techno, Hardcore-Breakbeats, Elektro, Dance und House. Er hat mehr als 20 Millionen Alben verkauft, Meisterwerke wie *Play*, *18*, *Hotel*, *Go – The Very Best Of Moby*, *Last Night*, *Wait For Me*, *Destroyed*, *Innocents*, Singles wie *Lift Me Up* und *Natural Blues*, die längst Allgemeingut sind und in

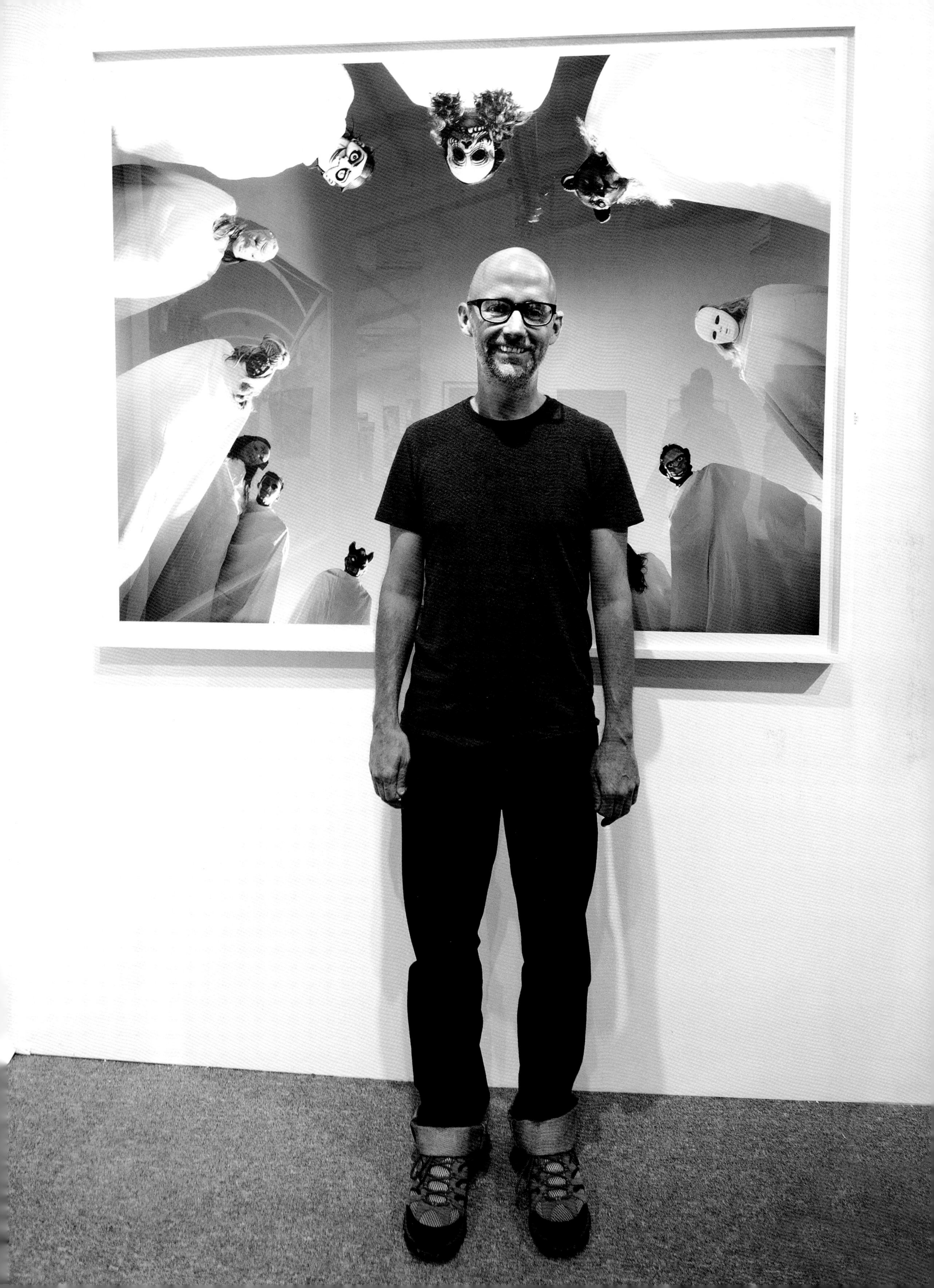

Das **Blue Condominium** von Bernard Tschumi in der Lower East Side.
Dieses Wandgemälde in der **Lower East Side** wirbt für ein asiatisches Restaurant.

»New York ist so besonders, dass man es selbst auf einem Foto erkennt, das aus einem Taxifenster voller Regentropfen aufgenommen und leicht verwackelt ist. Du siehst sofort, was es ist.«

Filmen wie *James Bond 007 – Der Morgen stirbt nie* (1997), Michael Manns *Heat* (1995), *Southland Tales* (2006) und anderen liefen.

Moby hat für viele andere große Künstler Musik geschrieben, produziert und geremixt: David Bowie, Michael Jackson, die Pet Shop Boys, Britney Spears, Public Enemy, Guns N' Roses, Metallica und Soundgarden. Insbesondere *Last Night* vermittelt eine Art »Gefühl der Stadt«. Das 2008 erschienene eklektische Album ist randvoll mit Dance-Music, inspiriert von einer Ausgehnacht in seinem New Yorker Viertel. »Ich habe die Platte in meinem Studio in der Lower East Side aufgenommen. Ich wollte was sehr Persönliches machen, alles zu Hause selbst aufnehmen«, sagt er. »Die kreative Inspiration zu der Platte war eine Rede von David Lynch bei der BAFTA in Großbritannien. Inzwischen sind wir befreundet und haben bei vielen Projekten zusammengearbeitet. Er sprach damals über Kreativität, wie gut es ist, ohne den

Kampuchea noodle bar

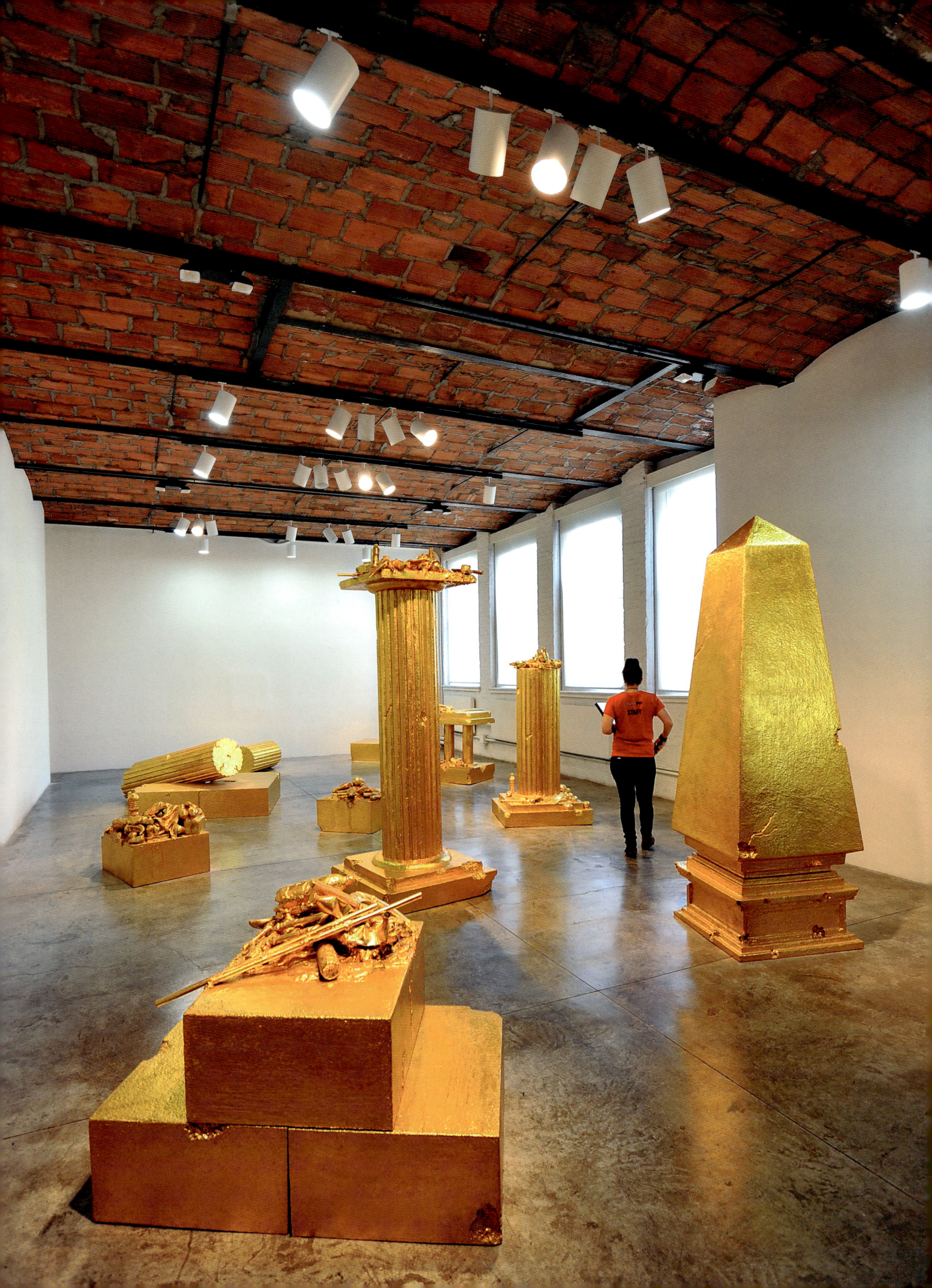

Ein Projekt von Shanzhai Biennial bei der **MoMA PS1**.

> »New York hat mich am meisten dadurch geprägt, wie es mir Musik nähergebracht hat, die ich in einem kleinen Vorort nie gehört hätte.«

Druck des Musikmarkts arbeiten zu können. Also wollte ich mich mit der Platte auf etwas konzentrieren, was ich liebte, ohne mich darum zu scheren, wie es der Markt aufnehmen würde. Sie ist ruhiger, melodischer und persönlicher als alles, was ich zuvor gemacht habe.«

New York inspiriert Moby nicht nur mit seinen Sounds, sondern auch visuell. Als Fotograf wird er von der Galerie Emmanuel Fremin, West 27th Street 547 in Chelsea vertreten, die seine Werke ausstellt. In dem Fotobuch *Destroyed* (2011) zum gleichnamigen Album zeigt er die Gegensätzlichkeit der Isolation in leeren Räumen, etwa Garderoben und Hotelzimmern vor einem Auftritt und vor einer Menschenmasse beim Konzert. »Ich mache Fotos, seit ich zehn bin, und bin mit Filmen und Dunkelkammern aufgewachsen. Mein Onkel Joseph Kugielsky war Fotograf für die *New York Times*, und ich fand seinen Job immer toll«, sagt er.

Seine New-York-Fotos sind sehr persönlich und ungewöhnlich, erfüllt von künstlerischem Gespür und der Lust zu provozieren. Eines seiner Bilder zeigt den Nachthimmel über dem Flughafen Newark. Er wirkt wie ein lebensfeindlicher Ort in einem fernen Uni-

Kunst in Queens
Eine Ausstellung der Werke von John Miller bei der MoMA PS1. Die seit 2000 in das Museum of Modern Art eingegliederte PS1 ist eine der führenden Institutionen für zeitgenössische Kunst in den USA.

Straßenszene in **Chinatown** während eines Schneesturms.
Warenanlieferung an einem **Marktstand** in Chinatown.

versum. Eine Ansicht des Flughafens La Guardia ziert auch das Buchcover: ein langer weißer Korridor mit dem Wort »DESTROYED«. »Da war ein Schild, auf dem stand, herrenloses Gepäck werde vernichtet, und ich wartete, bis auf der Anzeige nur noch das letzte Wort zu sehen war. Aber ich will meine Kunst nicht zu sehr erläutern. Ich denke, ein Künstler muss etwas schaffen, Fragen aufwerfen, eine Diskussion oder Reaktion. Ich ziehe es vor, etwas zu machen, auf das der Betrachter reagieren muss«, sagt er. »Musik ist wie Film eine sehr vergängliche, begrenzte Kunstform. Um sie zu erleben, muss man sie sich so anhören, wie sie geschrieben ist. In der Fotografie und der visuellen Kunst allgemein entscheidet der Betrachter über sein Verhältnis dazu, man nähert sich oder entfernt sich, wie man will. Das hat etwas Demokratisches, das ich schätze.«

»2009 beschloss ich, dass ich mal was anderes brauchte als New York, und ging nach L.A., aber ich pendle immer noch hin und her. New York bleibt immer meine Heimat und der Ort, wo ich herkomme. Ich hatte seit den 1980er-Jahren in meinem Apartment in der Lower East Side gewohnt, dann an der Ecke 96. Straße und Central Park West. Heute mag ich in New York Long Island, das immer noch sehr urban ist, und den Teil von Chinatown, wo die Canal Street immer weitergeht, bis zur Orchard Street. Hier fühle ich mich heute noch als Fremder. Ich mag seltsame Orte, die keinen Sinn ergeben«, erklärt er. »Als alter Veganer und Tierschützer gehe ich in

51 EAST BROADWAY　新龍興市場　51 EAST

»Ich wuchs in New York auf und fand es den seltsamsten und sonderbarsten Ort der Welt.«

New York gerne in Angelika's Kitchen in der 12. Straße 300 E, ein vegetarisches Restaurant im East Village. Das ist immer das Erste, wo ich hingehe, einer der wenigen Läden in der großen Stadt, bei denen man das Gefühl hat, sie verändern sich nie.«

»New York hat mich am meisten dadurch geprägt, wie es mir Musik nähergebracht hat, die ich in einem kleinen Vorort nie gehört hätte. Meine Eltern waren Protestanten, sie hörten Folk und Klassik. So was mag ich auch, aber New York brachte mir andere Arten von Musik nahe, schwarze Musik, afrikanische, Hip-Hop, arabische und lateinamerikanische, R&B, alle Arten von Großstadtmusik, die nicht meinem Kulturkreis entstammte«, sagt er. »Das liegt daran, dass meine Musik so anders ist. Und wenn man bedenkt, welch starken Einfluss New York ausüben kann, ist das Lustige daran, dass er oft gegensätzlich wirkt. Denk an das Guggenheim-Museum – als es entstand, war es von New York inspiriert, ging aber architektonisch in die andere Richtung. Verglichen mit den anderen Häusern drum herum, war es ein ›Anti-New-York-Gebäude‹. Architektur, Design und Musik sind oft von der Stadt inspiriert, stehen aber auch häufig im Kontrast zu ihr. New York ist sehr laut, daher spürst du als Künstler in der Stadt das Bedürfnis, heimzugehen, in eine ruhige Umgebung. Deshalb erschaffe ich mir im Angesicht des Chaos einen stillen Zufluchtsort, wo ich meine Kunst entwickeln kann. Alles in New York fordert eine Gegenreaktion heraus, die letztlich die Suche nach immenser Kreativität ist!«

Farben der Nacht
Hinter der Manhattan Bridge zeichnen sich unverkennbar die Umrisse des Empire State Building ab, das in der Nacht farbenfroh beleuchtet wird.

ROBERT UND CORTNEY NOVOGRATZ

Die »Designer« der Stadt

Robert und Cortney Novogratz zählen zu den renommiertesten Innenarchitekten in New York. Sie sind Kunstsammler, sozial sehr engagiert und bei vielen Prominenten beliebt.

New York ist ein Kaleidoskop von Formen und schillernden Farben. Sie gestalten sie, erfinden sie neu, entdecken sie in einem schönen alten Möbelstück und finden die Sinnlichkeit, den coolen Geist von New York in Meisterwerken moderner Kunst. Wegen ihrer sieben Kinder und der wundervollen Partys, die sie zum Beispiel an Halloween geben, ernannte sie die Londoner *Times* zur »coolsten Familie der Welt«. Ihren unverwechselbaren Lifestyle, ihr Design und ihre TV-Shows kennen Millionen in aller Welt. Ihre ersten Sendungen *9 by Design* auf Bravo und *Home by Novogratz* auf HGTV waren höchst erfolgreich.

In erster Linie aber sind sie und fühlen sie sich als New Yorker. Sie haben eine spezielle, romantische Verbindung zu dieser Stadt und leben seit vielen Jahren hier, obwohl sie inzwischen auch viel Zeit in Los Angeles verbringen. »Robert machte mir an einem verschneiten Abend ganz oben im Empire State Building seinen Heiratsantrag«, sagt Cortney. »New York im Schnee habe ich schon immer geliebt. Danach gingen wir im Oak Room im Plaza Hotel was trinken.«

Wie ist ihr Eindruck von New York? »New York ist die großartigste Stadt der Welt und wird es immer sein«, sagt Robert. »Kein anderer Ort hat die Energie, die man hier findet. Wenn du nach New York heimfliegst, fühlst du, das ist deine Stadt, die beste Stadt. Bei der Landung stellt man fest, dass wohl viele Leute das gleiche Gefühl haben.«

Robert wuchs in Alexandria, Virginia, auf, Cortney im Süden von Georgia. Beide kamen aus Großfamilien und erbten von ihren Eltern die Liebe zu ihrem kreativen Beruf und deren Begeisterung fürs Dekorieren. Sie trafen sich in Charlotte, North Carolina, und zogen nach New York, um im Designbereich zu arbeiten. Robert und sein Bruder Michael waren Leichtathleten und betrieben viele Sportarten. Mit Cortney teilte er eine weitere Leidenschaft – die Kunst. »In unserem Stil mischen sich Alt und Neu, traditionelle und moderne Kunst«, sagt Cortney. »Ich kümmere mich mehr um Möbel, Robert mehr um die Kunst, wir haben allerdings den gleichen Geschmack.«

»Ich würde nie etwas auswählen, was ihr nicht gefällt«, betont er.

New York bot ihnen von Anfang an Inspiration und viele Optionen. Ihre Karriere begann mit der Renovierung heruntergekommener Immobilien in Manhattan, zum

> Wenn du nach New York heimfliegst, fühlst du, das ist deine Stadt, die beste Stadt. Bei der Landung stellt man fest, dass wohl viele Leute das gleiche Gefühl haben.

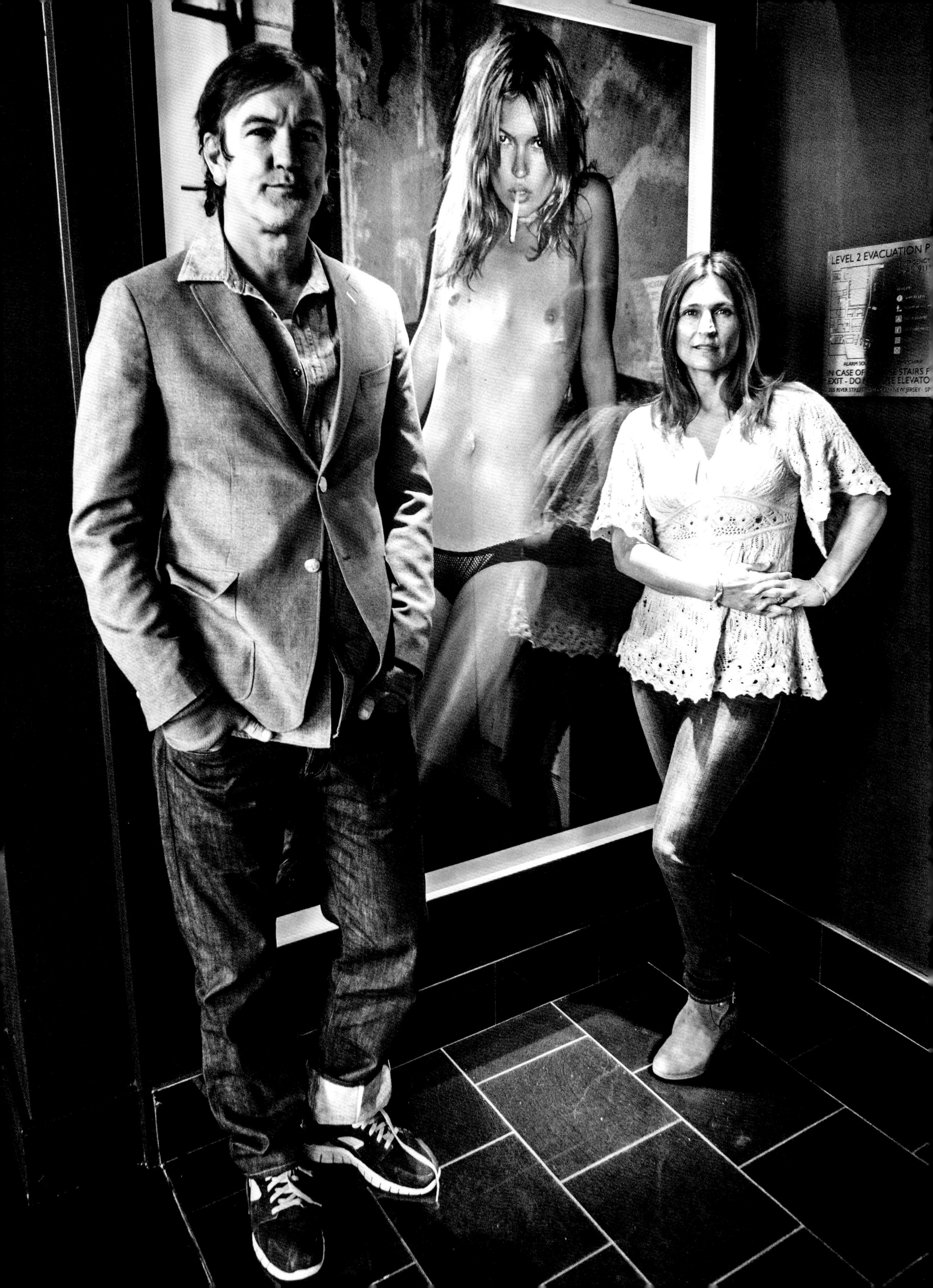
LEVEL 2 EVACUATION

Beispiel des 5 Centre Market Place in SoHo, eines ehemaligen Waffenladens, und anderer Gebäude in der Gegend an der Thompson Street. 2009 veröffentlichten sie ihr erstes Buch *Downtown Chic*.

»Als wir vor über 20 Jahren nach New York zogen, wollten wir, dass unsere Wohnungen widerspiegeln, wer wir sind«, sagt Robert. »New York ist nicht für jeden was. Man kann hierherkommen und ein tolles Leben beginnen. Du fängst bei null an, und die einzige Grenze ist der Himmel. Deshalb kommen immer noch jeden Tag Leute aus aller Welt. New York ist ein toller Ort, aber erst die Leute, die hier leben, machen es so einmalig.«

Was mögen sie an der Stadt am liebsten? »Wir lieben es, dass New York eine Fußgängerstadt ist«, sagt Robert. »Wir gehen gerne zum Madison Square Garden, schauen uns die Macy's Thanksgiving Day Parade an und essen Pizza und Hotdogs von Straßenverkäufern. Wir mögen die Charaktere der Stadt, gehen in Broadway-Shows, feuern die Läufer beim Marathon an, feiern bei der Halloween-Parade und genießen den Wechsel der Jahreszeiten, besonders im Herbst. Was wir nicht mögen, ist, dass alles gleichgemacht wird, wie überall sonst.«

Was ihre Lieblingsplätze in der Stadt angeht, sind sie sehr entschieden.

Winter in Upper Manhattan
Diese besonders gelungene Luftaufnahme von Upper Manhattan zeigt den verschneiten Central Park, mit der Bronx im Hintergrund.

»Wir lieben es, dass New York eine Fußgängerstadt ist.«

Der **New York Marathon**.

»New York ist wirklich ein toller Ort für Kinder.«

»Wir sind Downtown-Menschen – unsere Familie hat 15 Jahre in SoHo gelebt, fünf Jahre im West Village«, sagt Robert. »Wir gehen in Läden im Viertel wie Felix, Arturo's Pizza, Raoul's und die Lure Fish Bar. Im Crosby Street Hotel und im Mercer sind wir auch gerne. Als Familie gehen wir gerne bei Mantiques, Paula Rubenstein und Adelaide Antiquitäten shoppen. Flavor Paper in Brooklyn gefällt uns auch sehr, außerdem ABC Carpet & Home. Bei What Goes Around Comes Around suchen wir Seconhandklamotten, und unsere Kinder lieben Uncle Funky's Boards.«

Mit den Kindern in der Stadt zu leben war eine großartige Erfahrung, die ihnen zeigte, dass New York auch eine Familienstadt ist. »Unsere sieben Kinder sind alle im Lennox Hill Hospital geboren und echte New Yorker. Sie spielen Basketball im Carmine Gym, einer sehr alten Schulsportanlage in New York,

Ballonparade
Die Parade am Thanksgiving Day ist berühmt für ihre gigantischen Ballons, die berühmte Personen und Fantasiefiguren darstellen.

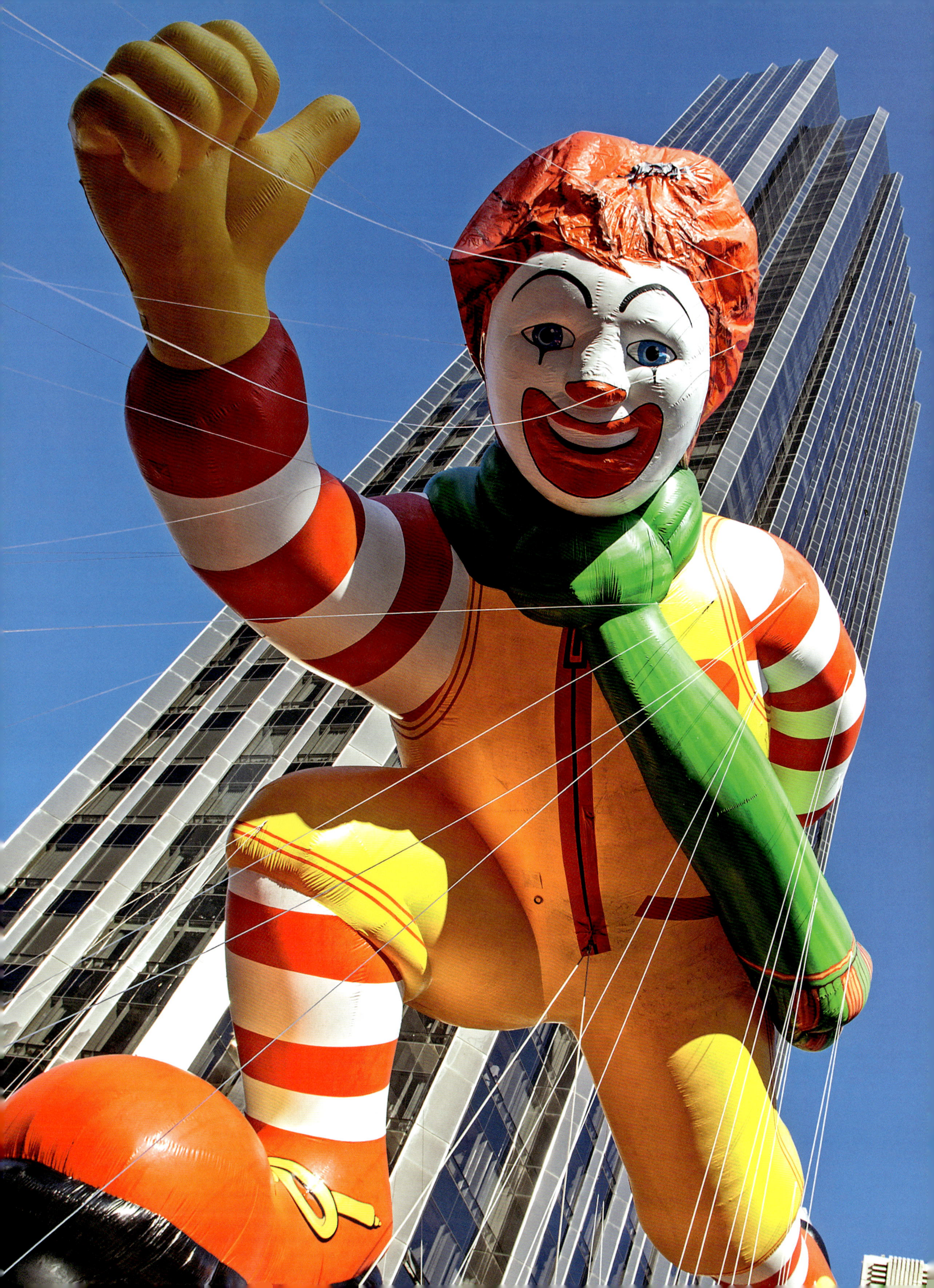

»New York ist nicht für jeden was.
Man kann hierherkommen und ein tolles
Leben beginnen. Du fängst bei null an, und
die einzige Grenze ist der Himmel.«

Die High Line
Panoramablick aus der Bar des Standard Hotel im Meatpacking District direkt über der High Line, dem auf einer stillgelegten Hochbahnstrecke errichteten neuen Stadtpark.

und lieben das Kino am Battery Park, wo man immer leicht Plätze bekommt«, sagt Robert. »Wir und sie lieben das New Museum, das für die Bowery sehr groß ist, und sie stehen auf The High Line. New York ist wirklich ein toller Ort für Kinder.«

Das 1977 gegründete New Museum ist eines der angesehensten Museen der Welt und widmet sich ausschließlich zeitgenössischer Kunst aus aller Welt. 2007 zog es in die Bowery 235 im gleichnamigen Viertel um. Das von den Architekten SANAA aus Tokio und Gensler aus New York entworfene Gebäude gilt als architektonisches Meisterwerk und bietet viel mehr Platz für Ausstellungen.

Unglaublich ist auch The High Line, ein 2009 entstandener Park an einer 1930 verlegten Hochbahnstrecke, den James Corners berühmte Landschaftsarchitekturfirma Field Operations in Zusammenarbeit mit dem New Yorker Architekturbüro Diller Scofidio + Renfro gestaltete. Die lange Promenade zieht sich durch ein modernes Ensemble, Grünanlagen, vorbei an Freiluftkunst, Stühlen und Holzbänken,

Zwei charakteristische Beispiele für die **moderne Wandmalerei** im Meatpacking District.

> »New York ist ein toller Ort, aber erst die Leute,
> die hier leben, machen es so einmalig.«

Springbrunnen, Flohmärkten, Cafés und Weinbars und umfasst Teile der alten Gleise. Sie beginnt im Meatpacking District und Chelsea Markets, umgeben von dem beeindruckenden Standard Hotel und dem Panorama der Aussichtsplattform des Tenth Avenue Square mit Blick auf das Empire State Building. Frank Gehrys IAC-Gebäude und Jean Nouvels Wohnhaus an der 11th Street 100 umrahmen ebenfalls die Szenerie.

Cortney und Robert haben andere tolle Orte in der Stadt mitgestaltet, etwa Lulu's, den neuen Nachtclub im W Hotel in Hoboken, New Jersey, eröffnet zur Super Bowl 2014. »Wir wollten ein neues Designkonzept schaffen, das zeitgenössische Atmosphäre und Altes verbindet, wie in unserem Stil, daneben aber auch einen besonderen Ort, ein neues Konzept für einen Nachtclub«, sagt Cortney.

»Ich mag daran, dass Leute, die normalerweise nicht ins Guggenheim-Museum – auch ein Ort, den ich liebe – oder ein anderes Museum gehen, Kunst begegnen können«, sagt Robert. Über der Bar und der Glaswand mit Blick auf die Skyline von Manhattan findet man Kronleuchter aus Muranoglas, handbemalte, leuchtend gelbe und grüne

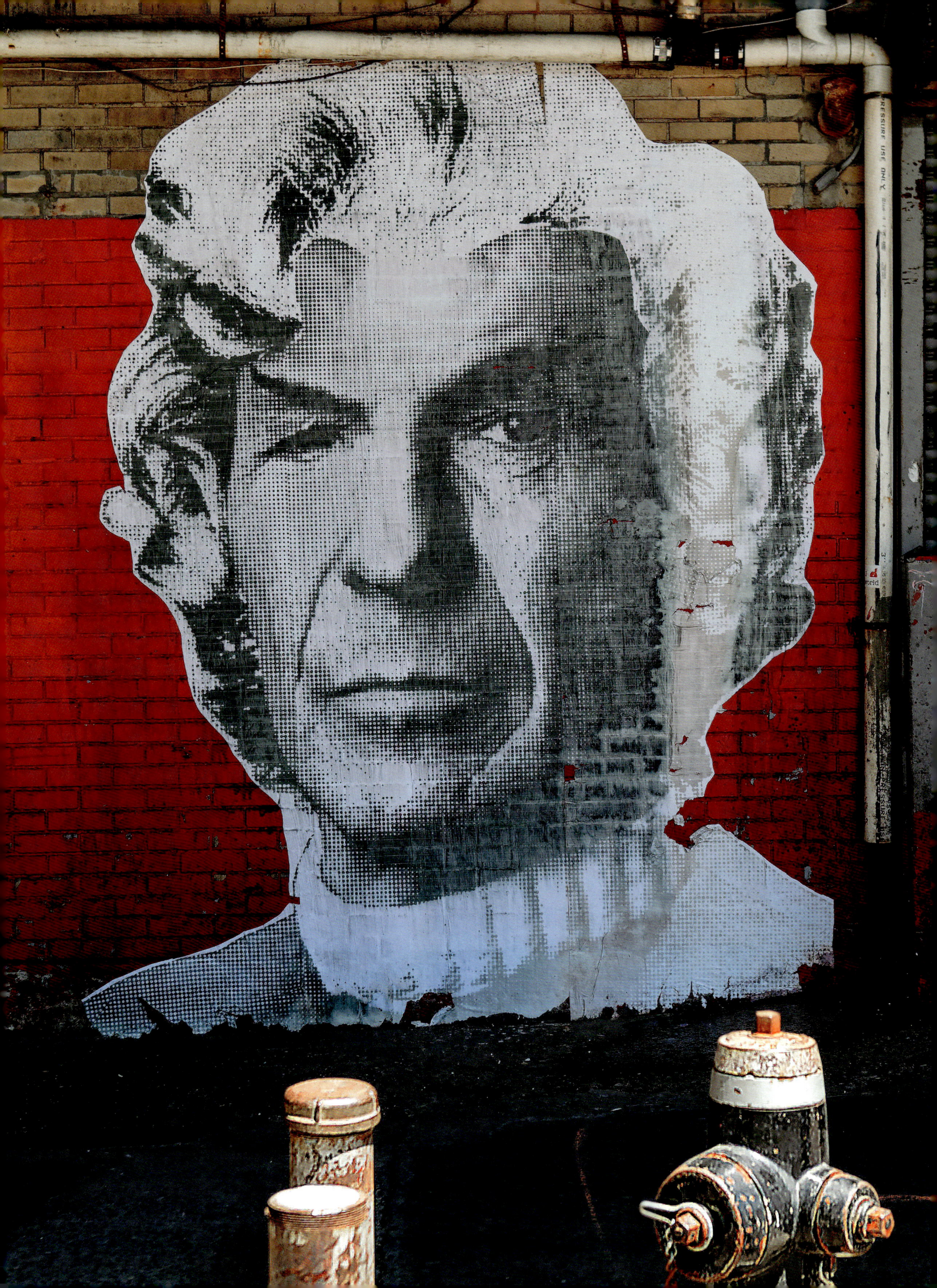

Das Lebensmittelangebot im **Chelsea Market**.

> »New York ist die großartigste Stadt der Welt und wird es immer sein. Kein anderer Ort hat die Energie, die man hier findet.«

Säulen des britischen Künstlers Richard Woods, Textilien von Sarah Morris, einen alten Billardtisch, große Kunstwerke wie ein von Damien Hirst in einen Tiger verwandeltes Foto von Mick Jagger sowie eines von Kate Moss mit Zigarette von Mario Testino. Man erreicht das W Hotel auch per Fähre von Lower Manhattan aus und kann während der Überfahrt den Ausblick auf die Skyline genießen.

»Ein weiterer Ort außerhalb von Manhattan, den ich sehr schätze, ist Woodstock. Im Juni 2014 arbeiteten wir an der Inneneinrichtung des Hotels Dylan, eines kleinen Luxushotels, das wie ein kleines Museum wirkt. Das liegt zum Teil an der von uns ausgewählten Kunst und daran, dass alle Zimmer unterschiedlich sind, mit echter Boheme-Raffinesse. Es erinnert an den Stil des Filmemachers Wes Anderson, inspiriert von seinem verschrobenen Humor in *Moonrise Kingdom* (2012). Im Vorderbereich des Hotels gibt es ein Restaurant und einen Musikclub. Alles im Hotel Dylan dreht sich um die Musik. Es ist eine Hommage an die große Tradition von

Der Chelsea Market
Im äußerst beliebten Chelsea Market in der ehemaligen Nabisco-Keksfabrik findet man Feinkostläden, Konditoreien, Cafés, Restaurants und Geschäfte. Und auch kulturell ist immer was geboten.

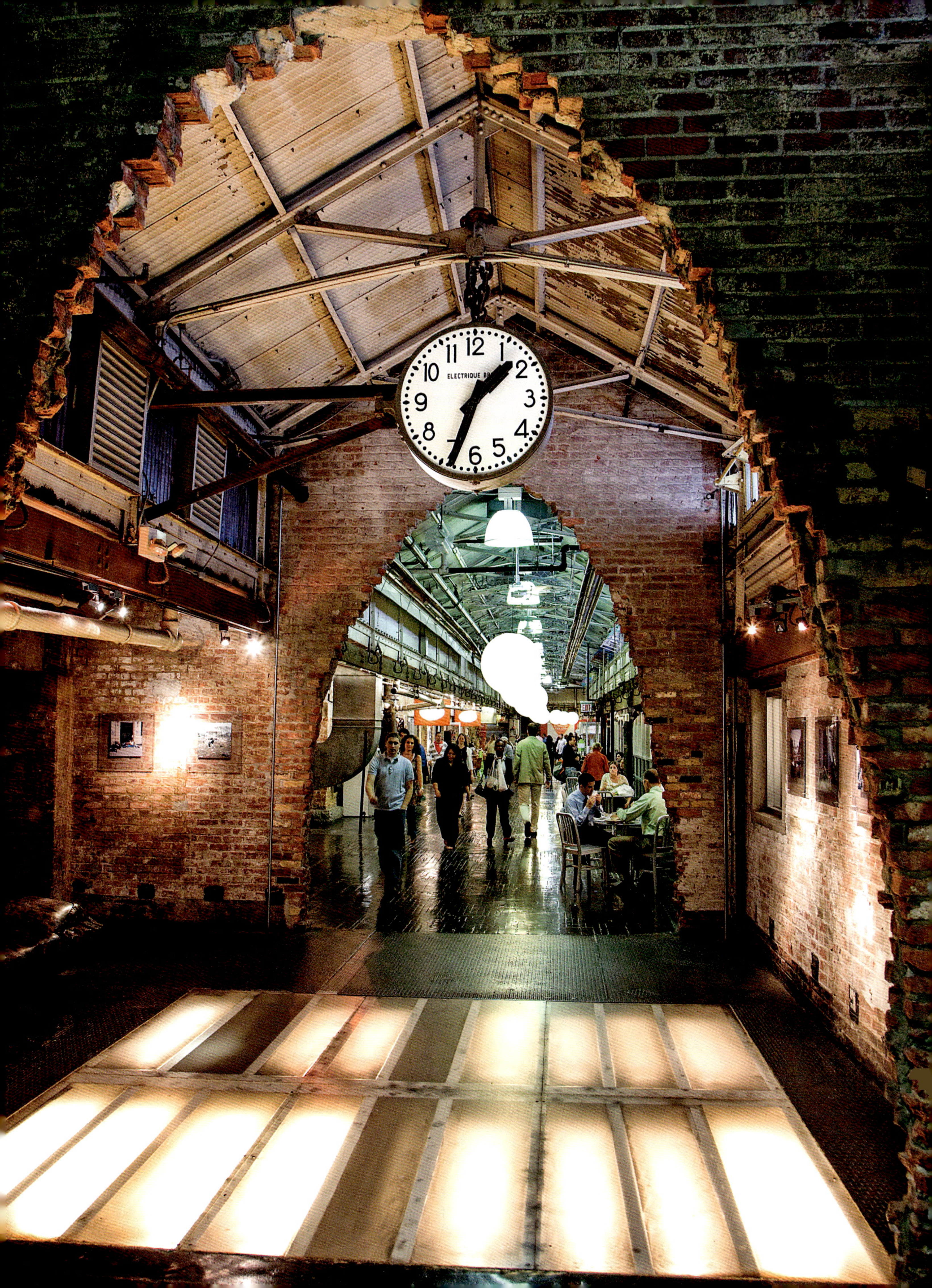
ELECTRIQUE

»Für mich ist New York in erster Linie grau.
Hier dreht sich alles um Stahl.
Aber vor allem wünschen wir uns, dass New York City
auch in Zukunft cool bleibt.«

Hotdog-Stand im Meatpacking District.
Der **Meatpacking District** bei Nacht, kunstvoll beleuchtet.

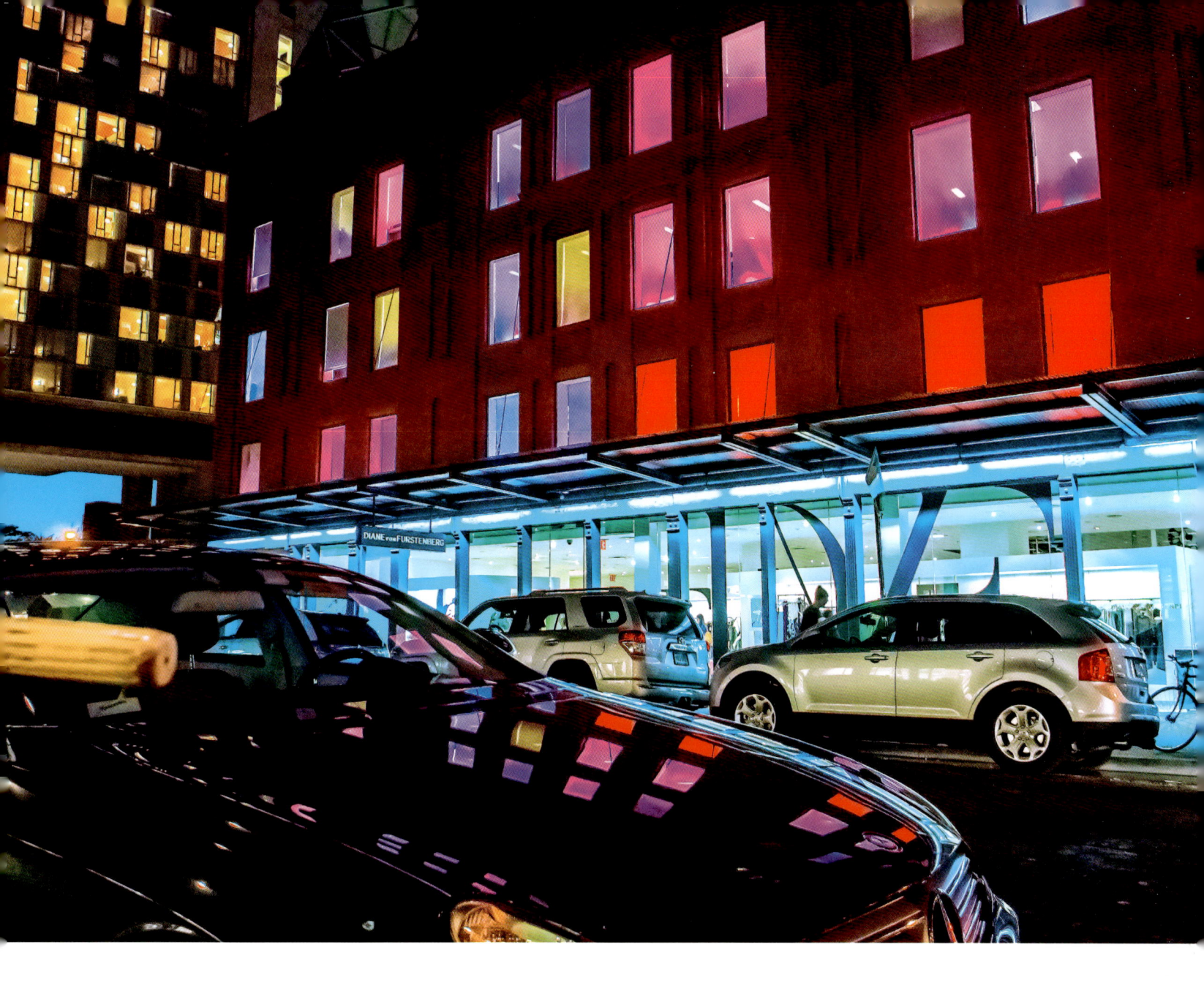

Woodstock und das legendäre Konzert von 1969. Es mischt moderne und alte Möblierung, in jedem Zimmer gibt es einen Plattenspieler mit Original-LPs, Elliott-Landy-Fotografien und klassische Blümchen-Batikarbeiten von Michael De Feo, der zudem auf einer Seite des Hotels eine große Skulptur errichtet hat«, sagt Robert. »Es liegt an der berühmten RT 28 und gehört dem Wall-Street-Händler und Unternehmer Paul Covello, der in Woodstock aufwuchs, und seinem Geschäftspartner David Mazzullo, der als Kind mit der Familie die Ferien in den Catskills verbrachte. Es ist ein ruhiger, romantischer Ort für Sommer wie Winter, um mal aus New York rauszukommen, aber auch ein Haus mit viel Charakter«, ergänzt Cortney.

New York ist eine Stadt der Farben. »Wir beide lieben Farben. Ich liebe alle Farben, muss ich zugeben«, sagt Cortney. »Was mir aber in New York auffiel, ist Schwarz – von den Ramones über Lou Reed bis Joan Jett. Alle trugen sie Schwarz. Sie waren der Grund, weshalb ich als Mädchen von der Kleinstadt in Georgia nach New York ziehen wollte.«

»Für mich ist New York in erster Linie grau«, sagt Robert. »Hier dreht sich alles um Stahl. Aber vor allem wünschen wir uns, dass New York City auch in Zukunft cool bleibt.«

YOKO ONO
Das »Gedächtnis« der Stadt

Sie ist bekannt für ihre Arbeit als Avantgardekünstlerin, Musikern und Filmemacherin. Sie war die Muse von John Lennon und vielen anderen Künstlern ihrer Generation. Noch heute ist sie eine weltberühmte Multimediakünstlerin, Sängerin und Friedensaktivistin. Yoko Ono hat in New York Geschichte geschrieben.

»Als ich New York das erste Mal sah, war ich etwa fünf Jahre alt«, sagt sie. Wir lebten damals in San Francisco und kamen zur Weltausstellung nach New York.« Geboren wurde sie in Tokio als Tochter eines Bankiers, der einer langen Ahnenreihe von Samurais entstammte, und einer klassischen Pianistin. Die Kanji-Übersetzung ihres Namens Yoko lautet »Kind des Ozeans«. Ihr Vater wurde zwei Wochen vor ihrer Geburt nach Kalifornien versetzt, die Familie folgte ihm bald darauf. Bereits mit vier Jahren nahm sie Klavierunterricht.

Nach ihrer Rückkehr nach Japan 1937 besuchte sie die Gakushuin-Schule, damals eine der exklusivsten in Japan. Bald aber kam die Familie wieder nach Amerika. 1940 zogen sie nach New York City, im Jahr darauf wieder nach Japan, wo sie die verheerenden Luftangriffe von 1945 erlebten. Sie fanden Zuflucht in einem speziellen Bunker; später floh Yoko mit einigen Familienmitgliedern in den Gebirgskurort Karuizawa, wo sie der Legende nach um Essen betteln mussten. Ihr Vater soll unterdessen in einem Kriegsgefangenenlager in Asien gewesen sein. Während dieser Zeit erfuhr sie, was es heißt, ums Überleben kämpfen zu müssen und ein Außenseiter zu sein.

1946 besuchte sie wieder die Gakushuin-Schule nahe dem Kaiserpalast, wo der spätere japanische Kaiser Prinz Akihito ihr Klassenkamerad war. Nach dem Abschluss wurde sie 1951 als erste Frau zur Philosophiefakultät an der Gakushuin-Universität zugelassen, die sie jedoch schon nach zwei Semestern wieder verließ. Ihre Familie zog nach dem Krieg zunächst ohne sie nach Scarsdale bei New York; sie folgte ihr nach einer Weile.

> Der Trubel in der Stadt gefällt mir einfach. Er versorgt das Bewusstsein mit Energie.

»Das erste Hotel, in dem wir abstiegen, war das Riverside im Norden, abseits vom Broadway. Es existiert heute nicht mehr. Alles hat sich verändert. Aber damals konnte ich auf der New-Jersey-Seite meines Hotelzimmers die Zeit in Neon ablesen. Manche Dinge sind also nicht so fern«, erinnert sie sich.

New York hat sie als Künstlerin auf verschiedene Weise inspiriert. »Von den 1920er- bis in die 1950er-Jahre war die Kunstwelt stark beeinflusst von fernöstlicher Kunst, nicht umgekehrt. Es gibt darüber ein paar Bücher von westlichen Kritikern in den USA und Europa, falls Sie sie lesen möchten«, sagt sie.

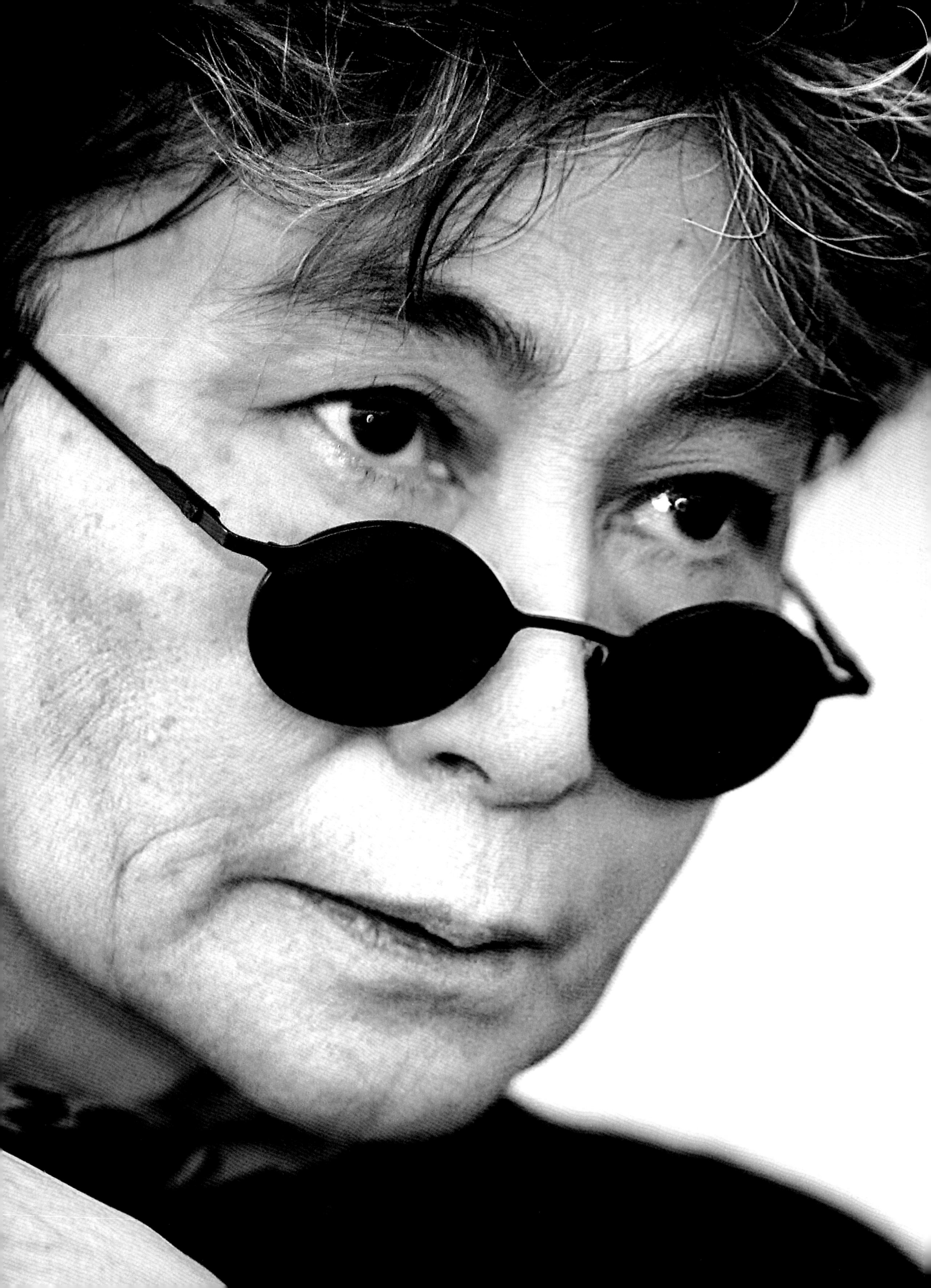

Die romantische **Bow Bridge** im Central Park.
Der **Central Park** im Herbst.

»Alles, überall, alle Menschen sind interessant. Weshalb sie, mich eingeschlossen, in dieser geistig und körperlich verschmutzten Stadt bleiben, ist mir ein Rätsel.«

Obwohl ihre Eltern nicht immer damit einverstanden waren, mischte sich Yoko als Studentin am Sarah Lawrence College unter Künstler und Dichter, die das Leben der Bohemians führten. Sie beteiligte sich an Happenings, besuchte viele Galerien und wollte ihrer eigenen Kunst Öffentlichkeit verschaffen, weshalb sie ihr Loft in der Chambers Street in Tribeca zum Raum für Performances gestaltete. Ihre Vorliebe für Experimente ging so weit, dass sie während einer Performance sogar ein Gemälde anzündete. Nach vielen privaten Abenteuern gelang ihr der Eintritt in die New Yorker Künstlerszene und die Fluxus-Gruppe. Zu ihrem New Yorker Freundeskreis zählten neben vielen anderen Dan Richter, Jonas Mekas, Merce Cunningham, Fred DeAsis, Peggy Guggenheim, Keith Haring und Andy Warhol.

Noch heute hat sie ein sehr feines Gespür für New York. »Der Trubel in der Stadt gefällt mir einfach. Er versorgt das Bewusstsein mit Energie«, sagt sie, möchte sich aber nicht auf Lieblingsorte festlegen: »Alles, überall, alle Menschen sind interessant. Weshalb sie in dieser geistig und körperlich verschmutzten Stadt bleiben, ist mir ein Rätsel.«

Ihr New York ist sehr speziell und magisch, wie das Meisterwerk eines großen Malers. Ihre Farben für die Stadt? »Dunkelgraue Häuser, erstaunlich schöner blauer Himmel«, sagt sie. Müsste sie ein

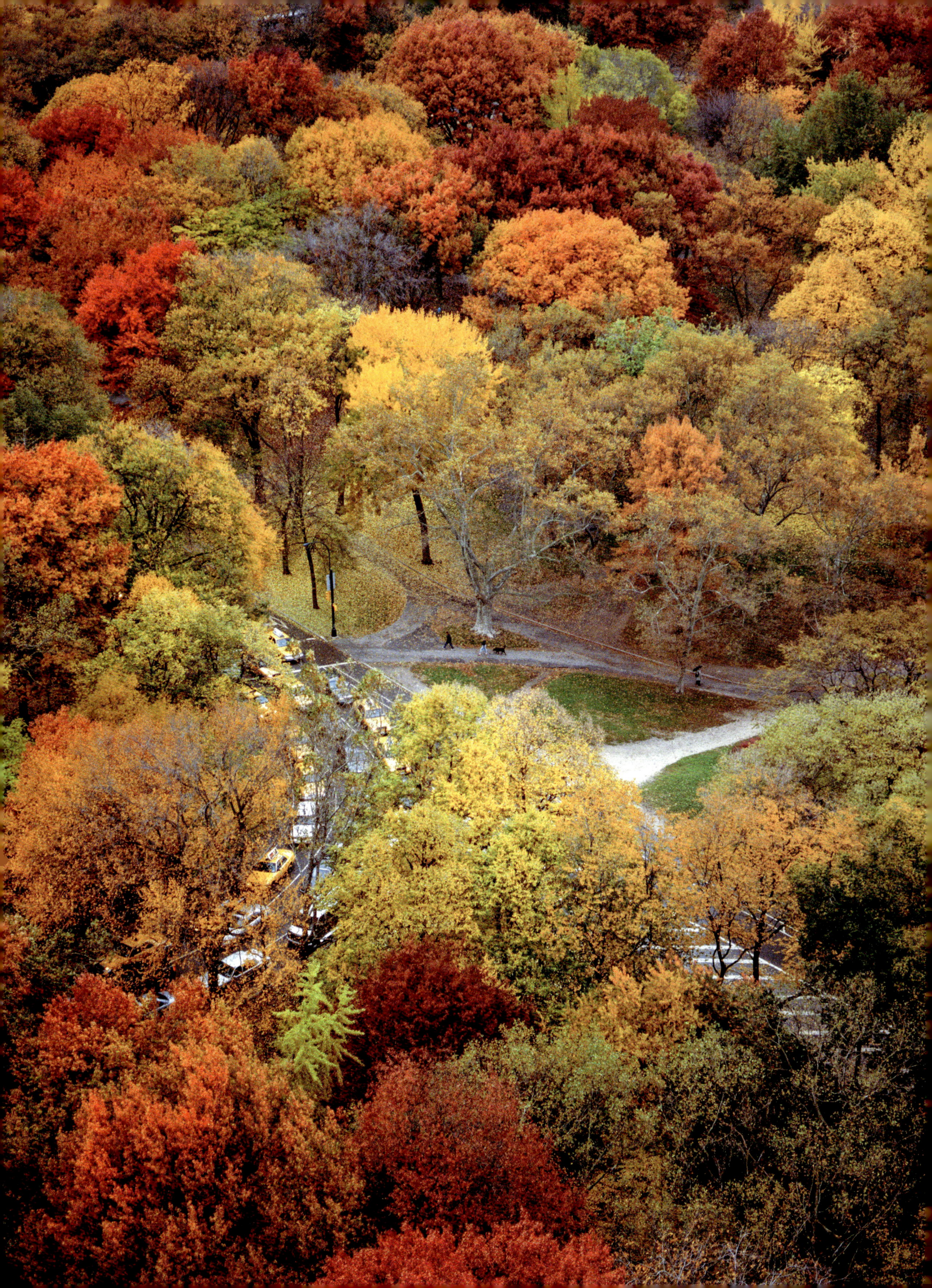

»Ich suche stets nach Möglichkeiten, eine Idee zu verbreiten, die die Welt verbessern wird. Ich dachte, einen Friedensgarten zu errichten, in dem Bäume und Kieselsteine aus aller Herren Länder zusammen existieren, wäre eine Aussage. Und der IMAGINE CIRCLE!«

Musikstück für New York wählen, wäre es »meine Eigenkomposition *Dogtown*«.

Yoko Ono lernte John Lennon 1966 bei einer Ausstellung ihrer Kunst in London kennen, als er noch bei den Beatles war. 1968 wurden sie offiziell ein Paar und arbeiteten gemeinsam an Projekten. Ihre Flitterwochen nutzten sie als Bühne für öffentliche Proteste gegen den Vietnamkrieg und für den Frieden. Berühmt wurden ihre Bed-Ins for Peace in Amsterdam und Montreal 1969. Auch Lennons Musik war stark von Yoko beeinflusst. Unter anderem schrieb sie gemeinsam mit ihm *Give Peace A Chance* und das experimentelle Stück *Revolution #9*. New York diente dabei als große Inspirationsquelle für ihre Kunst. Nach der Trennung der Beatles lebten Ono und Lennon in London und später in New York zusammen.

Und so erinnert sie sich an eine Zeit der Liebe, als sie mit John Lennon hierherkam. »Man hätte uns nie erlaubt, wieder einzureisen, wegen der Immigrationsprobleme, die wir damals mit der US-Regierung hatten. Wir wollten uns rehabilitieren, um wieder einreisen zu können. John und ich liebten die Stadt, und wenn wir das nicht geschafft hätten, wären wir auf jeden Fall hin und

Das Dakota Building
In diesem Haus mit Blick auf den Central Park lebte John Lennon mit Yoko Ono (die noch heute dort wohnt).

Imagine Circle
Das nach Lennons legendärem Song benannte Mosaik findet sich im Strawberry Fields Memorial im Central Park, das Yoko Ono ihrem Ehemann widmete.

»Liebe, Liebe, Liebe von einer, die immer noch
verliebt ist in den Planeten Erde.«

wieder hergekommen«, sagt sie über ihr tiefes »Bedürfnis«, hier zu sein.

Auf der Suche nach einer Wohnung entschieden sie sich für das schöne Dakota Building mit direktem Blick auf den Central Park. »Jack Palance, der damals in meinem Film *Imagine* spielte, erzählte mir vom Dakota – ich solle es mir ansehen, weil es John und mir gefallen würde. Da lag er richtig.«

Wie viele Künstler führten die beiden ein turbulentes Leben, aber selbst in Zeiten der Trennung blieben sie einander nahe. Bis John Lennon schließlich im Dezember 1980 vor dem Dakota Building von Mark David Chapman, einem geistig verwirrten Fan, der ihn schon monatelang verfolgt hatte, erschossen wurde. Damals arbeiteten sie im Studio an *Walking On Thin Ice (For John)*, und John wollte vor dem Abendessen kurz nach seinem Sohn sehen, bevor er zu Bett gebracht wurde. Die Single erschien wenige Wochen später.

Nach Lennons Tod hatte Yoko Ono einige kommerzielle Erfolge mit ihrer Kunst und Musik. Anerkennung fand ihr künstlerisches Werk durch eine Ausstellung im Whitney Museum 1989 und viele Retrospektiven in aller Welt, etwa 2001 in der New Yorker Japan Society.

Seit Lennons Tod bemüht sich Ono um die Pflege seiner künstlerischen Hinterlassenschaft. Sie finanzierte und unterhält Strawberry Fields in New York und den Imagine Peace Tower in Island. Als Botschafterin für Kunst und Frieden ist sie weltweit aktiv. Aus ihrer Ehe mit dem Jazzmusiker, Filmproduzenten und Kunstförderer Anthony Cox hat sie eine Tochter, mit John Lennon den Sohn Sean Taro Ono Lennon, der ebenfalls Musiker ist.

Was das Strawberry Fields Memorial zum Ge-

Märchenlandschaft
Bei starkem Schneefall verwandelt sich der Central Park in eine zauberhafte, skandinavisch anmutende Landschaft für New Yorker und Touristen.

Imagine Peace von Yoko Ono am **Times Square**.

denken an Lennon angeht, folgte sie einfach ihrem Herzen, ihrer Leidenschaft und Liebe, wie sie das immer schon tut. »Ich suche stets nach Möglichkeiten, eine Idee zu verbreiten, die die Welt verbessern wird. Ich dachte, einen Friedensgarten zu errichten, in dem Bäume und Kieselsteine aus aller Herren Länder zusammen existieren, wäre eine Aussage. Und der Imagine Circle! Man kann sich nicht vorstellen, auf wie viel Widerstand von mächtigen Leuten ich damit stieß«, erzählt sie.

Strawberry Fields, ein dreieckiger Bereich im Central Park gegenüber dem Dakota Building, ist nach John Lennons Song *Strawberry Fields Forever* benannt, wurde vom leitenden Landschaftsarchitekten des Central Park, Bruce Kelly, gestaltet und zu Lennons 45. Geburtstag am 9. Oktober 1985 von Yoko Ono und dem damaligen New Yorker Bürgermeister Ed Koch eingeweiht. Der Eingang liegt zwischen der 72. Straße West und Central Park West; zentraler Bestandteil ist ein rundes Bodenmosaik mit dem Wort »Imagine« in der Mitte. Lennon-Fans und Touristen schmücken es oft mit Blumen, Kerzen und anderen Dingen. An Lennons Geburtstag und Todestag werden dort zu seinem Gedenken Lieder gesungen.

Yoko ist bis heute künstlerisch sehr aktiv. Eines ihrer beliebtesten Werke in New York ist *Wish Tree* (seit 1981), eine Installation mit einem Baum, der an Ort und Stelle wuchs. »Make

Imagine Peace
Ausschnitte aus Yoko Onos Multimediaprojekt werden am 21. September, dem internationalen Peace Day, auf riesengroßen Leuchtbildschirmen am Times Square gezeigt.

IMAGINE PEACE

love, yoko

GEORGE
· M ·
COHAN
1878-1942

Skulpturengarten und Eingangshalle des **MoMA**.

> »New Yorker Künstler sind super intelligent, cool und funky. Wir sind auch schon einen Schritt voraus in der Schaffung einer ›schönen neuen Welt‹.«

a wish / Write it down on a piece of paper / Fold it and tie it around a branch of a Wish Tree / Ask your friends to do the same / Keep wishing / Until the branches are covered with wishes«, lautet die Anleitung zu ihrem Wish Piece von 1996 (»Wünsch dir was / Schreib es auf ein Stück Papier / Falte es und binde es an einen Zweig des Wunschbaums / Bitte deine Freunde, es dir nachzutun / Wünscht weiter / Bis die Zweige voller Wünsche sind«). Ihre Installation Wish Tree mit Beiträgen aus aller Welt findet sich seit 2010 im Skulpturengarten des Museum of Modern Art. Nach mehreren erfolgreichen Alben veröffentlichte Yoko 2014 die Remix-Single *Angel* und erreichte Platz eins der US-Dance-Charts.

Wie sieht sie als Künstlerin New Yorks weitere Entwicklung? »New Yorker Künstler sind super intelligent, cool und funky. Wir sind auch schon einen Schritt voraus in der Schaffung einer ›schönen neuen Welt‹, wie sie Aldous und Laura Huxley sich vorgestellt haben und wie sie ist«, sagt sie. Ihre Grußbotschaft an uns: »Liebe, Liebe, Liebe von einer, die immer noch verliebt ist in den Planeten Erde. Yoko.«

Das MoMA

Das Museum of Modern Art entstand nach Plänen des japanischen Architekten Yoshio Taniguchi. Im Garten des Museums steht der Wish Tree, eine Installation von Yoko Ono.

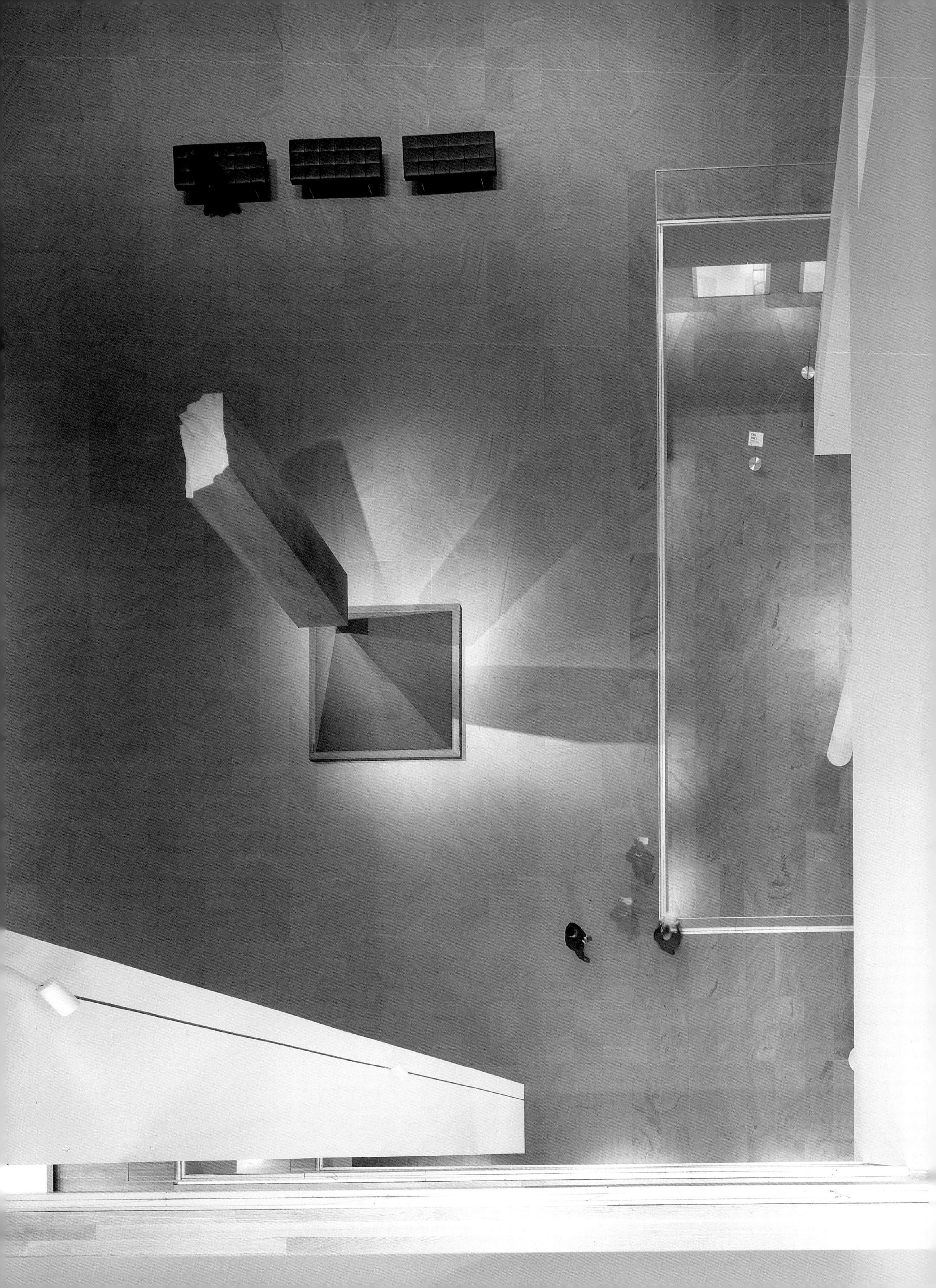

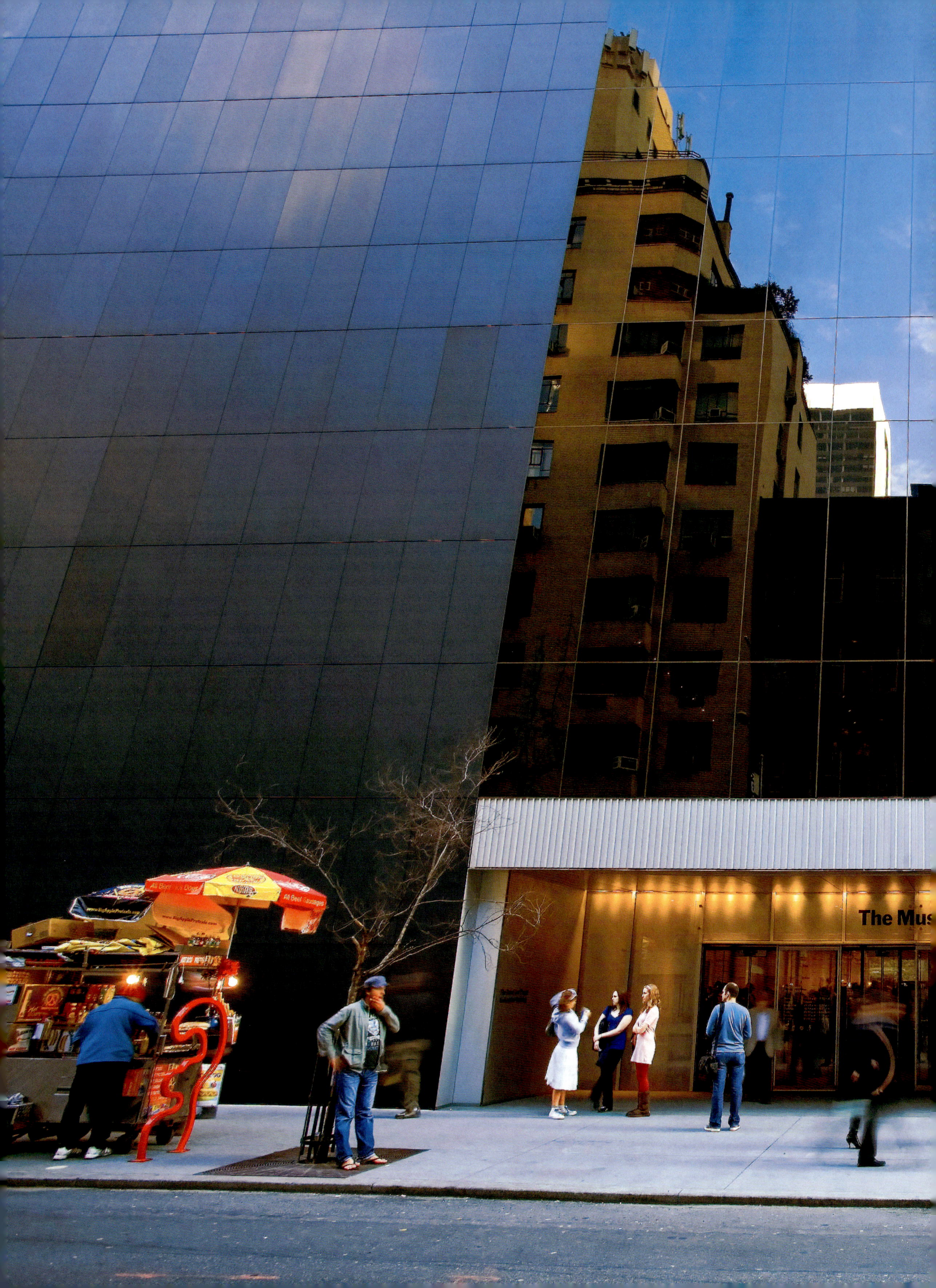
The Mus

of Modern Art

AL PACINO
Die »Legende« der Stadt

Er ist eine lebende Legende. Al Pacino ist einer der talentiertesten und herausragendsten Charakterdarsteller der Kinogeschichte. Sein Ausdruck, seine Sprechweise, seine Improvisationskunst, seine Körpersprache, als wäre das seine ureigene Sprache, entfalten eine Magie, die einen noch mehr fesselt als die tausend Lichter der Stadt. Al Pacino, der jobbedingt auch nach Los Angeles zog, in Manhattan jedoch ein Apartment behielt, ist ein echter New Yorker. Eine der Persönlichkeiten, die zugeben, die Stadt im Blut und in der Seele zu tragen, selbst wenn sie weit entfernt sind, wie die Erinnerung an seine Kindheit, seine Jugend und die Zeit, als er zu dem Star wurde, der er heute ist. Und er erinnert sich an New York, wie es einst war. Hart, schön und real.

»Ich wurde in Manhattan geboren und wuchs in East Harlem auf«, erzählt er. »Als sich meine Eltern nach dem Krieg trennten, war mein Vater noch in der Armee und arbeitete später als Vertreter. Meine Mutter und ich zogen zu ihren Eltern in der South Bronx. Mein Großvater war einst aus Corleone in Sizilien eingewandert. Wir wohnten alle gemeinsam in einem Dreizimmerapartment. Die Beziehung zu meinem Großvater war eine der wichtigsten in meinem Leben.«

Seine Liebe zur Schauspielerei war von Anfang an da. »Ich war ein Einzelkind und hatte viel Fantasie. Es machte mir immer Spaß, Geschichten zu erfinden. Das half mir gegen meine Einsamkeit«, sagt er. »Aber das Geschichtenerzählen liegt in der Familie. Bei schönem Wetter saß ich mit meinem Großvater auf dem Dach unserer Mietskaserne, und er erzählte mir von seiner harten Jugend in New York. Er sprach einfach gerne mit mir, und ich hörte gerne zu.«

Al Pacino hatte eine besondere Weise, die Stadt um sich zu entdecken. »Während ich den Geschichten meines Großvaters lauschte, hörte ich zugleich New York, vom Dach aus. All die Stimmen und Geräusche, die von der Straße raufkamen: Polen, Italiener, Juden, Deutsche, Iren und Latinos. Dieser unglaubliche Schmelztiegel, von da komme ich her. Ich empfand das immer wie ein Theaterstück von Eugene O'Neill. Das war damals für mich New York. Jetzt, da ich nun mal prominent und deswegen seit Jahren nicht mehr U-Bahn gefahren bin und in einem Deli gegessen habe, fehlt mir das manchmal, aber ich weiß, dass es in mir ist und immer sein wird.«

All seine Erinnerungen an den Ort, an dem er aufwuchs und berühmt wurde, sind nach wie vor da. Sie leben in seinem Herzen, als wär's erst gestern gewesen. Und in seinen Worten kann man ein altes New York entdecken, das kaum noch existiert. »Was ich als Kind auch

> Ich habe meine eigene Spielweise ... Ich versuche eher, zu den Worten zu finden, sie zu einem Teil von mir zu machen. In dieser Hinsicht bin ich wirklich unberechenbar, so wie New York.

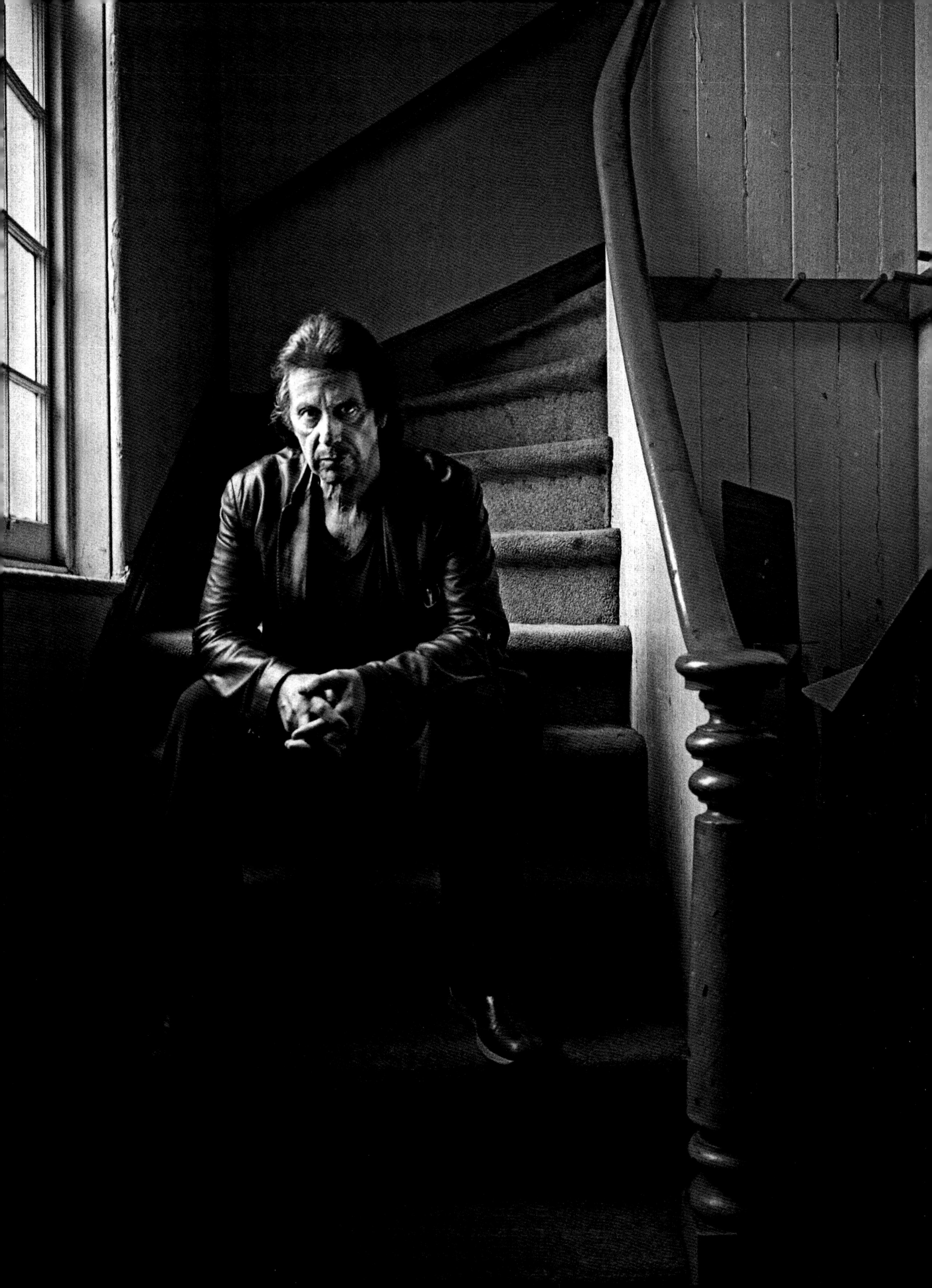

Reklametafeln, Taxi- und Neonlichter am **Times Square**.

gerne machte, war, auf den Mietshäusern von Dach zu Dach springen. Ich durfte nicht raus, und das war hart, aber auch ein großer Spaß. Es gibt ein ganz eigenes Leben über den Dächern von New York. Ein anderer meiner Lieblingsplätze waren die Dutchies, ein sumpfiges Labyrinth am Bronx River, wo sich die Kinder im hohen Schilfgras versteckten.«

Als er bereits den Drang zur Schauspielerei in sich spürte wie das Feuer des Wissens, brachte ihn seine Mutter zum Theater. »Meine Mutter Rose hatte eine besondere Neigung zum Theater, die sie mir weitergab. Einmal nahm sie mich mit in Tennessee Williams' *Die Katze auf dem heißen Blechdach* am Broadway, ein Stück, das sie liebte und das mich ungemein inspirierte. Um uns durchzubringen, hatte sie viele Jobs, auch als Platzanweiserin im Kino. Als ich drei war, nahm sie mich häufiger ins Kino mit. Manchmal gingen wir auch ins Kino, wenn sie von der Arbeit kam. Das wurde eine Art feste Verabredung für uns. Am nächsten Tag spielte ich dann alle Rollen nach! Ich denke, so ging's bei mir los. Anfangs spielte ich nur vor meiner Großfamilie.«

Das Straßenleben von New York, bis heute ein wichtiges Element der Stadt, prägte ihn in seiner Jugend stark. »In den 1940er- und 1950er-Jahren flüchteten die Leute in New York aus ihren kleinen Wohnungen und hingen auf der Straße rum, im Licht der Straßenlaternen, würfelten, pokerten oder trafen sich einfach zum

Neujahrsfeiern
Zur Feier des neuen Jahres wird seit 1907 vor einer großen Menschenmenge ein Neujahrs-Zeitball an die Spitze eines Masts auf dem One Times Square Building gezogen und dann heruntergelassen.

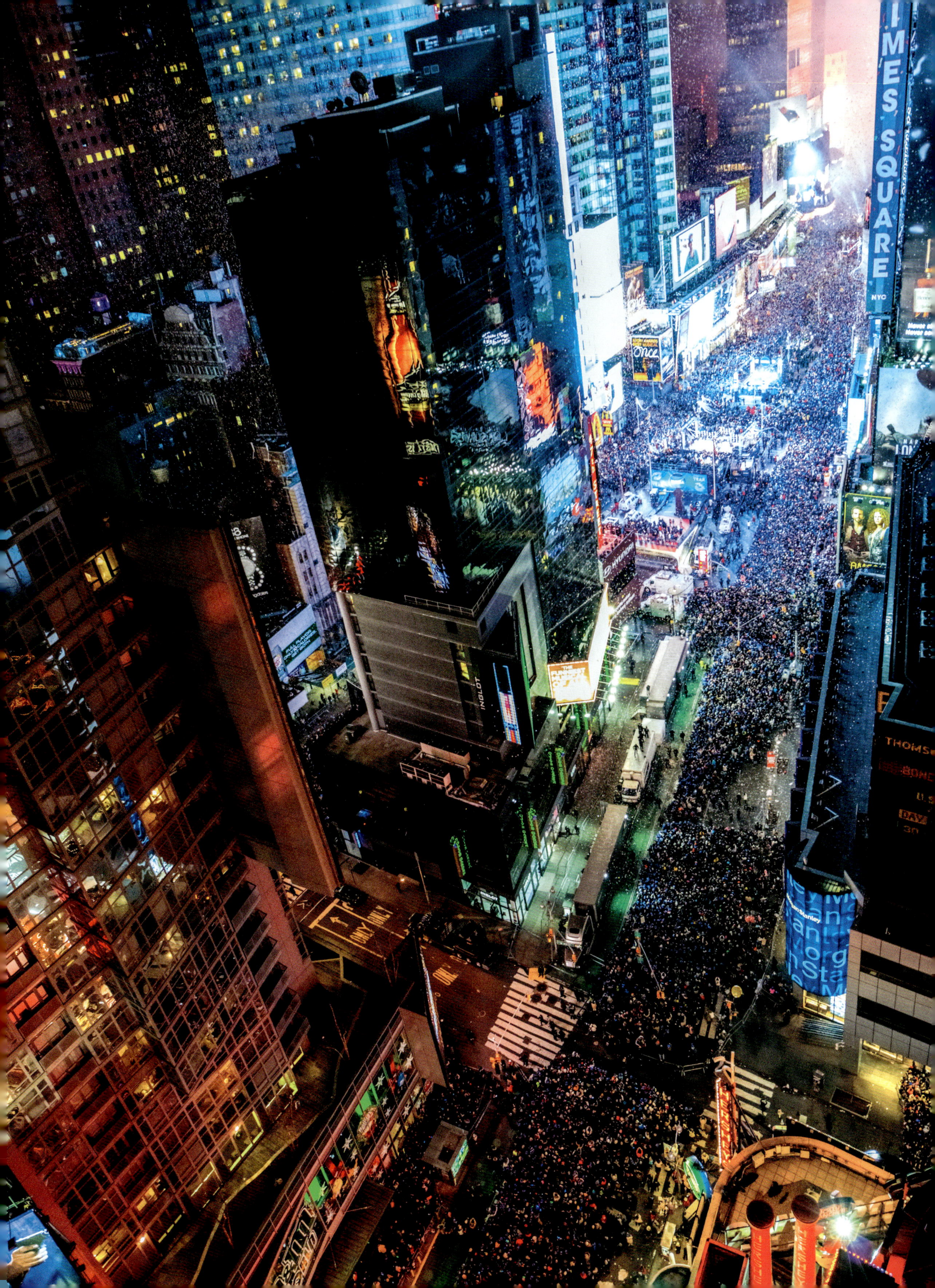
TIMES SQUARE
NYC
Once
INGLOT
ONLY
Morgan Stanley

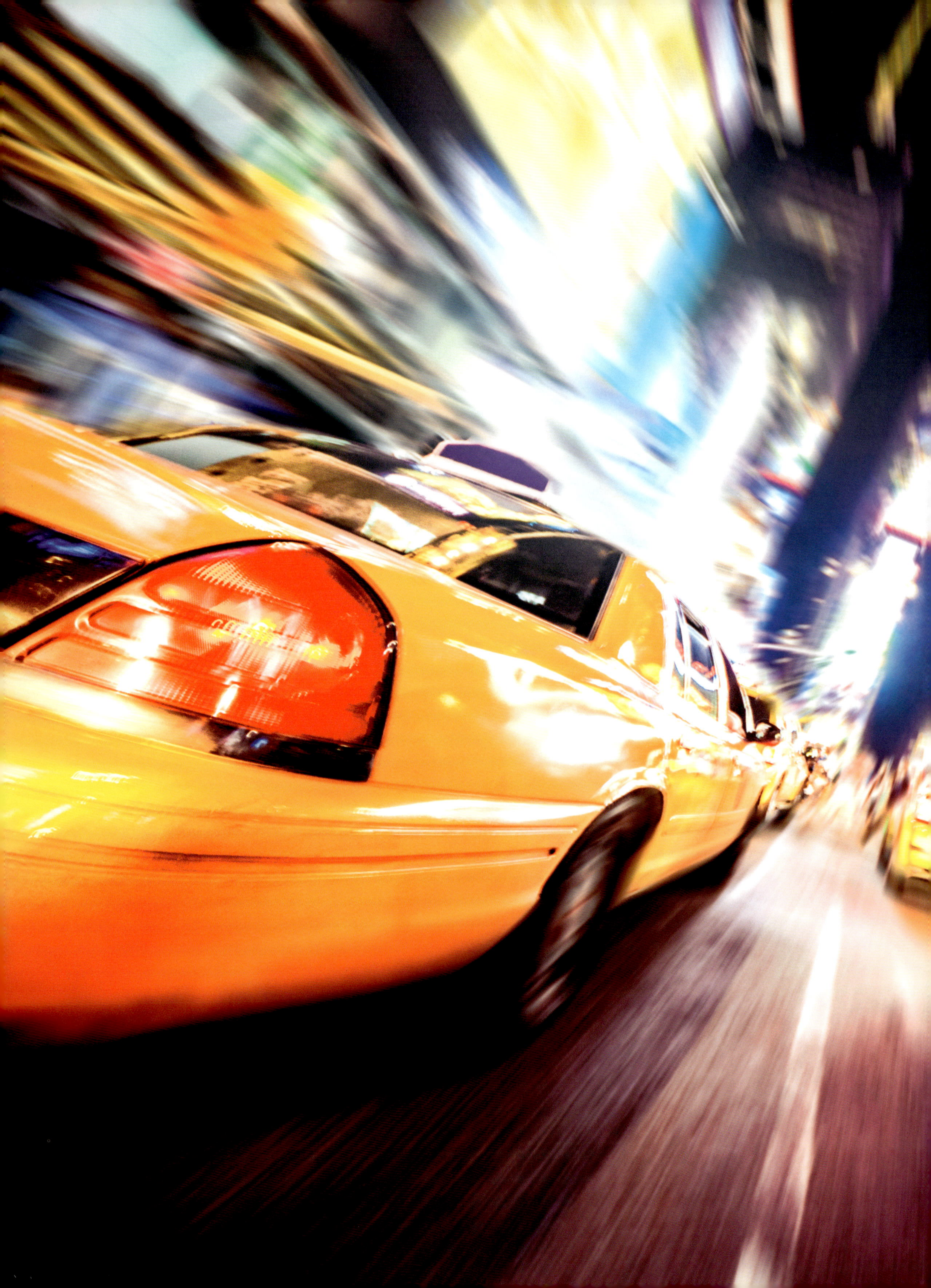

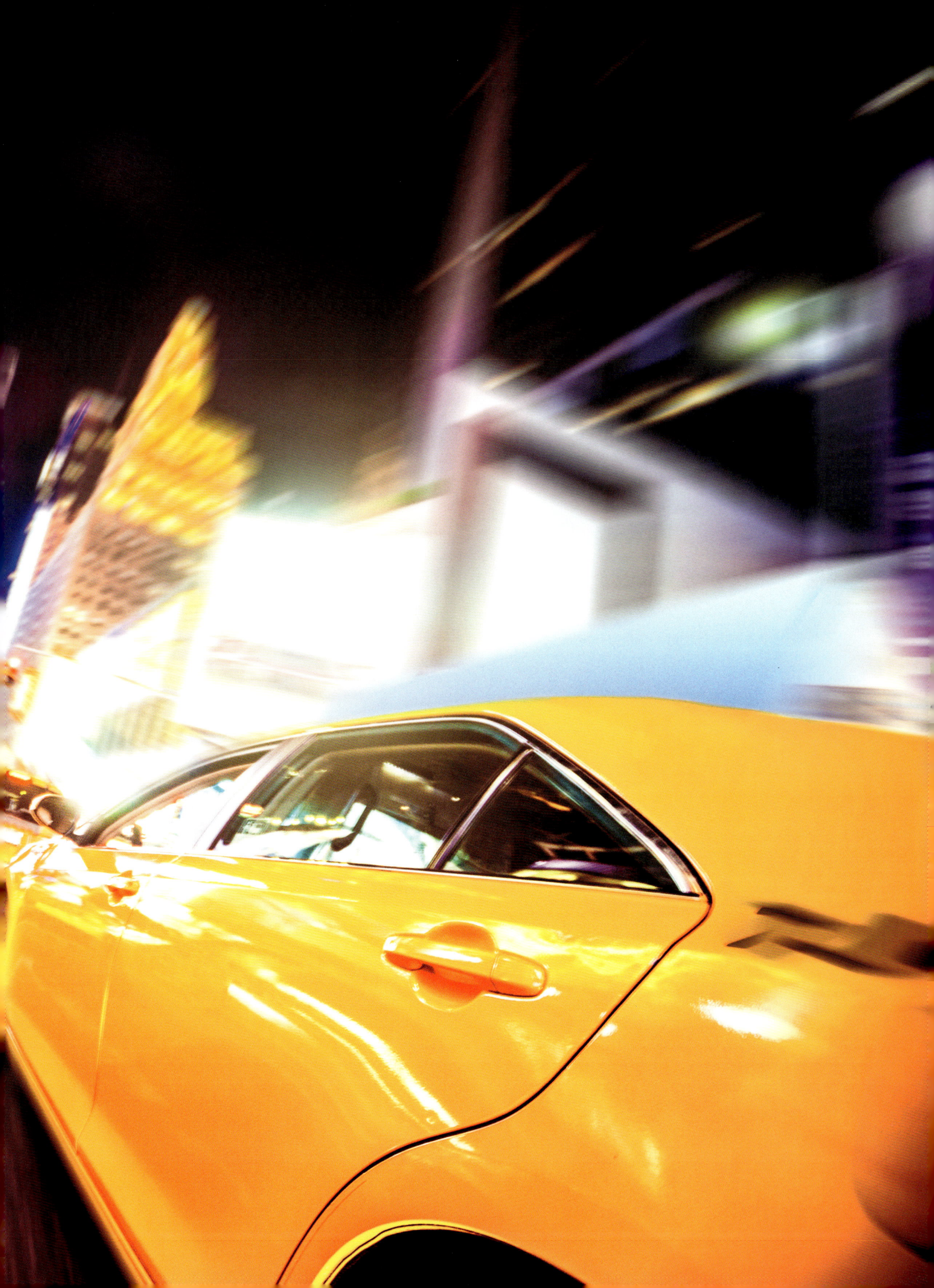

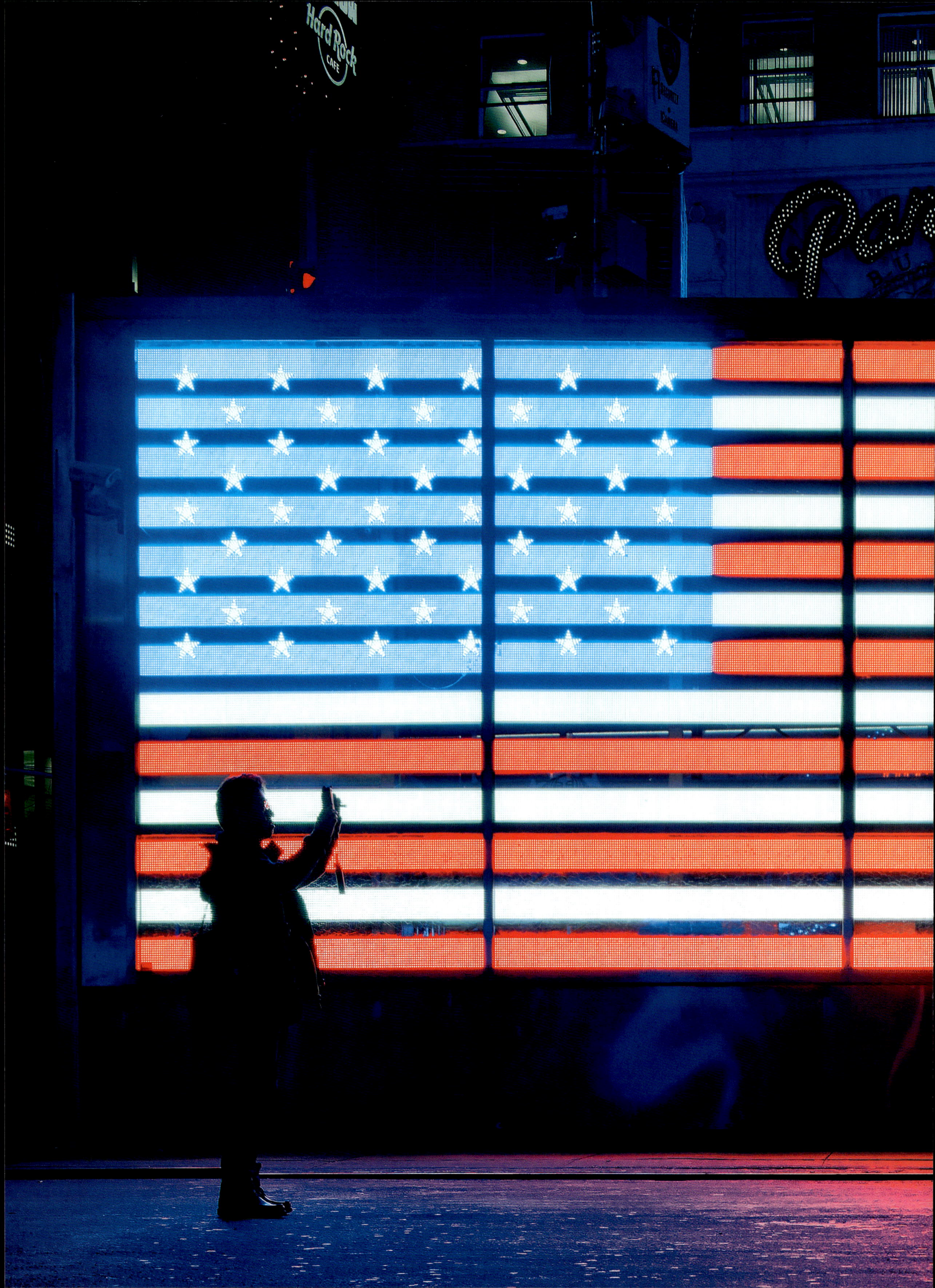
Hard Rock
CAFE

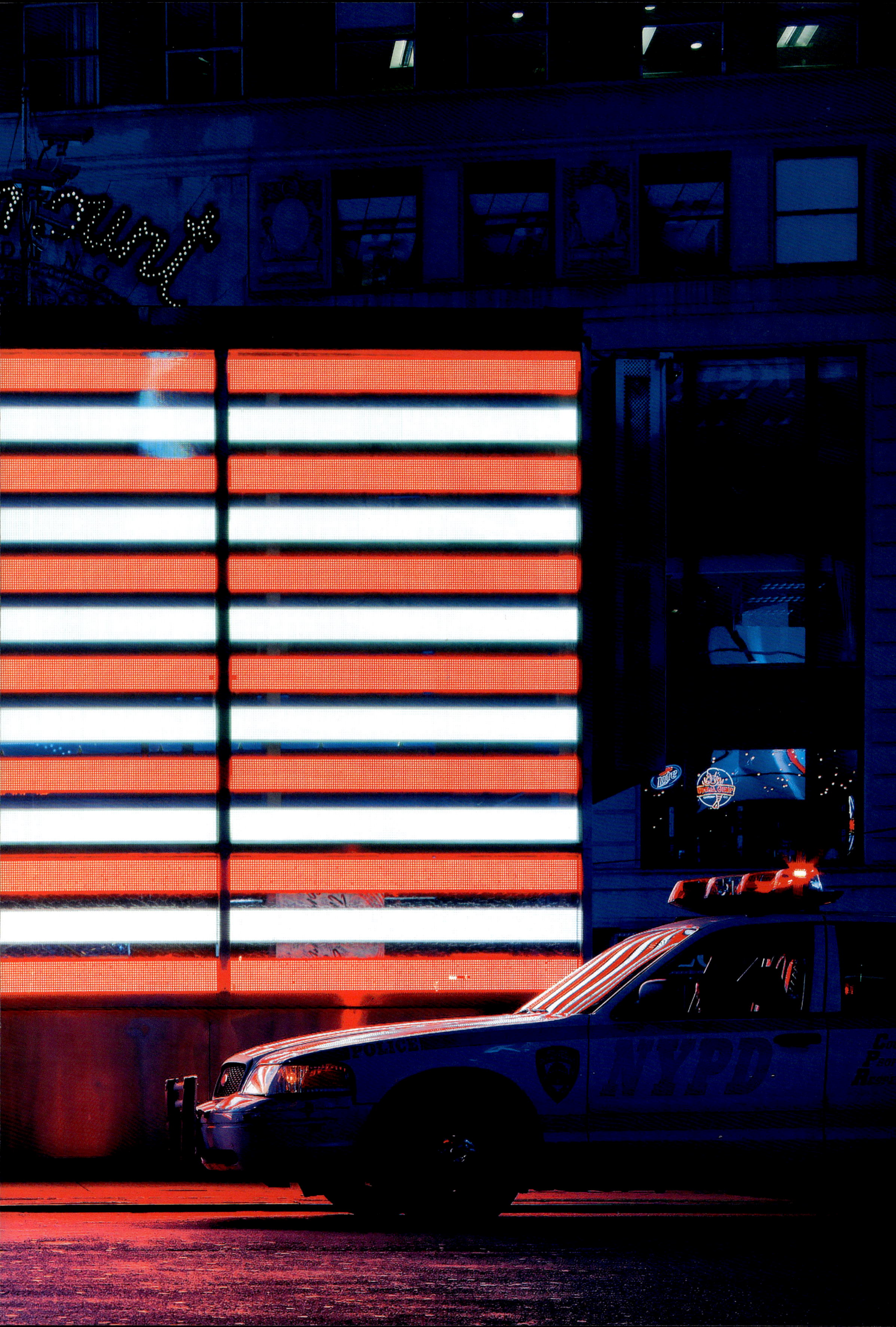

POLICE
NYPD

Historische Gebäude am Washington Square Park.

Quatschen. Ich hingegen spielte Theater und fragte andere, ob sie mitspielen wollten, um Freunde zu finden«, erzählt er. »Nach den Typen, die ich damals auf den New Yorker Straßen traf, vor allem von Gangs, empfand ich viele meiner denkwürdigen Rollen. Ich amüsierte mich großartig, außerdem war es inspirierend und ein toller Einstieg in meinen Beruf.«

Er hatte ein enges Verhältnis zu seinen Lehrern, die seine Begabung sofort erkannten. »In der Schule ging ich auch zur Dramagruppe, da hatte ich einen wunderbaren Lehrer. Ich liebe Lehrer, einige von ihnen wurden schließlich meine Mentoren. Einer besuchte meine Großmutter in unserer Wohnung und setzte sich mit ihr zusammen, um sie zu überzeugen, mich zur Schauspielerei zu ermutigen. Wir hatten nicht viel Geld, und Schauspieler war für meine Familie ein ziemlich exotischer Beruf.«

Der Weg war nicht leicht, aber Pacinos Wille, im Theater den Durchbruch zu schaffen und aufzutreten, war stärker als alles andere. New York hatte zu jener Zeit eine spezielle Aura und bot jungen Schauspielern eine Art »Schule des Lebens«. »Ich war fasziniert von dem experimentellen Living Theater der frühen 1960er-Jahre und vom Open Theater. Die Ära der Café-Theater beeindruckte mich.

Washington Square Park
Ein Regenschauer verzaubert den üppig grünen Washington Square Park, der inmitten einer der schönsten Gegenden von Greenwich Village liegt.

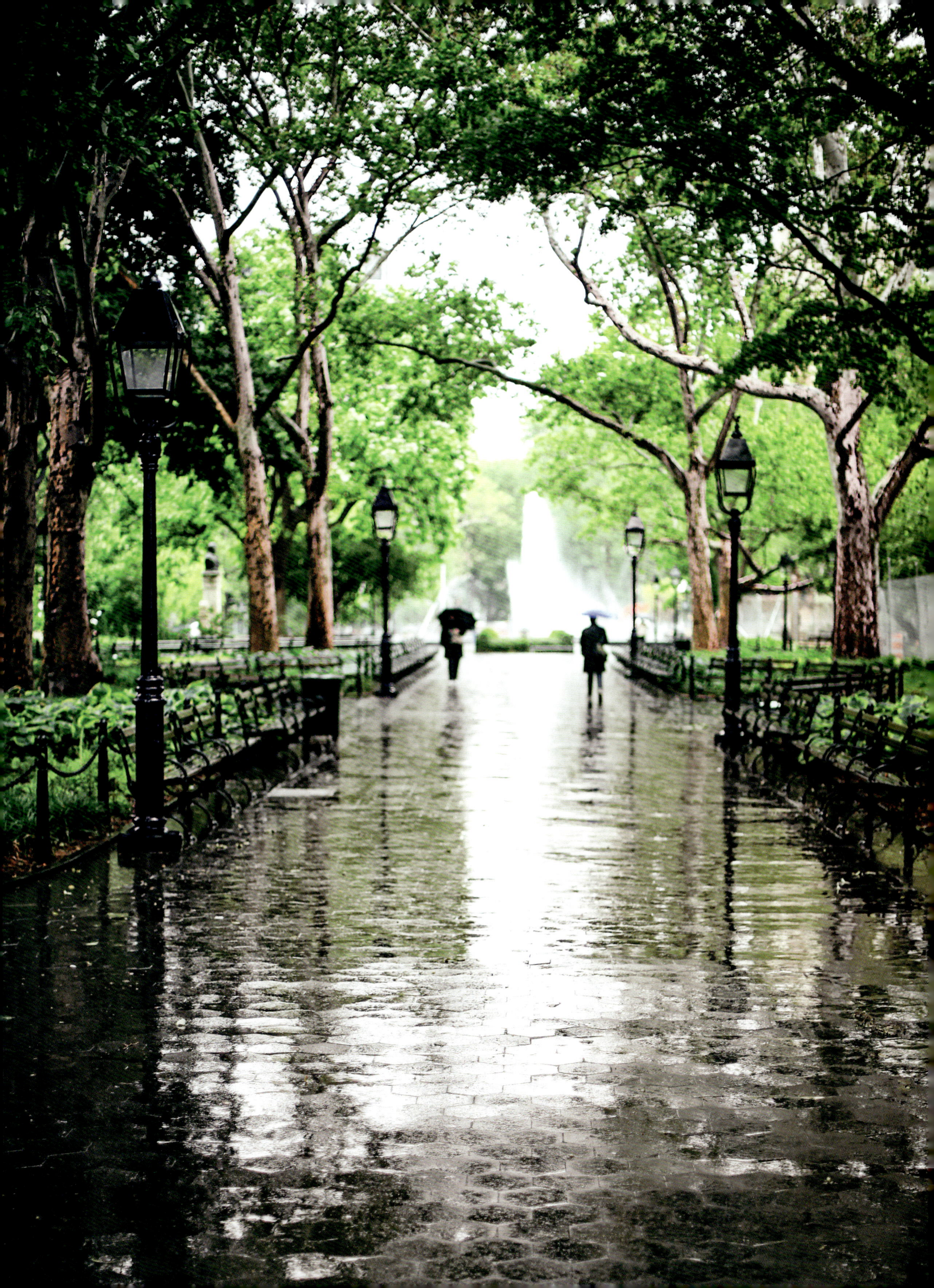

> »Nach den Typen, die ich damals auf den New Yorker Straßen traf, vor allem von Gangs, gestaltete ich viele meiner denkwürdigen Rollen. Ich amüsierte mich großartig, außerdem war es inspirierend und ein toller Einstieg in meinen Beruf.«

Damals konnte man irgendwo im Village in ein Café gehen und wundervolle Stücke sehen, zum Preis von einem Cappuccino oder einem Stück Kuchen. Nach der Aufführung ließen die Darsteller einen Hut rumgehen und sammelten Geld für ihr Essen. Ich spielte bis zu 60-Mal die Woche in Cafés, um mich so durchzuschlagen.«

Aber schon damals war Pacino anders, unterschied sich von allen anderen durch sein besonderes Talent und entwickelte die einzigartigen Figuren, die für immer in die Geschichte des Kinos und der Menschheit eingegangen sind. »Ich habe meine eigene Spielweise. Ich halte nichts davon, Zeilen auswendig zu lernen. So bereite ich meine Rollen nicht vor. Ich versuche eher, zu den Worten zu finden, sie zu einem Teil von mir zu machen. In dieser Hinsicht bin ich wirklich unberechenbar – so wie New York.«

Und in seinen Augen, wie in seinem hinreißenden Lächeln erkennt man von Zeit zu Zeit einige der Charakterrollen wieder, die er in der Stadt gespielt hat. Er ist ein Method Actor, hauptsächlich ausgebildet von Lee Strasberg und Charles Laughton am Actors Studio in New York. Aber in jeder seiner Figuren steckt etwas von ihm selbst, das seine Darstellung unvergesslich und unverwechselbar macht. Vielleicht ist es auch nur seine glaubwürdige Spielweise.

Können wir ihn in *Hundstage* (1975), fast ausschließlich in einem ruhigen Abschnitt des Prospect Park West zwischen der 17th und 18th Street in Brooklyn gedreht, je vergessen? Oder als Michael Corleone in *Der Pate* (1972) und den Fortsetzungen *Der Pate – Teil II* (1974) und *Der Pate – Teil III* (1990), der epischen Saga über Mafia und Gangster in den USA? Oder als unbestechlicher Polizist in *Serpico* (1973), der wahren Lebensgeschichte des New Yorker Polizeibeamten Frank Serpico, der von seinen Kollegen im Stich gelassen wurde, als er illegale Aktivitäten im Department aufdeckte? Oder in *Carlito's Way* (1993), größtenteils in Spanish Harlem gedreht? In *Der Duft der Frauen* (1992), für den er einen Oscar als bester Darsteller erhielt? Wenn man das legendäre Hotel Waldorf Astoria betritt, muss man noch heute unwillkürlich an eine der einprägsamsten Szenen aus *Der Duft der Frauen* denken: Al Pacinos Tango mit einer viel jüngeren Frau im Vanderbilt Room. Es sind unvergessliche Momente, die er zum Leben erweckt, wenn er so gut wie jedes Jahr auf der Broadway-Bühne auftritt. Weil Al nicht einfach die Texte spricht, sondern sie fühlt und mit einer emotionalen Authentizität darbietet, zu der nur ein großer Künstler fähig ist und die er, wie er sagt, jedes Mal und in jedem unberechenbaren Augenblick des Lebens in New York neu entdeckt.

Blick vom **Waldorf Astoria Hotel** über die Park Avenue auf das MetLife Building.

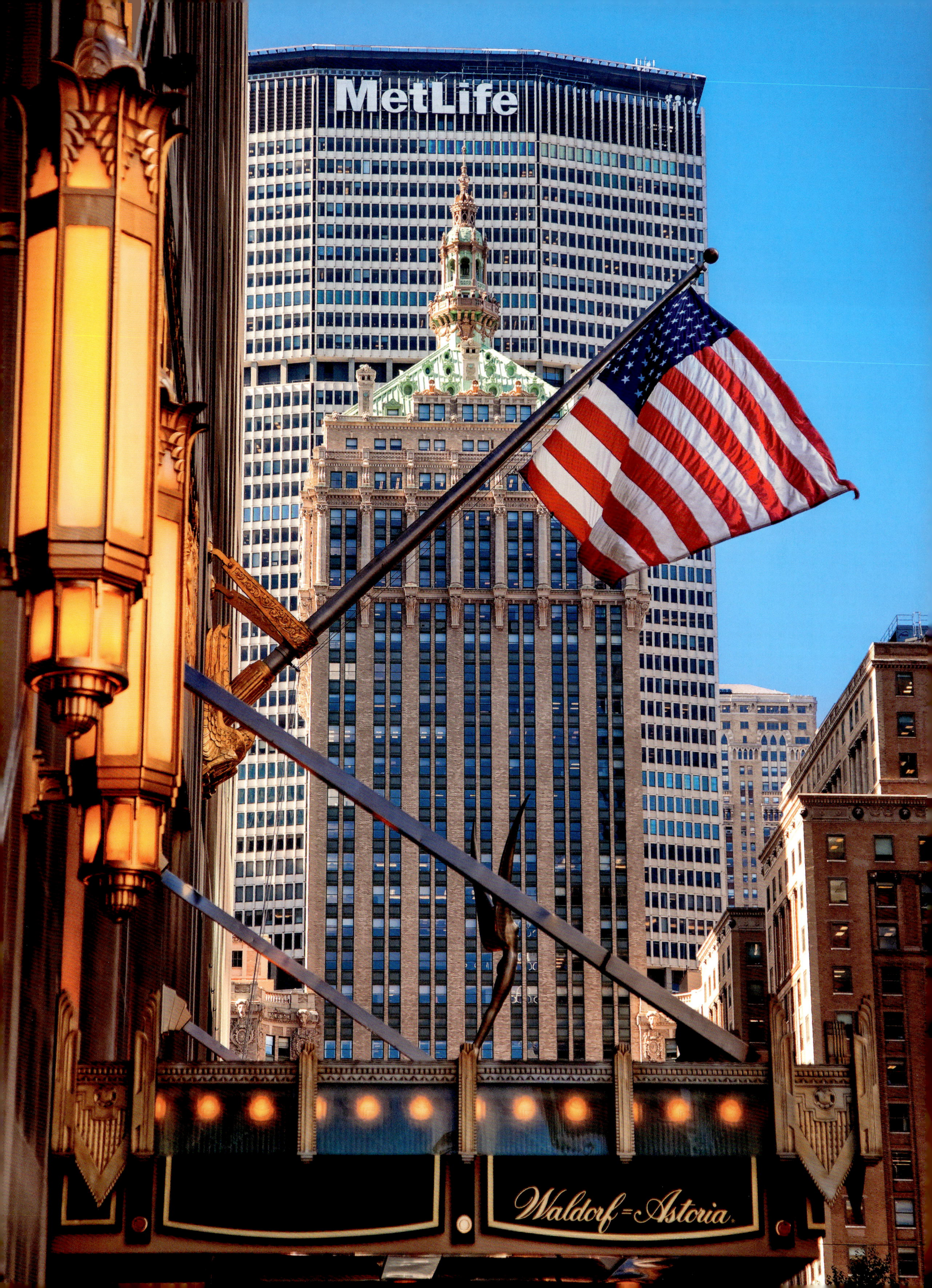
MetLife
Waldorf=Astoria

CATHLEEN SCHINE
Die »Hundeliebhaberin« in der Stadt

Cathleen Schine ist eine der populärsten und beliebtesten Bestsellerautorinnen von New York. Ihr New York ist nicht die Stadt der modischen Blocks, der Villen, schmalen historischen Häuser, des Glamour. Es ist das New York der Stadthäuser, die die Straßen säumen und heute zumeist in Mietwohnungen und Sozialwohnungen aufgeteilt sind. Es ist die Stadt, die sich so teilweise der Gentrifizierung entziehen konnte, in der es sich aufstrebende Musiker, Schauspieler, Sekretärinnen und Fensterputzer immer noch leisten können, zu leben. Manche von ihnen sind erfolgreich, andere werden einfach nur alt. Hier gibt es heute noch Geschäfte in Wohnvierteln. Die Nähe zum Central Park macht ihr Viertel beliebt bei professionellen Hundesittern und Hundebesitzern. Dies ist das New York ihres Romans *Eine Liebe in Manhattan*, in dem Hunde diverse Hauptrollen spielen.

»*Eine Liebe in Manhattan* ist eine Art Liebesbrief an New York, das New York, das ich kenne, mit seinen Stadtvierteln und Jahreszeiten, das manchmal den Rhythmus einer Kleinstadt hat. Der Roman handelt vom Verlieben, von Nachbarn, die sich verlieben und trennen, alles in einem einzigen Block. Und dann gibt es die Hunde, die auch typische New Yorker sind: den altehrwürdigen Pitbull Beatrice, einen im Schrank eines Toten gefundenen Welpen namens Howdy, den ungestümen Rottweiler Kaiya und natürlich Jolly, die böse kleine Promenadenmischung. Mit der typischen New Yorker Magie bringen Hunde Menschen zusammen, das wollte ich in meinem Buch zeigen. Die Hunde in *Eine Liebe in Manhattan* spielen Amor. Dazu erfand ich das Eckrestaurant Go Go Grill, dessen Inhaber auch Hunden den Zutritt erlauben. Das war Wunschdenken. Tatsächlich untersagen die Hygienegesetze der Stadt Hunde in Restaurants. Die Strafen sind empfindlich. Aber so eine Art Restaurant war immer ein Traum von mir. Wieso soll ich ihn also nicht dort verwirklichen, wo ich's kann, in einem Buch?« Der Block liegt in der Upper West Side, in der Gegend von Nora Ephron und einem Woody-Allen-Film.

> New York ist mein Zuhause. Es ist Wirklichkeit, Normalität. Jeder andere Ort fühlt sich an wie Urlaub oder Exil.

Bereits in ihrem New-Yorker-Essay *Dog Trouble* von 2004 erzählte Schine von einem Hund namens Buster, einem liebenswerten, verrückten Köter, den sie gerettet hatte. Als Busters gefährlich wildes und selbstzerstörerisches Temperament zutage trat, brachte er Schines Freunde und Familie sowie andere Hundebesitzer in der Upper West Side gegen sich auf, trieb sie in ihrer Verzweiflung zu einer Reihe von Hundetrainern, -therapeuten, -chiropraktikern und sogar einem Hundeakupunkteur – bis ihr ein Cairn-Terrier-Welpe namens Hector

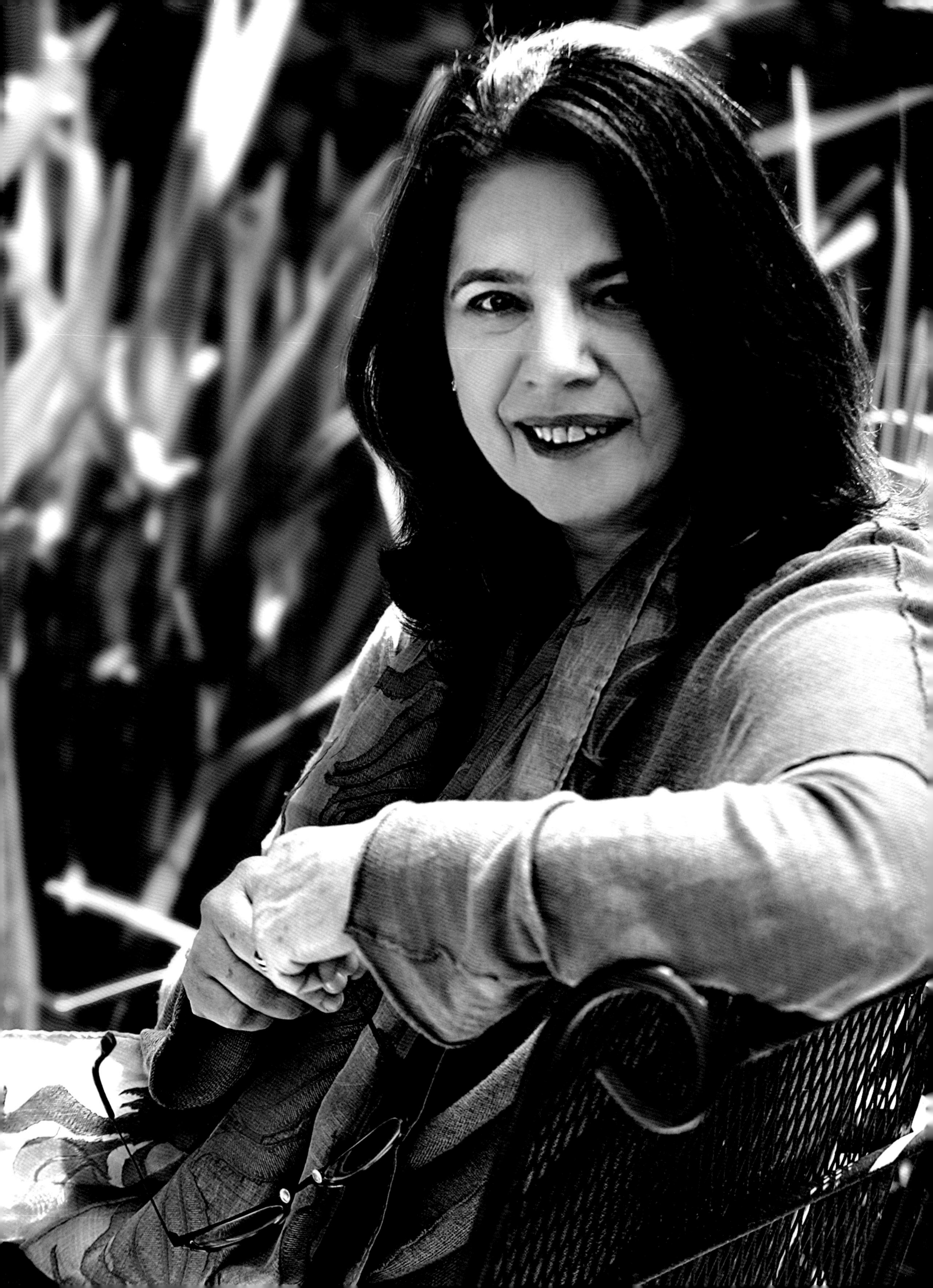

»Den Leuten ist nicht klar, was für ein guter Platz New York für Hunde ist. New York ist anregend für Menschen, und es ist auch für Hunde anregend.«

Die New Yorker
Hunde tollen im Schnee im Central Park, wie in Cathleen Schines Roman. In einer Millionenmetropole wie New York ist ein Spaziergang mit Hunden eine gute Gelegenheit für Begegnungen.

Hunde im Central Park
Selbst im Winter und wenn Schnee liegt, trifft man Bewohner von Manhattan mit ihren Hunden auf den verschneiten Wegen im Central Park.

zu Hilfe kam. Mit Buster und Hector entdeckte Schine das New York der Hunde und ihrer Besitzer und ließ sich zu dem Buch *Eine Liebe in Manhattan* über die ungewöhnliche Beziehung der Stadtbewohner zu ihren Hunden anregen. Der freundliche Charakter von Hunden und die Notwendigkeit, sie auszuführen, zwingt selbst die zurückgezogensten Herrchen und Frauchen dazu, in sozialen Kontakt mit anderen zu treten. Die Hunde in New York bellen einander zu, beschnuppern sich, inspizieren ihre intimsten Körperstellen. Sie lecken Fremden die Hände und springen Passanten an, die sich ihnen und ihrer Zuneigung nicht widersetzen können. Sie schaffen Momente der Innigkeit im Leben von Leuten, die vielleicht jahrelang Tür an Tür gewohnt haben, ohne je miteinander zu sprechen. Hunde in New York bringen Menschen zusammen, selbst eher schüchterne oder vollkommen zurückgezogen lebende Menschen. Hunde sind ebenso New Yorker wie die Leute, die sie aus-

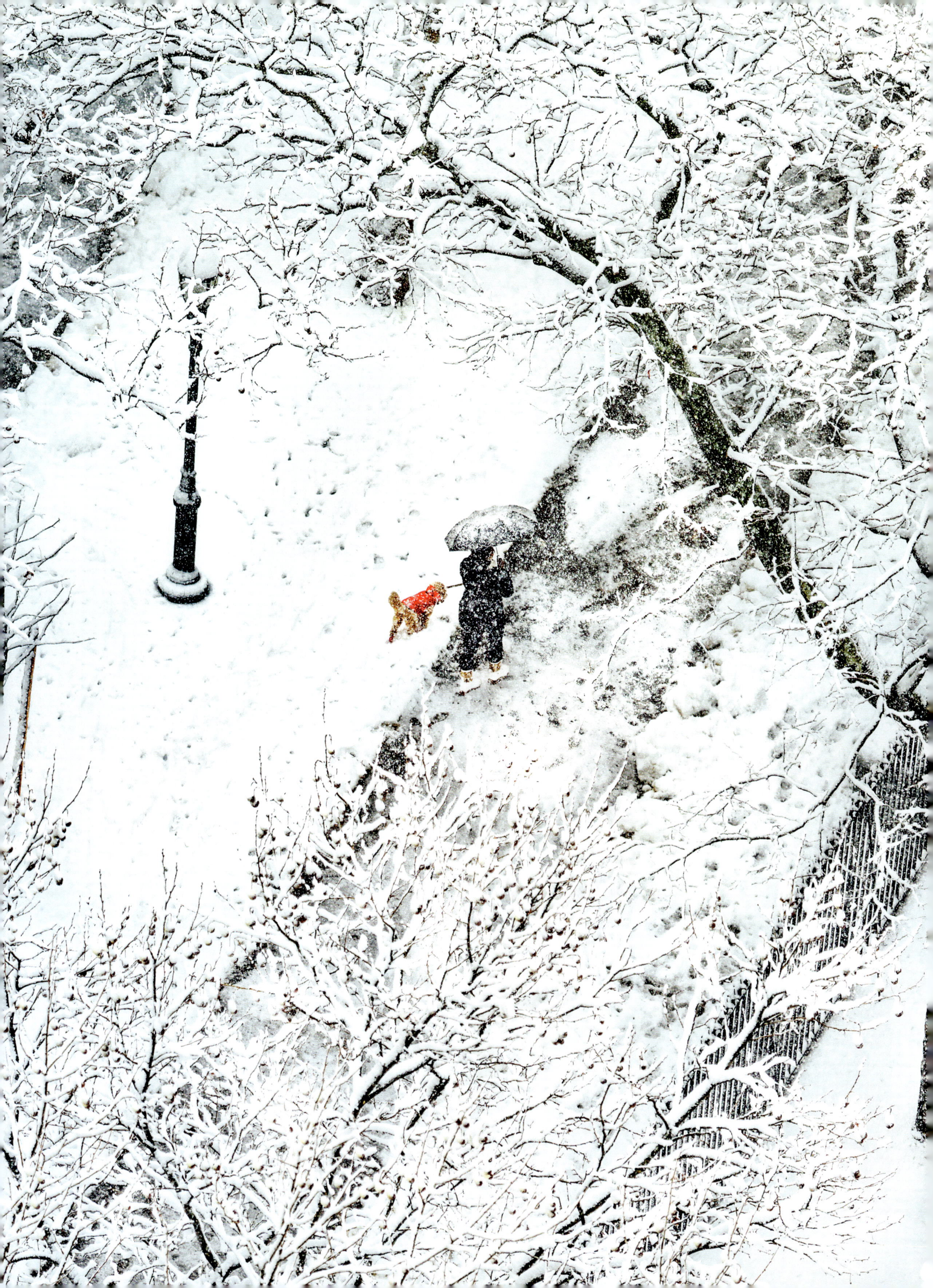

Ein **Hundesitter** mit seinen Schützlingen im Central Park.

führen, weil sie sich in ihr wohlfühlen und ihre Besitzer zusammenführen. Sie fühlen sich zu Hause und vermitteln dieses Gefühl auch ihren Haltern.

»Als Kind träumte ich davon, später zu studieren. Meine Mutter studierte so lange, dass ich dachte, das sei ein Beruf. Jahre später erfüllte sich mein Traum, als ich Doktorandin in mittelalterlicher Geschichte an der Universität von Chicago wurde. Leider stellte ich dort fest, dass ich mir Namen, Daten und abstrakte Ideen nicht merken kann. So musste ich diesen Traum aufgeben. Als ich jedoch einige Zeit in Italien war und Paläografie (Lehre von alten Schriften) studierte, stellte ich fest, dass ich Schuhe mag«, erzählt sie. »Also verlegte ich mich auf dieses Thema, was zwar interessant, aber kurzlebig war, weil ich keinen Job fand. Verschuldet und zunehmend verzweifelt schlug ich eine Laufbahn als freie Autorin ein, blieb verschuldet und verzweifelt, bis ich begann, Bücher zu schreiben. Das wollte ich immer schon tun, hatte aber nie den Mut dazu, bis es keinen anderen Ausweg mehr gab.« Schine hat für den *New Yorker* geschrieben, liefert Beiträge für *The New York Review of Books* und hat mittlerweile neun Romane verfasst, darunter *Der Liebesbrief*, *Rameaus Nichte*, *Eine Liebe in Manhattan*, *Alles Glück der Welt* und zuletzt *Fin & Lady*.

»Die meisten meiner Bücher spielen zumindest teilweise in New York. Ich wuchs etwa eine Stunde außerhalb der Stadt auf, aber wir hatten Freunde hier, die wir oft besuchten. Sie wohnten in einer Maisonette-Penthousewohnung in Central Park West mit Blick auf das Museum of Natural History und den Central Park. Daher dachte ich als Kind, alle New Yorker leben in einer Maisonette-Penthousewohnung in Central Park West mit Blick auf das Museum und den Park. Für mich war das natürlich der glanzvollste Ort der Welt. Und da lag ich richtig«, erinnert sie sich.

»Den Central Park habe ich immer geliebt, aber je älter ich werde, desto mehr brauche ich ihn auch. Was mich in meinen Zwanzigern nach New York brachte – die Energie und der Trubel in der Stadt –, kommt mir heute manchmal schlicht wie frenetischer Lärm vor. Aber ich muss nur den Park betreten, und schon fühle ich die Pracht der Stadt auf friedliche, stille Weise. Einer meiner weiteren Lieblingsorte ist die Grand Central Station. Mein ganzes Leben lang habe ich die dunkelblaue Decke mit den goldenen Sternbildern betrachtet – wie eine Kathedrale. Ich liebe auch die U-Bahn. Nicht immer, wenn ich sie benutze, sondern eher einfach, dass es sie gibt – es ist zauberhaft, in einer Stadt zu leben, wo man wirklich überhaupt kein Auto braucht. Nie«, sagt sie.

»Viele Jahre wohnte ich in der Upper West Side und verbrachte viele schöne Stunden mit den

Das Restaurant **Loeb Boathouse** im Central Park mit Blick auf den See.

> »Wenn ich überlege, welche Farbe New York hat, ist das komischerweise Grün. Vielleicht weil ich in den letzten zehn Jahren so viel Zeit im Park verbracht habe.«

Hunden im Central Park. Ich finde die Westseite des Central Parks an den 70th-Streets einen der schönsten Orte der Welt. Wenn man vom Boathouse Café bei Sonnenuntergang auf den Fluss blickt, das ist ein wundervolles New-York-Erlebnis. Heute haben wir ein Apartment in der Upper East Side in dem Viertel Carnegie Hill. Da ist es sehr ruhig und elegant, alles macht früh zu – überhaupt nicht wie in der West Side, aber ich liebe es dennoch. Es gibt einen richtig guten Buchladen, den Corner Bookstore, viele Museen in der Nähe, und wir sind direkt am Park.«

Und welche Orte mag ihr Hund Hector? »Er ist überall in New York glücklich. Den Leuten ist nicht klar, was für ein guter Platz New York für Hunde ist. New York ist anregend für Menschen, genauso wie für Hunde. Es gibt so viel zu erschnüffeln. Für Hunde – für Menschen sind die Gerüche nicht immer so interessant, zugegebenermaßen – so viel Information, so viele andere Hunde. Deshalb ist Hector ganz zufrieden in der Stadt, hundemüde und zufrieden. Genau wie ich. Seit ich mit einem Hund in New York lebe, habe ich mich neu in die Stadt verliebt. Die meis-

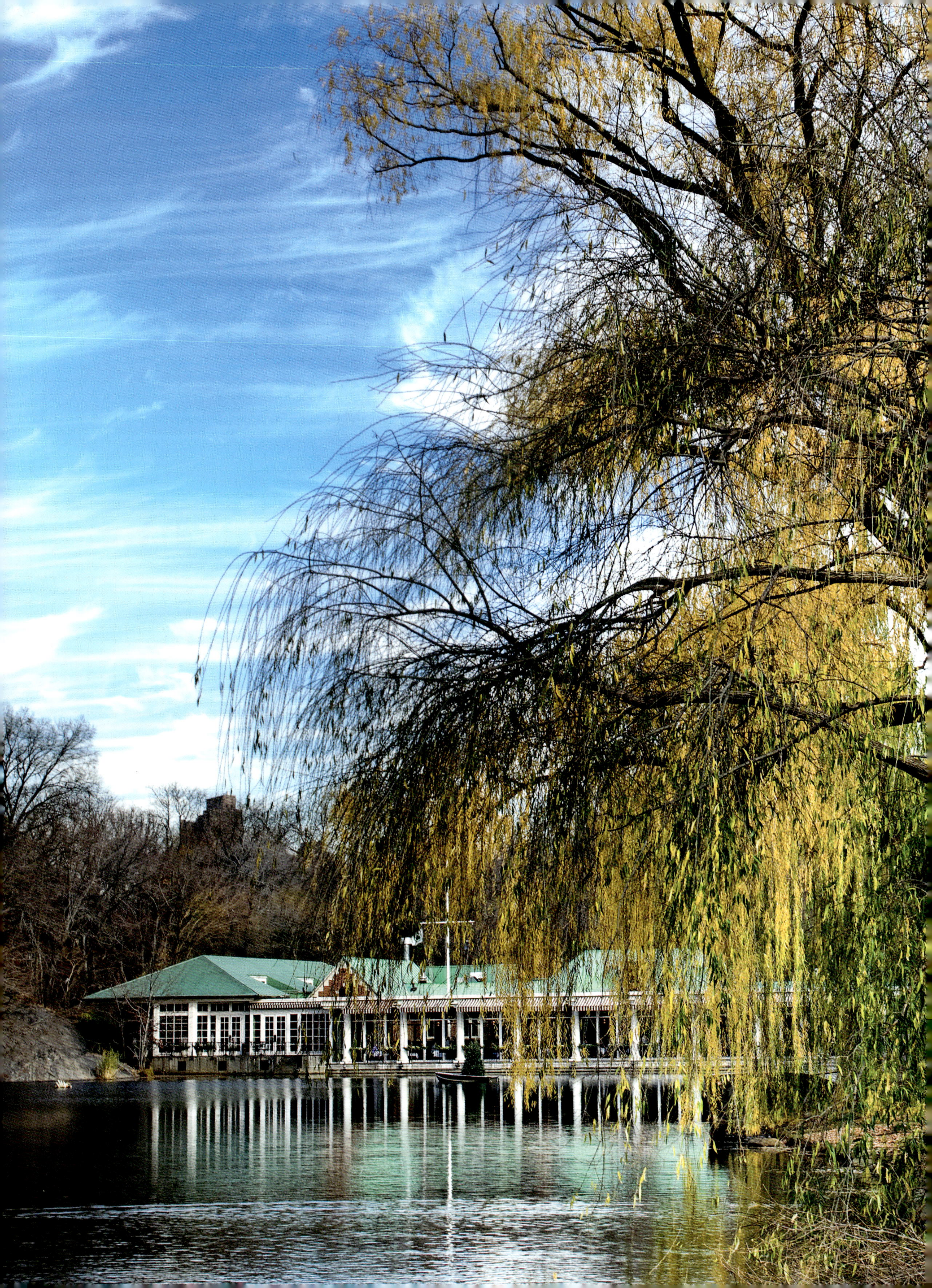

ten Leute in New York leben nicht in der ganzen Stadt, sondern in ihrem eigenen Viertel, und weil ein Hund drei- oder viermal am Tag ausgeführt werden muss, habe ich meine Gegend viel besser kennengelernt als zuvor. Ich traf alle meine Nachbarn, weil sie mit ihren Hunden unterwegs waren. Ich habe den ganzen Klatsch gehört und von den Kindern und Krankheiten erfahren – New York hat sich in ein kleines Dorf verwandelt. Außerdem sah ich Dinge, die mir nie aufgefallen waren. Architektonische Details, Bäume, wie das Licht zu bestimmten Zeiten auf bestimmte Gebäude fällt. Einen Hund zu haben hat meine Wahrnehmung der Stadt gesteigert und die Stadt kleiner, zugänglicher gemacht. Hunde sind in New York besser sozialisiert als anderswo. Müssen sie sein.«

New York hört nicht auf, Cathleen zu inspirieren, das zeigen ihre Romane.

»Da ich jetzt in Kalifornien bin, ist es schon lustig, dass ein Großteil meiner Fantasie in New York wohnt. Die meisten meiner Bücher spielen komplett in New York. Nostalgie? Gewohnheit? Treue? New York bedeutet für mich Wirklichkeit. Was in New York passiert, ist mir wichtig, deshalb passiert vermutlich das, was in meinen Büchern wichtig ist, oft in New York«, sagt sie. *Fin & Lady* ist eine weitere Liebeserklärung an die Stadt und erforscht ein anderes Viertel und eine andere Zeit. Die bittersüße Elegie über Greenwich Village in den 1960er-Jahren erzählt

Das Hayden-Planetarium
Eine der Attraktionen der Upper West Side, das Rose Center for Earth and Space, ist Teil des American Museum of Natural History.

»Viele Jahre wohnte ich in der Upper West Side und verbrachte
viele schöne Stunden mit den Hunden im Central Park.«

Stadthäuser in der **Upper West Side**.

von einem elfjährigen Jungen, der nach dem Tod seiner Eltern unter die nicht sehr verlässliche Fittiche seiner 24-jährigen Halbschwester Lady gerät. Sie hält es im Jahr 1964 für besser, ihn nicht in dem eleganten Nobelapartment großzuziehen, das sie von ihrer Mutter geerbt hat, sondern in der ausgeflippten, künstlerischen Welt voller Rock 'n' Roll, Blues und Folk in Greenwich Village. Zu Zeiten der Bürgerrechtsbewegung und der Antikriegsproteste ziehen Lady und Fin in ein halbfertiges, kaum möbliertes Haus in der Charles Street und geraten mitten in die politischen und sozialen Wirren.

»New York ist mein Zuhause. Es ist Wirklichkeit, Normalität. Jeder andere Ort fühlt sich an wie Urlaub oder Exil. Wenn ich überlege, welche Farbe New York hat, ist das komischerweise Grün. Vielleicht weil ich in den letzten zehn Jahren so viel Zeit im Park verbracht habe. Davor hätte ich wahrscheinlich Grau gesagt.«

»Aber es gibt noch eine andere wichtige New Yorker Farbe. Im Frühling, am ersten wirklich sonnigen Tag nach dem langen, dunklen Winter, wenn der Himmel strahlend tiefblau ist und alle Taxis plötzlich ein leuchtendes Gelb annehmen, das ich nirgendwo anders auf der Welt jemals gesehen habe. Diese Farbe gibt es nur in New York: das Frühlingstaxigelb!«

Historische Gebäude
Die Backsteinhäuser mit ihren Feuerleitern an den Fassaden in Teilen der Upper West Side versetzen einen zurück in das New York vergangener Tage.

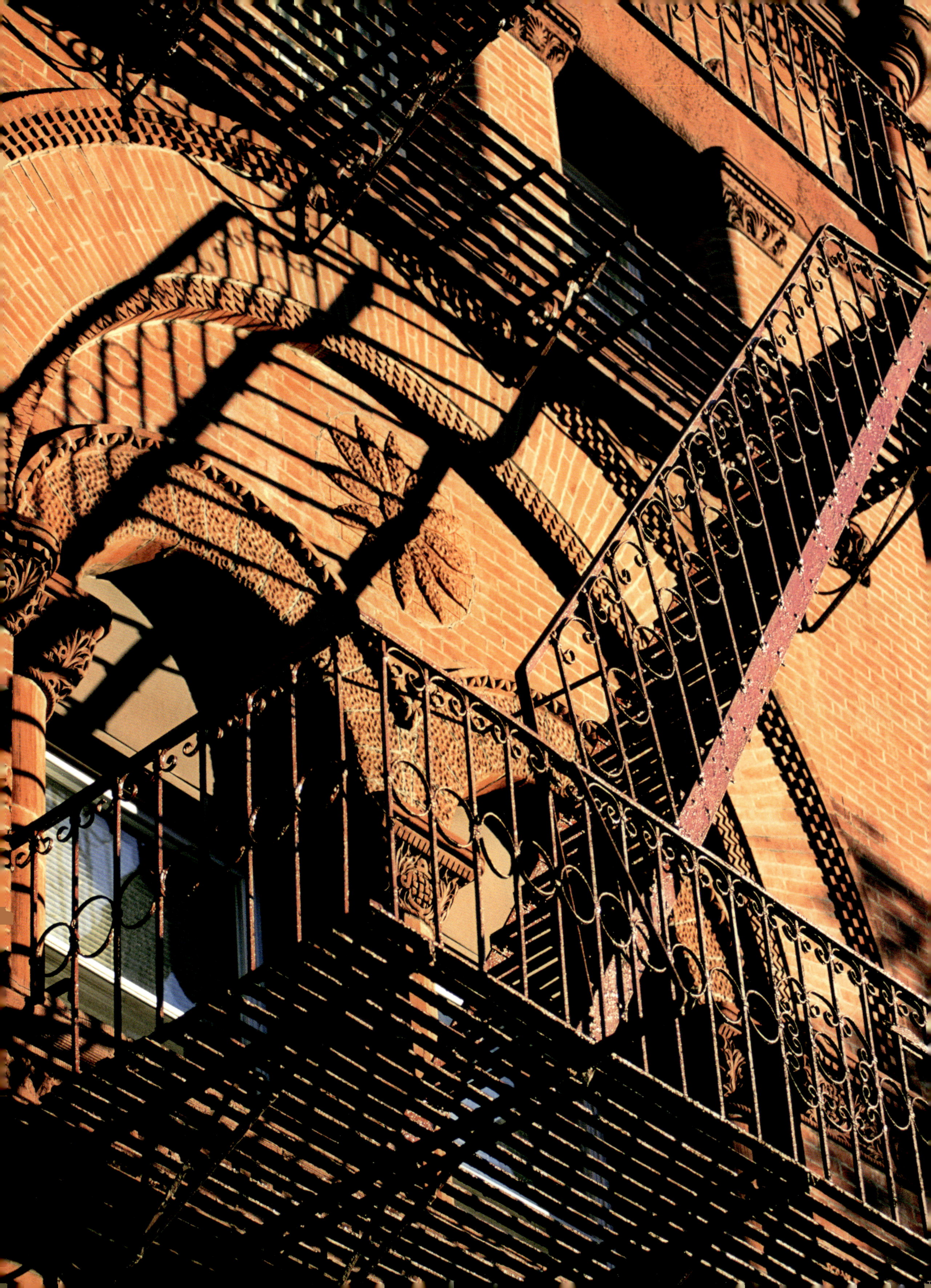

MARTIN SCORSESE
Das »Herz« der Stadt

Süß und sauer, hell und dunkel, hoch und tief; das Funkeln und die düsteren Seiten der Großstadtseele: das Leben als Drahtseilakt. In seinen Filmen pulsiert New York wie das Blut durch den Körper, weckt die Sinne, während die Szenerie wechselt, unerwartet, unvorhersehbar, in bruchstückhaften Bewegungen intensiver Emotionen: Leidenschaft und Liebe, Freude und Zorn, Gut und Böse, Leben und Tod. Und während wir all die Gesichter von New York sehen, auch das düstere, reisen wir durch die Geschichte zurück zu seinen Ursprüngen, wo alles begann.

»Für mich ist New York nicht die funkelnde Stadt der tausend Lichter, sondern das Straßenleben mit seinen Verbrechen, all den Widersprüchen und dunklen Seiten. Ich war mit dieser Atmosphäre von Beginn an vertraut. Es ist das New York, das ich kenne, das man an der Oberfläche nicht sofort sieht, für das man tiefer graben muss«, erklärt er.

Mit seiner intensiven Leidenschaft und Menschlichkeit ist Martin Scorsese das »Herz« der Stadt, und man spürt den Rhythmus seines Schlags in seiner Kunst. »New York ist ein subtiler Realismus, der dich dazu bringen kann, gleichzeitig zu träumen und zu grübeln. Und vor allem bringt er dich zum Fühlen«, sagt er. Das ist seine Gabe – er ist ein Zauberer, dessen Magie durch die Menschen wirkt, die er als Regisseur dirigiert und dabei fotografische Fragmente von Leben und Geschichte schafft, die sich unvergesslich ins Gedächtnis einprägen.

Für ihn ist New York »einmalig und besonders. Ich schätze es umso mehr, wenn ich viel unterwegs bin und dann zurückkomme. Es ist ein sehr aufregender Ort. Man kann sich mit der Stadt selbst identifizieren. New Yorker gehen die Straße entlang und begegnen einander, als wären sie alle Teil derselben Gemeinschaft«, sagt Scorsese. »Aber was New York von jeder anderen Stadt unterscheidet, ist seine Energie und seine Menschen, unterschiedliche ethnische Gruppen, die friedlich zusammenleben. Manchmal unterschätzen wir New York. Wir beklagen uns zu viel und erkennen nicht, was für ein Glück wir haben, hier zu leben.«

> New York ist eine Stadt, in der man immer das Gefühl hat, in einem Augenblick eine Chance ergreifen und eine andere verpassen zu können.

In allen seinen Filmen über die Stadt erkennt man sofort das ganz eigene Gespür, das ihn zu einem der größten Regisseure werden ließ. Bestimmte Szenen erinnern an den frühen Federico Fellini, an Michelangelo Antonioni und Roberto Rossellini. »Sie alle haben mich inspiriert«, sagt er. Denn für ihn hängt alles an den Figuren, den Menschen, ebenso wie für diese großen Meister des Kinos.

»Für einen Regisseur ist es schwierig und wundervoll zugleich«, betont er. Bezogen auf seinen Film *The Wolf Of Wall Street* (2013) nach Jordan Belforts gleichnamigen Memoiren über die Welt der New Yorker Banker und die

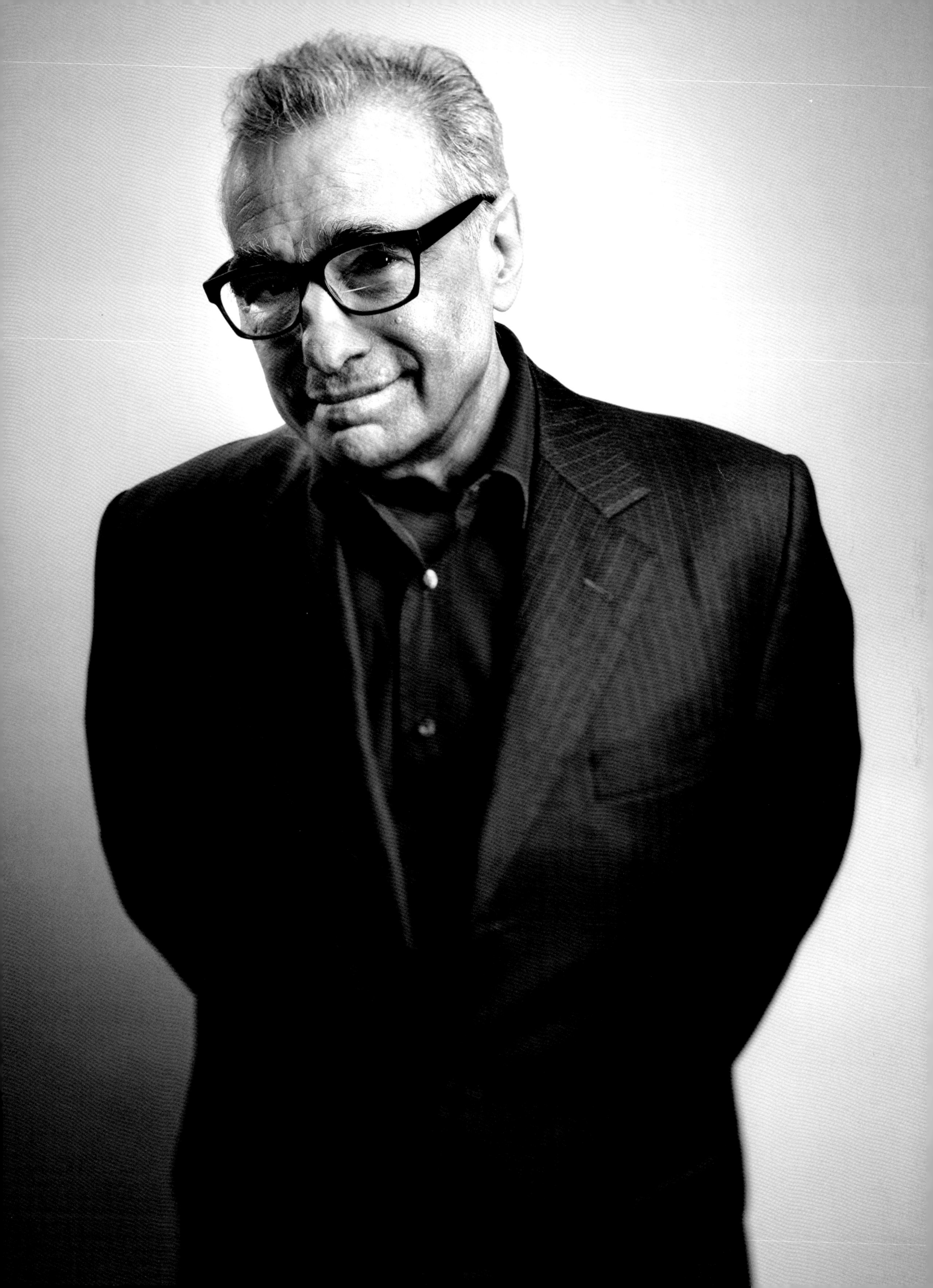

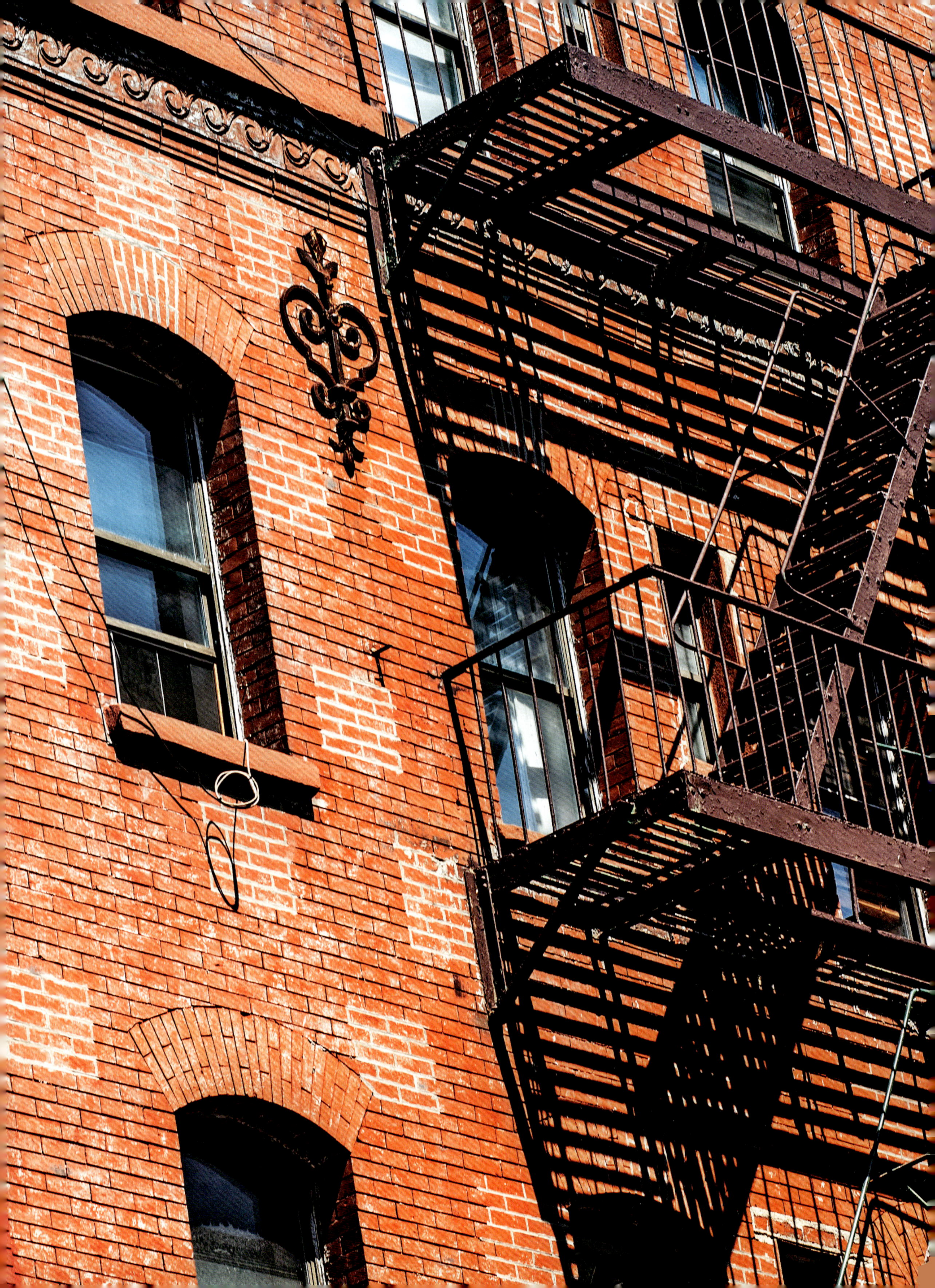

»Es ist sehr wichtig, sich an seine Wurzeln zu erinnern, daran, woher man kommt, an die Kultur, die Tradition, nicht nur den Fortschritt.«

Wall Street, atmet Scorseses Aussage auch den Geist der New Yorker Ökonomie und ihrer Geschäftsleute, das Zeitalter der Händler, Finanziers, des Geflechts, das Lower Manhattan durchzieht. »New York ist eine Stadt, in der man immer das Gefühl hat, in einem Augenblick eine Chance ergreifen und eine andere verpassen zu können«, stellt er fest.

In seinen Produktionen mischen sich Fiktion und Realität und werden auf eigene Weise »wirklich«. Für ihn ist New York »wie ein Spiegel, der ein perfektes Bild zeigt, bis er zerbricht und jedes Stück weiterhin das Bild spiegelt, nun aber aus verschiedenen Blickwinkeln. Es ist zerbrochen, und es zu betrachten tut weh. Aber diese Unvollkommenheit macht es noch schöner, und irgendwie funktioniert es nach wie vor.«

Man kann New York im Schein eines Wolkenkratzers entdecken, im Rückfenster eines Taxis, in Lichtern, die plötzlich im Wasser eines Teichs aufscheinen. Wir sehen es in einer Silhouette, die sich in einem Auge spiegelt, in der Furchtlosigkeit eines Gangsters, dem stolzen Herz einer Frau, die bereit ist, für die Liebe zu kämpfen oder sie einfach loszulassen. Die Stadt zeigt sich in einem surrealen Moment, in einem Mann, der durch eine Glasscheibe voller Regentropfen blickt. Jedes Mal erkennen wir den schlichten Zug von Menschlichkeit. Und dieses Menschliche hat oft italienische Züge. »Als kleiner Junge lebte ich in einer Gegend, in der überwiegend Sizilianer wohnten«, erinnert er sich.

Martin Scorseses Haus
In diesem Gebäude im Viertel Nolita nördlich von Little Italy wuchs der berühmte Regisseur auf.

Garment District
Das Textilviertel 1948: Lastwagen blockieren die 35th Street. Martin Scorseses Eltern arbeiten im »Modebezirk« der Stadt.

Die »**Needle Threading a Button**«-Skulptur im Garment District.

> »New York ist ein subtiler Realismus, der dich dazu bringen kann, gleichzeitig zu träumen und zu grübeln.«

Martin Scorsese ist in New York geboren und aufgewachsen. Sein Vater Charles (1913–1993) und seine Mutter Catherine (1912–1997) arbeiteten im Textilviertel von Manhattan, er als Mangler, sie als Näherin. Aber beide waren auch Schauspieler. »Diese Kunst liegt in meinen Genen«, sagt er.

Ihre Wurzeln lagen in Polizzi Generosa, einem kleinen Dorf in der sizilianischen Provinz Palermo. Die ganze Familie zog nach Little Italy, noch bevor Martin in die Schule kam. Er wurde römisch-katholisch erzogen, fühlt sich aber in erster Linie als US-Amerikaner. »Ich bin italienischer Herkunft, aber ich weiß, dass ich Amerikaner und vor allem New Yorker bin«, erklärt er. »Es ist sehr wichtig, sich an seine Wurzeln zu erinnern, daran, woher man kommt, an die Kultur, die Tradition, nicht nur den Fortschritt.«

Der Textilarbeiter
Teilansicht der Skulptur, die die israelische Künstlerin Judith Weller als Hommage an die Arbeiter im New Yorker Textilviertel schuf.

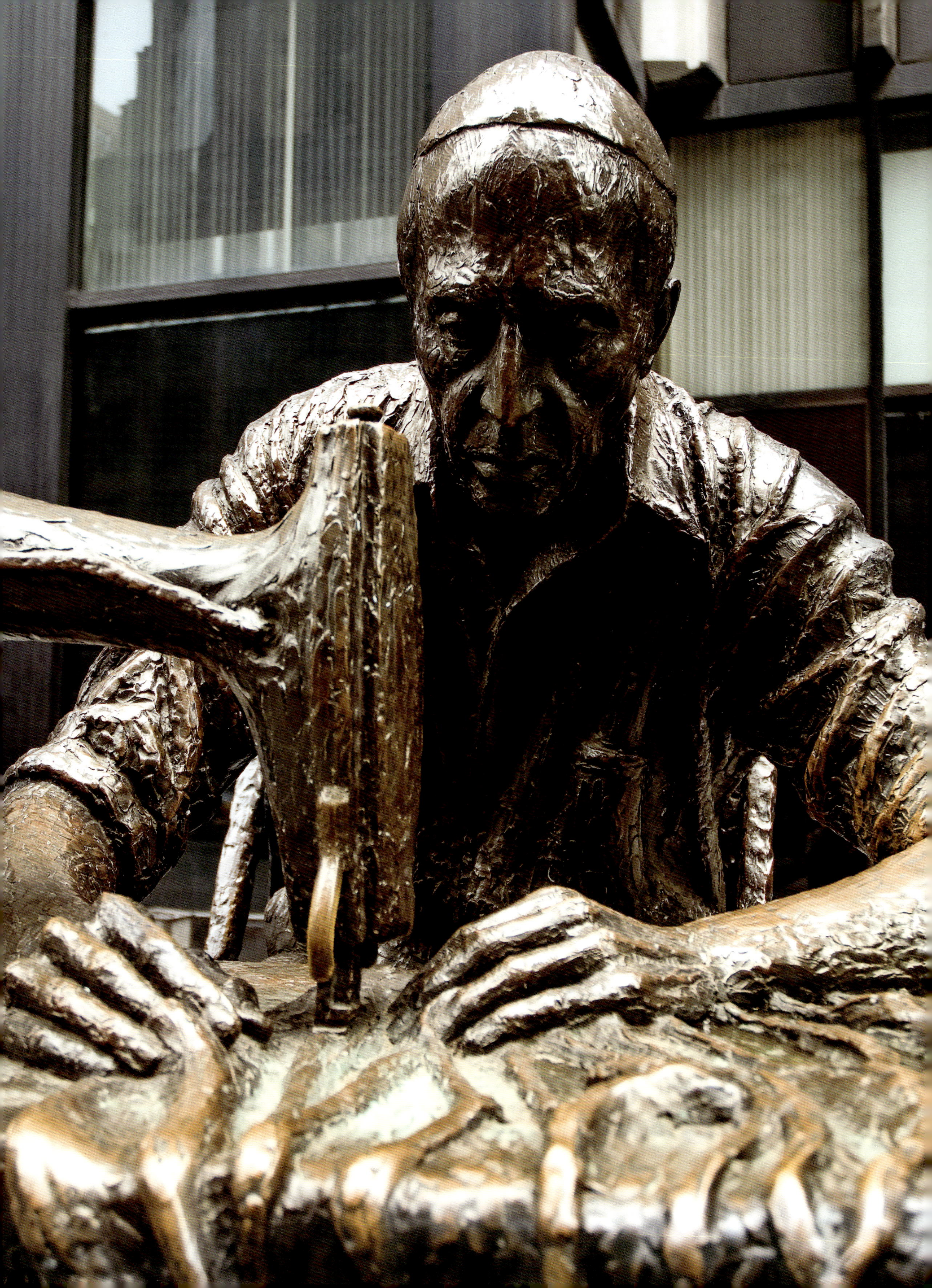

NYC
NYC Go.Com
American Airlines
BADICHI
customized belts
Cafe Borgia
Established 1975
161
BIKE LANE
BIKES ONLY
HUDSON
Think Closet
EXIT

Alltagsleben auf der **Prince Street** in SoHo.
Die Fassade eines historischen Gebäudes in **SoHo**.

> »New York ist einmalig und besonders. Ich schätze es umso mehr, wenn ich viel unterwegs bin und dann zurückkomme.«

Wie entstand Scorseses Liebe zum Film? »Die Welt des Kinos faszinierte mich, seit ich vier oder fünf Jahre alt war. Ich liebe die Farben, die Bilder, ich betrachtete diese Menschen, die sich bewegten und Geschichten erzählten, die meine Fantasie anregten. Und in vielen Filmen, die ich sah, erkannte ich New York wieder. Aber ich hatte schon mein eigenes New York im Sinn, das man in meinen Filmen sieht«, erinnert er sich.

»Als kleiner Junge hatte ich Asthma und konnte nicht wie andere Kinder Sport treiben oder auf der Straße rumlaufen, deshalb nahmen mich meine Eltern und mein älterer Bruder oft mit ins Kino. Ich kannte das Straßenleben, aber gleichzeitig lebte ich in meiner Fantasiewelt, wie die Hauptfigur in meinem Film *Hugo* (2011). Hugo lebt allein im Bahnhof Montparnasse in Paris. Für ihn ist es diese Welt, für mich war es New York und die Welt der Großstadt.«

Während er seine Leidenschaft fürs Kino entwickelte, wuchs Scorseses Bindung an New York mit der gleichen Intensität. »Als ich elf war, begann ich, allein ins Kino zu gehen, das nur ein paar Blocks die Straße runter war«, erzählt er. »Ich weiß, was es heißt, einsam und ausgeschlossen zu sein. Hugo versteckt sich in einer großen Uhr, ich tat dasselbe in einer New Yorker Kirche. Ich saß in einer leeren Kirche in der Stille, es war wie Meditieren. Ich isolierte mich von allem – von den überfüllten

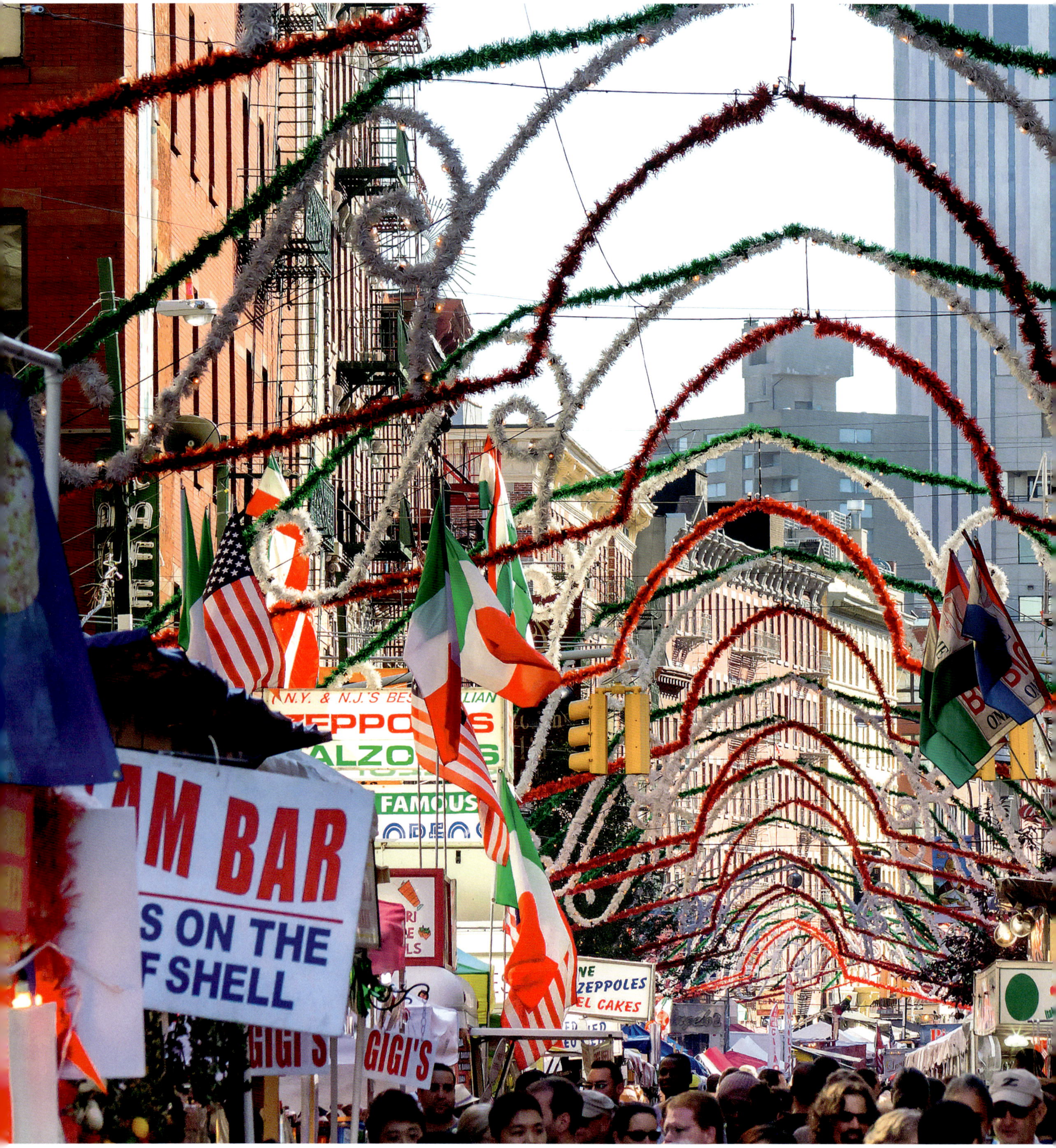
AM BAR
S ON THE
F SHELL
GIGI'S
GIGI'S
FAMOUS
ZEPPOLES
EL CAKES

Zwei- oder Drei-Zimmer-Apartments, vom Lärm der Straße, wo die Leute brüllten und stritten, vom Chaos des Verkehrs und der Stadt.«

»Aber das Leben auf der Straße hat nicht nur negative Seiten. Es hilft, Beziehungen zu knüpfen, Freunde zu finden und zu verstehen, wie wichtig es ist, eine Familie zu haben. Familie ist sicherlich einer der wichtigsten Werte im Leben«, sagt er.

Der italienische Neorealismus faszinierte den Filmemacher schon als kleinen Jungen: Filme wie *Fahrraddiebe* (1948), *Paisà* (1946), *Rom, offene Stadt* (1945). Später drehte er die Dokumentation *Il Mio Viaggio in Italia* (Meine italienische Reise, 1999), in der er von seiner Reise durch das italienische Kino erzählt. Er bewunderte die französische Nouvelle Vague und Regisseure wie Robert Bresson und ließ sich von anderen großen Filmemachern, etwa Ingmar Bergman, inspirieren. »Auch ihre Bilder waren ein Weg, New York neu zu entdecken«, erklärt er.

Scorsese verdankt seine Ausbildung ganz der Stadt. Er absolvierte die Cardinal Hayes High School in der Bronx und besuchte das heutige College of Arts and Sciences, danach die Tisch School of the Arts, die Filmschule der New Yorker Universität. Orte, die ihm für immer in Erinnerung bleiben werden. Mit der Dokumentation *Italianamerican* (1974), in der auch seine Eltern auftraten, erforschte er seine ethnischen Wurzeln, während er mit Meisterwerken wie *Hexenkessel* (1973), *Taxi Driver* (1976), *New York, New York* (1977), *Wie ein wilder Stier* (1980) und *Goodfellas* (1990) in Zusammenarbeit mit Robert De Niro sein eigenes New York schuf. Der Schauspieler und Scorsese

Italoamerikanische Identität
Wie stolz die Bewohner von Little Italy auf ihre Wurzeln sind, zeigen auch ihre Straßenfeste.

sind Freunde fürs Leben, Arbeitskollegen und New Yorker Seelenverwandte.

Der in SoHo gedrehte *Die Zeit nach Mitternacht* (1985) über eine zunehmend unselige Nacht für einen unbedarften New Yorker Programmierer wurde zum Kultfilm und zeichnet ein einprägsames Bild der Stadt. *Zeit der Unschuld* (1993) nach Edith Whartons gleichnamigem Roman über die New Yorker High Society des ausgehenden 19. Jahrhunderts porträtiert eine historische Epoche der Stadt und entstand teilweise in einer ihrer schönsten Gegenden, dem Gramercy Park.

In *Gangs Of New York* (2002) zeigt Scorsese die in den für die Stadt grundlegenden subkulturellen und ethnischen Spaltungen lauernde zügellose Gewalt. »Die Gangs sind mit den Wurzeln und der Entstehung der Stadt selbst verknüpft, sie waren Teil des kriminellen Straßenlebens, dem ich mich verbunden fühle und das zu analysieren mich reizt«, sagt er.

Der Film entstand in New Jersey, Long Island und New York. »New York ist eine Kulisse unter freiem Himmel, aber wegen der hohen Kosten drehte ich auch viel außerhalb der Stadt. Für *Departed – Unter Feinden* (2006) etwa mussten wir einige Szenen in Red

Lokale in Little Italy
Die Restaurants und Cafés mit ihren Tischen auf den Bürgersteigen machen das Viertel lebendig und bezaubernd.

Italienische Wurzeln
Eine italienische Bäckerei in der Prince Street im Herzen von SoHo. Scorseses italienische Wurzeln prägten auch sein filmisches Schaffen.

160 VESUVIO BAKERY CAFE Since 1920

MENU

ZAGAT RATED

> »New Yorker gehen die Straße entlang und begegnen einander, als wären sie alle Teil derselben Gemeinschaft. Aber was New York von jeder anderen Stadt der Welt unterscheidet, sind seine großartige Energie und seine Menschen, unterschiedliche ethnische Gruppen, die friedlich zusammenleben.«

Hook, Brooklyn, drehen. Ich hoffe, wir können wieder öfter in den Straßen von New York drehen.«

1990 gründete Scorsese die gemeinnützige Film Foundation, die sich der Erhaltung von Filmen widmet. 2007 schuf er die World Cinema Foundation. Für ihn ist »Kino ein Teil der Menschheitsgeschichte«. In diesem Sinne liebt und porträtiert er auch New York wie ein wundervolles Beispiel menschlicher Gesellschaft.

In seinen Filmen umfasst New York seine italienisch-amerikanische Identität und das katholische Erbe, mit all seinen Konflikten und Schwächen: Bandenkriminalität, Verbrechen und Obszönität. Seitdem er Vater wurde, ist dem Filmemacher auch eine gewisse Romantik zu eigen: »Ich habe viel Glück gehabt. In meinen Zwanzigern wurde ich Vater und mit 57 noch einmal. Da ich älter war, hatte ich mehr Erfahrung und Geduld«, sagt er. »Jetzt verbringe ich viel Zeit mit meiner jüngsten Tochter und denke, sie beeinflusst meine Art, die Dinge zu betrachten.«

Was New York betrifft, ist Martin Scorsese nach wie vor fasziniert von den Geschichten der Stadt: »Ich gehe immer noch dort hin, wohin mich die Story in der Stadt führt. Ich folge immer noch dem Sound und dem Beat von New York.«

5th Avenue
Eine der berühmtesten Durchgangsstraßen in Manhattan. Sie verläuft vom Washington Square Arch durch Midtown bis hinauf nach Harlem.

Washington Square Park
Der große Park in Greenwich Village ist sehr beliebt. Eine ganze Reihe von Szenen in berühmten Filmen wurden hier gedreht.

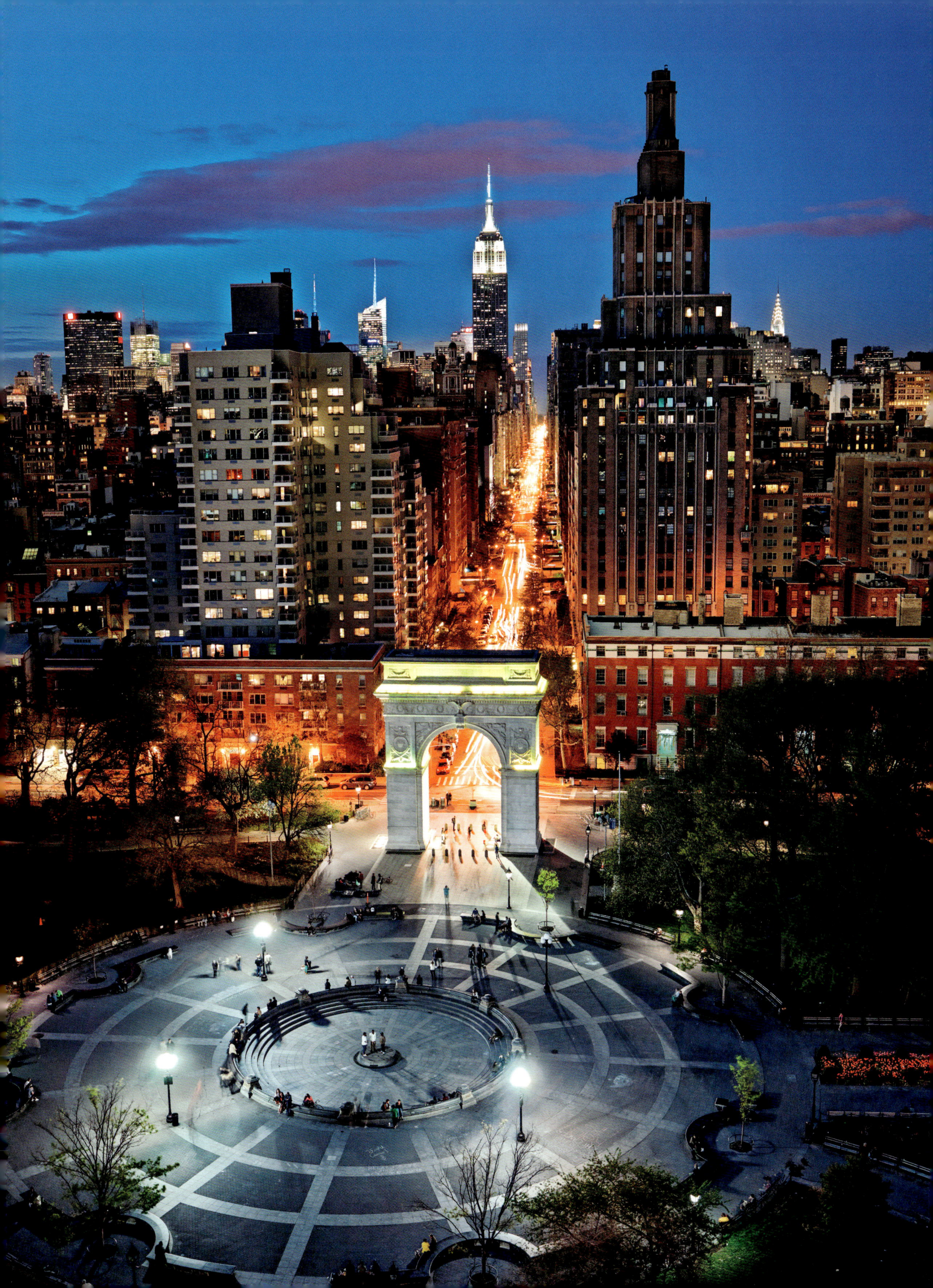

TAYLOR SWIFT
Die »Botschafterin« der Stadt

Als Kind hatte sie einen Traum. Sie träumte davon, mit Musik und Worten zu spielen. Und vielleicht träumte sie auch davon, irgendwann nach New York zu kommen. Heute ist sie ein Star.

Sie ist Songwriterin, Sängerin und war in dem Film *Hüter der Erinnerung* (2014) als Schauspielerin zu sehen. Zweifellos ist sie eine der beliebtesten Prominenten der Welt. Taylor Swift wurde in Pennsylvania geboren, zog mit 14 nach Nashville, um Countrymusikerin zu werden, und wurde mit den Alben *Taylor Swift*, *Fearless*, *Speak Now* und *Red* berühmt. Nachdem sie immer mal wieder in New York gewesen war, zog sie 2014 endgültig hierher, und der Umzug war sofort von Erfolg gekrönt.

Und zwar von solchem Erfolg, dass sie 2014 und 2015 als Global Welcome Ambassador für die offizielle New Yorker Tourismus- und Marketingagentur NYC & Company auftrat, um Besucher aus aller Welt nach New York zu locken. »Ich lerne noch, bin aber von dieser Stadt so begeistert, dass ich allen mitteilen muss, was ich an ihr liebe«, sagte Swift über ihre Ernennung. »New York war eine gewaltige Landschaft, aus der ein Album entstanden ist. Es hat mein Leben auf vielerlei Weise geprägt, was mir selbst gar nicht voll bewusst ist. Es ist eine elektrisierende Metropole, und ich kam mit solchem Optimismus hierher. New York war für mich der Ort der unendlichen Möglichkeiten, das spiegelt sich in dieser Musik und meinen Songs wider.«

Taylor, so jung, schön, talentiert und fröhlich, steht stellvertretend für jeden New Yorker, der in die Stadt kommt, sich in sie verliebt und hier heimisch wird. Mit großem Optimismus und zweifellos mit viel positiver Energie. Ihr Herz ist so sehr in New York zu Hause, dass der erste Song auf Taylors jüngstem Album *1989* (Swifts Geburtsjahr) bezeichnenderweise den Titel *Welcome To New York* trägt. »Walking through a crowd / The village is aglow / Kaleidoscope of loud / Heartbeats under coats / Everybody here wanted something more / Searching for a sound we hadn't heard before / And it said / Welcome to New York / It's been waiting for you«, singt sie darin. Und weiter: »It's a new soundtrack / I could dance to this beat, beat / Forevermore / The lights are so bright / But they never blind me, me«. Und dann: »When we first dropped our bags on apartment floors / Took our broken hearts / Put them in a drawer / Everybody here was someone else before / And you can want who you want / Boys and boys and girls and girls«.

> Was New York zu New York macht, ist, dass es anders ist als jeder andere Ort auf der Welt. Es ist fast so, als hätte die Stadt einen eigenen Herzschlag.

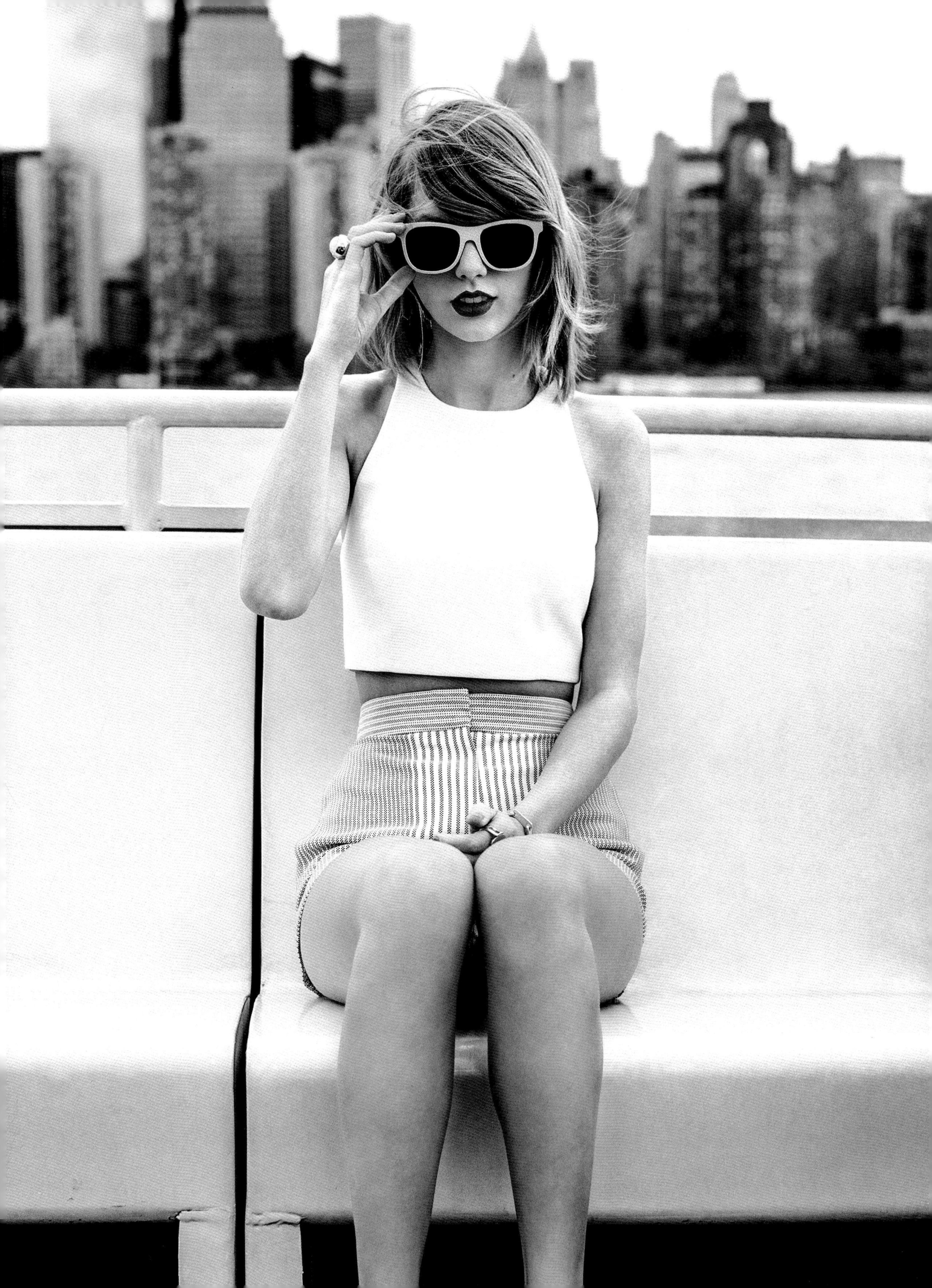

»Man findet Mode, die inspiriert, Kunst, die inspiriert, Menschen, die inspirieren. Wohin man auch blickt, es ist unmöglich, sich nicht in etwas in New York zu verlieben oder davon beeindruckt zu sein.«

Aber Taylor Swifts Begeisterung für New York reicht noch weiter, wie sie in Videos für die Tourismuskampagne enthüllte: »Was New York zu New York macht, ist, dass es anders ist als jeder andere Ort auf der Welt. Es ist fast so, als hätte die Stadt einen eigenen Herzschlag. Man findet Mode, die inspiriert, Kunst, die inspiriert, Menschen, die inspirieren. Wohin man auch blickt, es ist unmöglich, sich nicht in etwas in New York zu verlieben oder davon beeindruckt zu sein. Ich denke, was mich nach New York gebracht hat, ist mir immer noch ein wenig rätselhaft. Jeden Tag wache ich morgens mit dem Gefühl auf: Ich muss unbedingt nach New York. New York hat mich angezogen wie ein Magnet. Dass es grell, wild und laut ist, hat mich eingeschüchtert. Jetzt weiß ich, dass ich auf solche Sachen zugehen sollte. Ich sollte auf Dinge zugehen, die absolut überwältigend und elektrisierend sind. Es passiert so viel vor deinen Augen, so viele Geschichten, dass mich das definitiv zum Schreiben des Albums inspiriert hat, auf das ich bei Weitem am stolzesten bin.«

Gebäude in SoHo
Feuerleitern und dekorative architektonische Elemente schmücken die Fassade eines Hauses in SoHo. Das Viertel ist berühmt für seine wundervollen Lofts.

Architektonische Details
SoHo war einst ein beliebtes Künstlerviertel. Davon zeugen heute noch diese herrlichen architektonischen Elemente an einer Fassade.

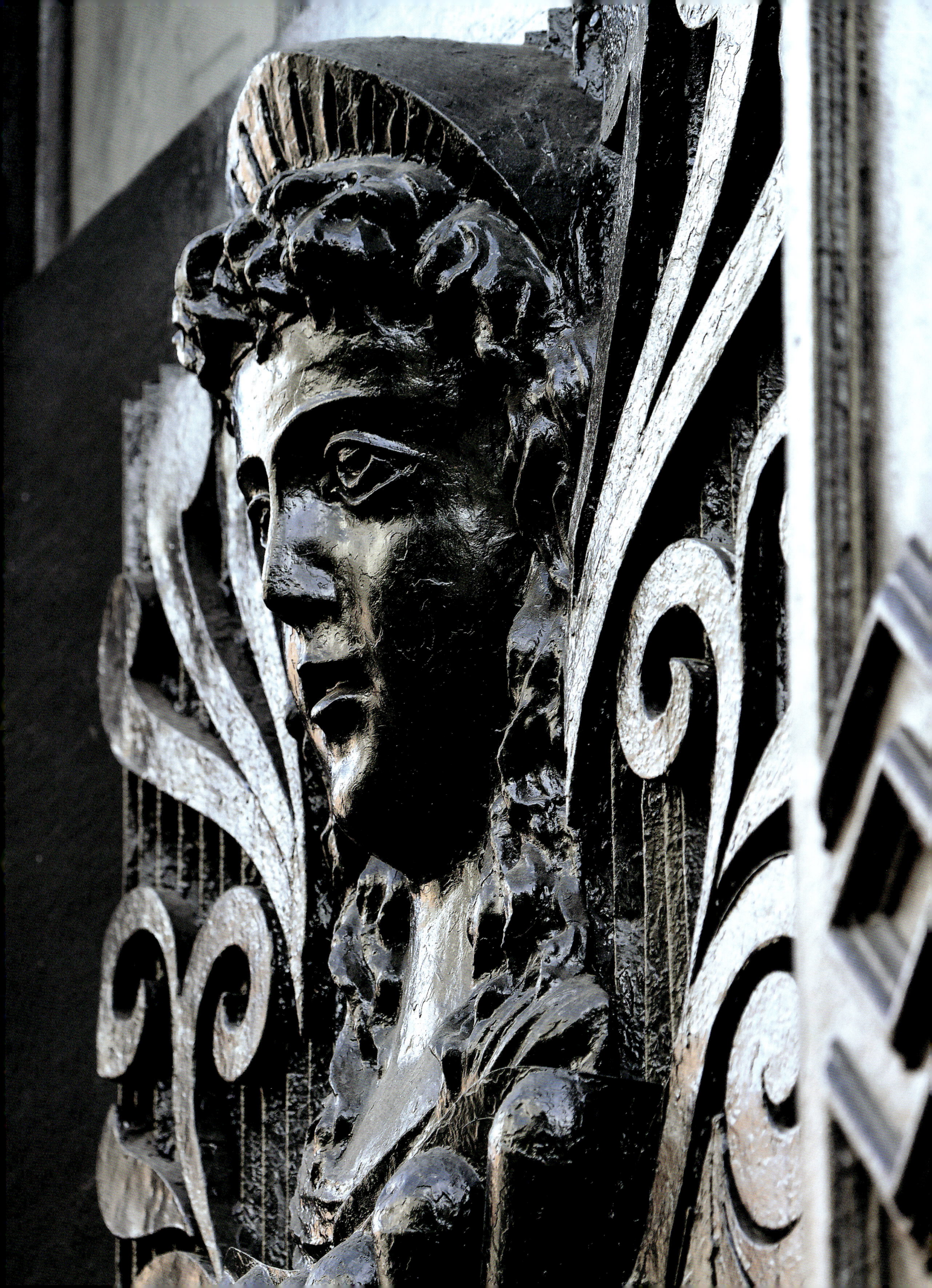

Musikalienladen in SoHo.

Taylor Swift, die im Viertel Tribeca wohnt, erzählt davon, was sie an der Stadt am meisten liebt: durch verschiedene Viertel zu spazieren, sich einen guten Kaffee oder Milchkaffee zu holen, sich von der unglaublichen Energie der Stadt beeindrucken zu lassen. »Man erinnert sich gewissermaßen an das alte New York. Die Leute suchten sich ihre kleinen Lieblingsviertel aus, lernten Leute in der Nachbarschaft kennen, hatten ihre speziellen Lieblingsrestaurants, -bars und -cafés. Viele Dinge in New York machen mich wirklich sehr glücklich. Eine gute Tasse Kaffee, ein echter *latte* ist einfach wichtig für mich. Nirgendwo gibt es besseren als in New York«, sagt sie. »Ich mag es sehr, dass man nicht wirklich etwas planen muss. Wenn man will, kann man den Tag einfach geschehen lassen. Manchmal wähle ich ein Viertel aus, aber kein bestimmtes Ziel. Heute mag ich einfach mal im West Village herumlaufen. Oder in der Lower East Side. Und man findet Orte, diese versteckten Kleinode, die man liebt, und so geschieht der Tag in New York ganz einfach.«

Taylor Swift hat eine klare Vorstellung von den New Yorkern, zu denen sie nun ebenfalls gehört und von denen die meisten von woanders her kommen. »Die Leute reden von der Gastfreundschaft in den Südstaaten, die es ja tatsächlich gibt, aber es gibt auch eine

Alt und neu
Spiegelung eines Hauses mit seien typischen gusseisernen Feuerleitern im Schaufenster eines Einrichtungsladens in SoHo.

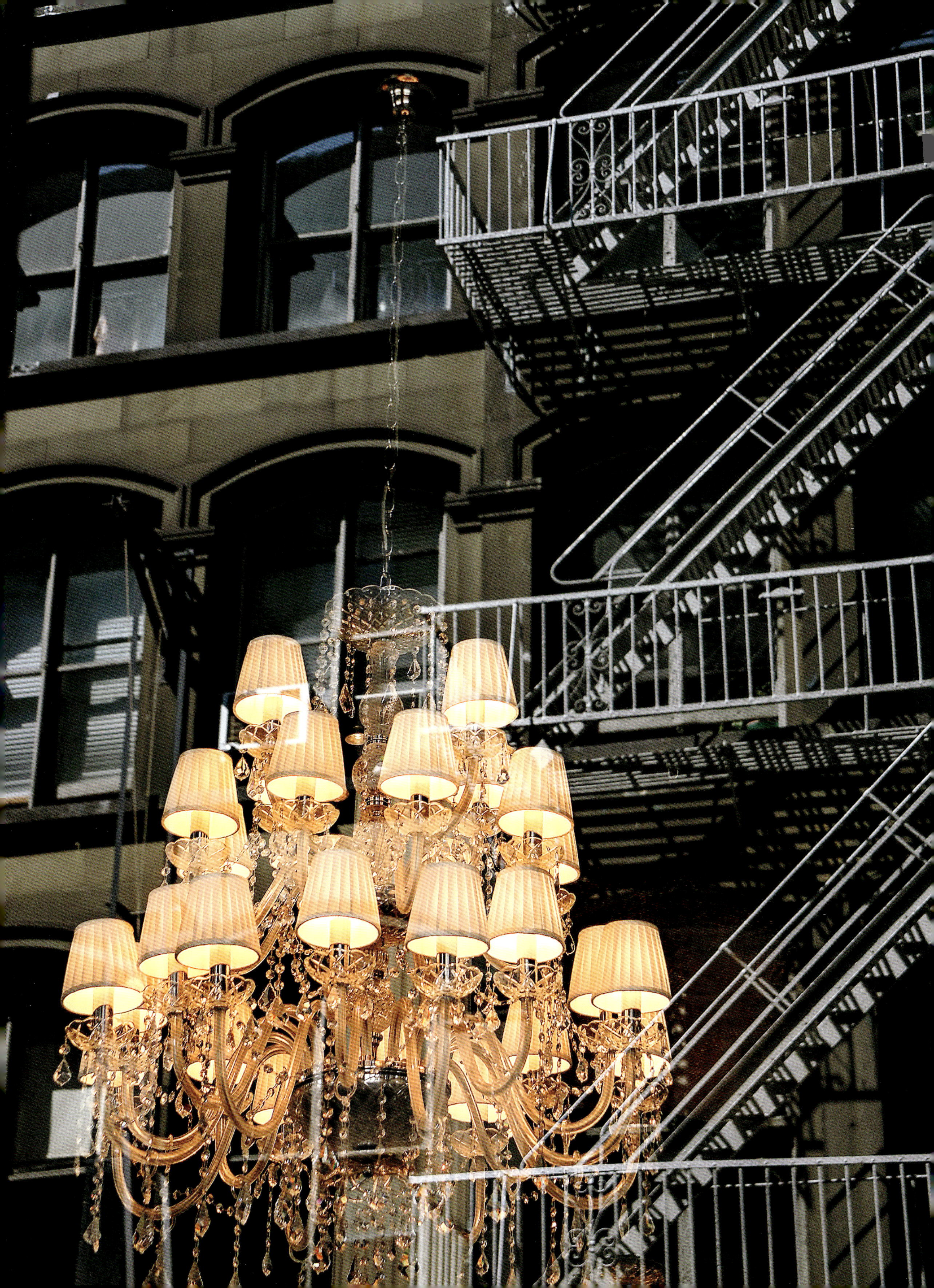

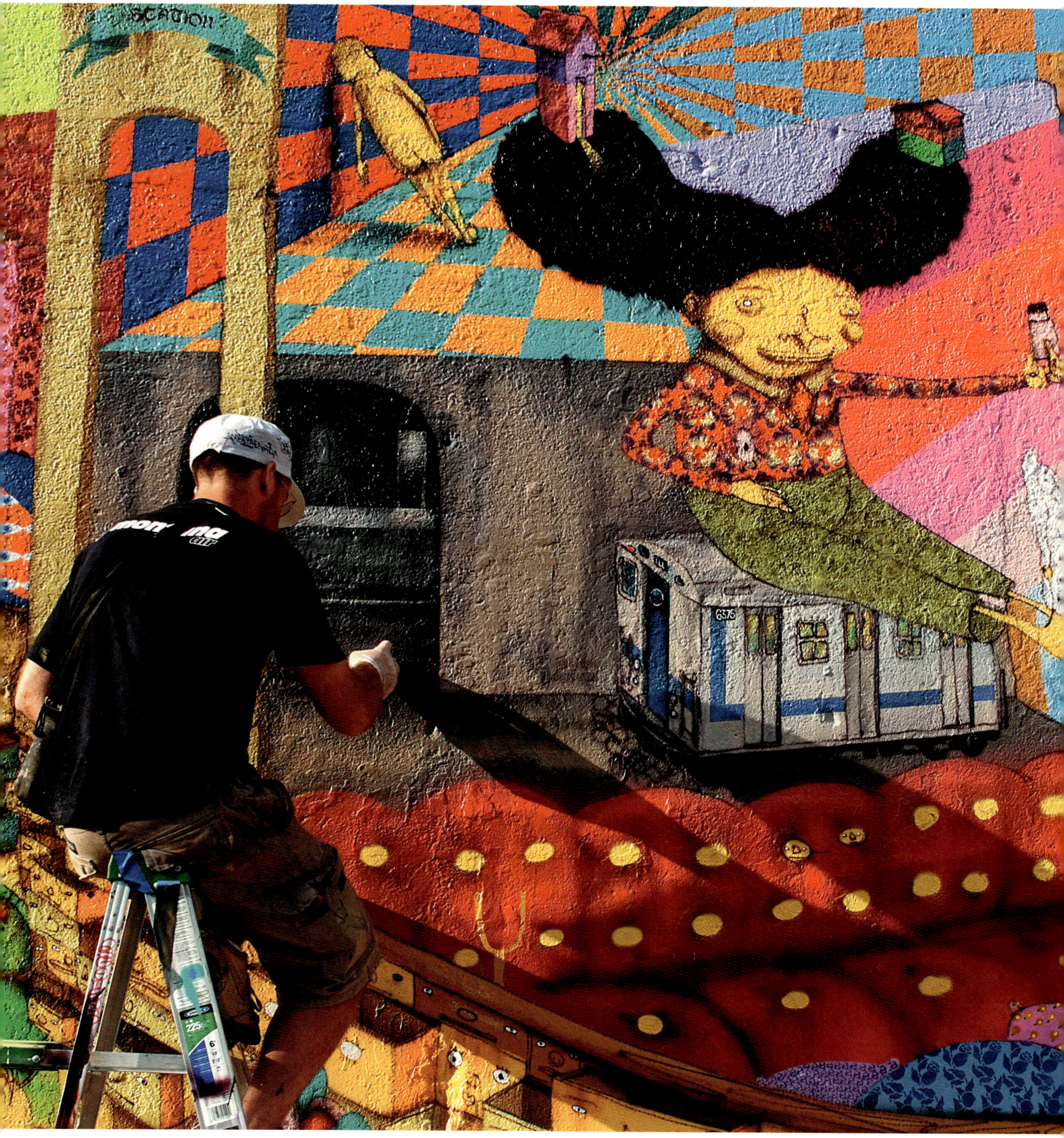

»New York war für mich der Ort der unendlichen Möglichkeiten.«

wirklich interessante Gastfreundschaft in New York«, sagt sie in einem Video. »Ja, die Leute hier sind ehrlich, aber auch sehr freundlich, man zeigt viel Herz. Und man kommt leicht zurecht. Die Leute helfen einem, wenn man sie darum bittet. Glauben Sie mir, ich hab's ausprobiert. Für mich war es immer so groß und einschüchternd. Aber es hat etwas Gemütliches.«

Als Künstlerin und Songwriterin hat Taylor ihre speziellen, magischen »New Yorker Wörter«, wie sie in einem anderen Video betont. »Eine Bodega ist ein Eckladen, der meistens so gut wie rund um die Uhr auf hat. Man kriegt in einer Bodega fast alles. Bodegas sind un-

Straßenkunst
Die als Os Gemeos bekannten brasilianischen Zwillinge und Graffitikünstler bei der Arbeit zwischen East Houston Street und der Bowery.

Die Pop-Art der Sixties inspirierte dieses **Wandgemälde in der Bowery**.

sere Freunde«, erklärt sie. »Etwas verwirrend ist die Aussprache der Houston Street. Wenn man das Schild sieht, denkt man: Oh, Houston, Texas! Aber falsch. Man spricht es ›Hausten‹. Und die Leute reden von NoHo und SoHo. NoHo steht für ›North of Houston‹, SoHo für ›South of Houston‹. Im Süden der USA und fast überall sonst nennt man den Bereich des Hauses vor der Tür und der Treppe oft *porch*. Nicht so in New York. Jede Art von Treppenzugang zu einem Haus, Apartment, Reihen- oder Stadthaus wird hier *stoop* genannt«, erklärt sie.

Taylor Swifts New York ist das der sogenannten *new eyes*, derjenigen, die hier ankommen und zum ersten Mal die Lichter, die großartige Architektur, die Viertel, die Scharen von Menschen auf den Gehsteigen sehen. Das können Touristen sein, Einwanderer, Leute, die einen neuen Ort suchen, um ein neues Leben oder Abenteuer zu beginnen, sich durchzusetzen oder ihrem Herzen zu folgen. All das ist New York. Ein Ort, an dem man sich schon nach wenigen Tagen heimisch fühlt. Und, wie Taylor betont, eine Stadt, die zum persönlichen Ort wird, die einen inspiriert und verändert. Die große Herausforderung besteht darin, seine eigene Dimension zu finden, sein eigenes New York zu entdecken. Und wenn man sich erst einmal in die Stadt verliebt hat, wird man sie nie wieder los.

Die Farben der Stadt
Streetart, Graffiti und Wandbilder vermischen sich in der unverwechselbaren Kunst der New Yorker Straßen.

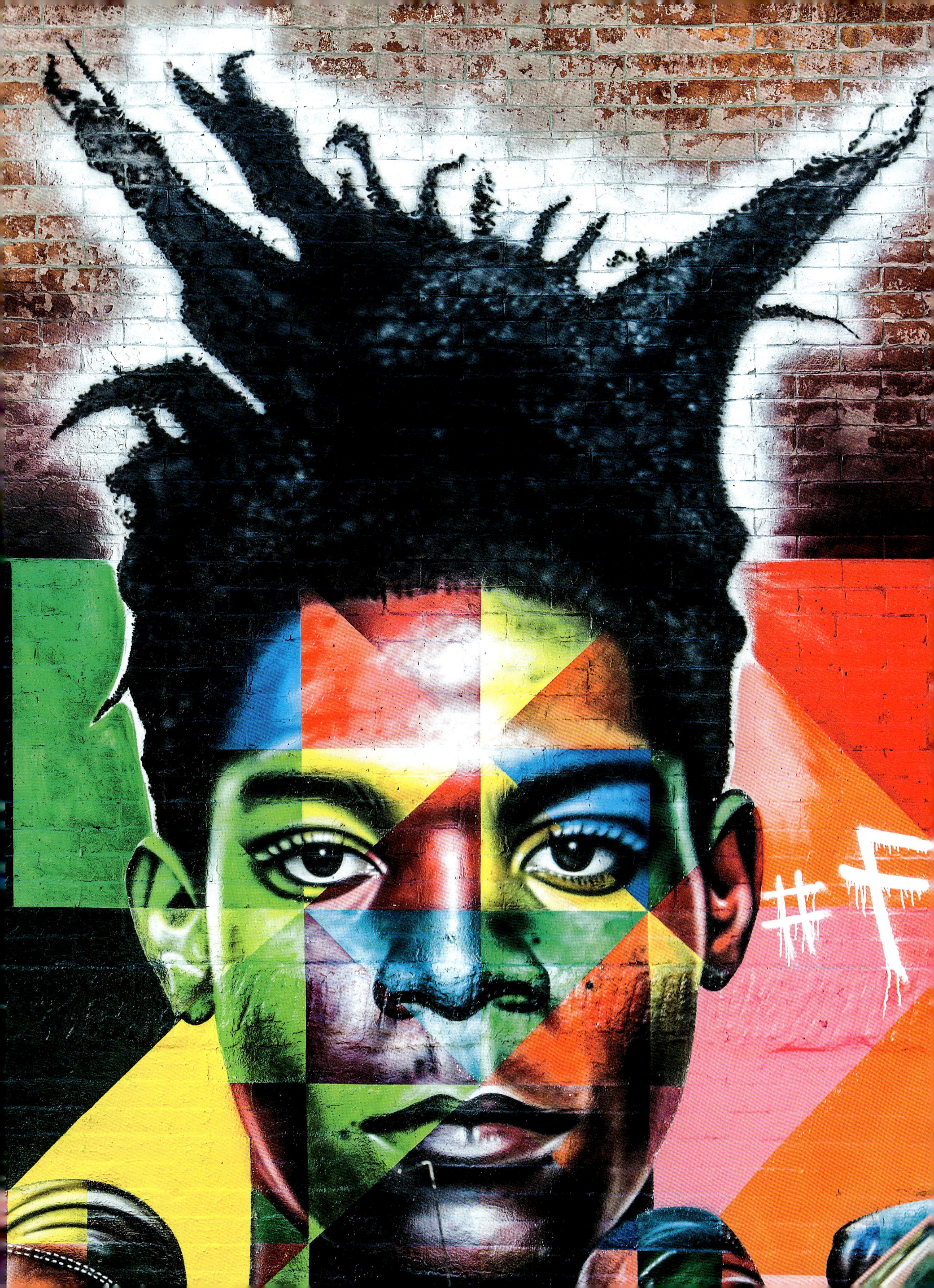
#F

Die Autorin

Alessandra Mattanza, Schriftstellerin, Drehbuchautorin und Fotografin, wurde in Italien geboren, lebt aber seit mehr als 20 Jahren im Ausland.

Ihre Jugend verbrachte sie in Australien, wohin sie aus beruflichen und privaten Gründen regelmäßig zurückkehrt. Sie hat als Redakteurin für das *Handelsblatt* in München gearbeitet, lebt seit mehreren Jahren in New York und betrachtet sich als »echte New Yorkerin«. Die letzten zwei Jahre verbrachte sie abwechselnd dort und in Los Angeles. Aufgrund ihrer unsterblichen Kinoleidenschaft hat sie sich auf Interviews mit Schauspielern und Regisseuren spezialisiert. Außerdem schreibt sie über Reisen und Belletristik. Momentan arbeitet sie als Korrespondentin, Autorin und Redakteurin für diverse Verlage in Italien und Deutschland, etwa *Rizzoli, Hearst, Mondadori, Sperling & Kupfer, Condé Nast, Cairo Editore, White Star/NATIONAL GEOGRAPHIC/De Agostini* und *Giunti/Feltrinelli*. Neben Romanen schreibt sie Drehbücher, Bildbände und Reiseführer; ihre Spezialgebiete sind Großstädte, Kino und Musik, Tiere und Natur. 2014 gewann sie bei den 56. Southern California Journalism Awards in Los Angeles den Titel »First Place for 2013« im Bereich »Personality Profile – International Journalism« und verfasste gemeinsam mit der US-Drehbuchautorin Lucy Ridolphi das Drehbuch zu ihrem Geschichtenband »Storie di New York« (2010).

Die Autorin bedankt sich bei folgenden Personen für ihre redaktionelle Mitarbeit: Lucy Ridolphi (am ganzen Buch), Paula Llavallol (am ersten Entwurf bestimmter Kapitel), Valerie Geiss (an der ersten Version der Kapitel zu Robert De Niro und Woody Allen).

Bildnachweis

AA World Travel Library/Alamy/IPA: S. 189
Ajansen/iStockphoto: S. 132
Alessandra Mattanza: S. 7, 31, 82-83, 107, 115, 117, 122, 123, 124, 125, 133, 136-137, 155, 169, 179, 232, 234
Alfredo Maiquez/Agefotostock: S. 235
Allgöver Walter/Marka: S. 158
Alvaro Leiva/Agefotostock: S. 248
Alvaro Leiva/Marka: S. 237
Andrew Burton/Getty Images: S. 40-41
Andrew Cribb/iStockphoto: S. 252
Andrew H. Walker/Getty Images: S. 81
Andrew Kazmierski/123RF: S. 130-131
Andria Patino/Agefotostock: S. 109
Anna Bryukhanova/iStockphoto: S. 209
Atlantide Phototravel/Corbis: S. 12-13, 138
Bartomeu Amengual/Agefotostock: S. 146-147
Bettmann/Corbis: S. 233
Bilderbox/Agefotostock: S. 249
Blickwinkel/Agefotostock: S. 77
Bo Zaunders/Corbis: S. 47
Brad Rickerby/Marka: S. 4-5
Brian Jannsen/Alamy/IPA: S. 217
Brian Lawrence/Getty Images: S. 140-141
Bruno Barbey/Magnum Photo/Contrasto: S. 143
Bryan Busovicki/123RF: S. 152
Camera Press/Nick Wilson/Contrasto: S. 87
Cameron Davidson/Corbis: S. 16
Carson1984/123RF: S. 24
Cem Ozdel/Anadolu Agency/Getty Images: S. 182
Chee-Onn Leong/123RF: S. 197
Christophe d'Yvoire/Sygma/Corbis: S. 15
Christopher Anderson/Magnum/Contrasto: S. 207
Cindy Ord/Getty Images: S. 85
Citizen of the Planet/Alamy/IPA: S. 22
Craftvision/iStockphoto: S. 32
CribbVisual/iStockphoto: S. 118-119
Daniel Schoenen/imageBROKER/Agefotostock: S. 25, 253
Danita Delimont/Getty Images: S. 225
David Grossman/Alamy/IPA: S. 50, 110, 111, 190
David LEFRANC/Gamma-Rapho via Getty Images: S. 18-19
Dell640/iStockphoto: S. 163
Doug Pearson/Getty Images: S. 70, 241
Ellisphotos/Alamy/IPA: S. 186
Esbin-Anderson/Agefotostock: S. 98-99
Ferrantraite/iStockphoto: S. 38-39, 57, 60-61, 75, 162-163, 220

Frances Roberts/Alamy/IPA: S. 46
Gautier Stephane/Sagaphoto.com/ Alamy/IPA: S. 65
Gavin Hellier/Alamy/IPA: S. 93
Gavin Hellier/Marks: S. 159
Gerald Forster Inc/Getty Images: S. 174
Giovanni Gagliardi/123RF: S. 161
Hanusst/iStockphoto: S. 33
Heeb Christian/Agefotostock: S. 150, 151, 247
Held Jürgen/Agefotostock: S. 236
Hemis/Alamy/IPA: S. 184-185, 187
Hot Properties Inc/iStockphoto: S. 144
ImageBROKER/Alamy/IPA: S. 193
J Royan/Agefotostock/Marka: S. 68-69
Jannis Werner/Alamy/IPA: S. 64
JavenLin/iStockphoto: S. 165
Jay L. Clendenin/Los Angeles Times/Contour by Getty Images: S. 231
Jeff Vespa/Getty Images: S. 97
Jeffrey Bosdet/All Canada Photos/ Corbis: S. 228
Jenny Jones/Getty Images: S. 105
Jewel Samad/AFP/Getty Images: S. 175
Joerg Hackemann/123RF: S. 156
John Graham/Alamy/IPA: S. 34
Johnny Stockshooter/Agefotostock/ Marka: S. 56
Jon Hicks/Corbis: S. 212-213
Jorge Royan/Alamy/IPA: S. 246
José Fuste Raga/Marka: S. 139
Jose Peral/Agefotostock: S. 204-205
Jose Peral/Agefotostock/Marka: S. 58-59
Joseph Pobereskin/Marka: S. 242
Ken Goodman: S. 43
Kevin van der Leek Photography/ Getty Images: S. 215
Kobby Dagan/123RF: S. 94, 95
Kord.com/Agefotostock: S. 202
Krzysztof Dydynski/Getty Images: S. 72-73, 104
Lauree Feldman/Getty Images: S. 224
Leonard Zhukovsky/123RF: S. 120-121
Leonardo Patrizi/Getty Images: S. 52-53
Leonardo Patrizi/iStockphoto: S. 210-211
Lonely Planet/Getty Images: S. 100
Lya_Cattel/iStockphoto: S. 135
Lynn Saville/Getty Images: S. 243
Maisant Ludovic/Agefotostock: S. 170
Manakin/iStockphoto: S. 126
Marc Royce/Corbis Outline: S. 55
Marco Brivio/Agefotostock: S. 240
Marco Mercuri: S. 88-89
Markforce04/iStockphoto: S. 214
Martin Thomas Photography/ Alamy/IPA: S. 35
Michael Freeman/Alamy/IPA: S. 91
Michael S. Yamashita/National Geographic Creative: S. 145
Michelle Bennett/Getty Images: S. 171
Mitchell Funk/Getty Images: S. 194, 221
New York City/Alamy/IPA: S. 188, 191
New York Daily News Archives/Getty Images: S. 62
Nisian Hughes/Getty Images: S. 180-181
Patti McConville/Alamy/IPA: S. 44-45
Peter Cook/Agefotostock: S. 203
Rachel Lewis/Getty Images: S. 103
Randy Duchaine/Alamy/IPA: S. 51, 90
Renault Philippe/Agefotostock: S. 108
Retna Ltd./Corbis: S. 200, 201
Richard Green/Alamy/IPA: S. 238-239
Richard Levine/Alamy/IPA: S. 148-149
Rob Howard/Corbis: S. 195
Rorem/123RF: S. 92
Rudy Sulgan/Agefotostock: S. 176-177
Rudy Sulgan/Corbis: S. 166-167, 196-197, 229
Rudy Sulgan/Marka: S. 208
Scarletsails/iStockphoto: S. 183
SeanPavonePhoto/iStockphoto: S. 36, 37, 157
Servizio di catalogazione fornito IPA: S. 245
Shunyu Fan/iStockphoto: S. 78-79
Snitcherdesk.com/Splash News/ Corbis: S. 67
Spencer Platt/Getty Images: S. 112, 113
Stacy Walsh Rosenstock/Alamy/IPA: S. 250-251
Stan Honda/AFP/Getty Images: S. 172, 173, 222, 223
Stu99/iStockphoto: S. 164
Susan Jones/Agefotostock: S. 76
Thinkstock/Getty Images: S. 127
Timothy A. Clary/AFP/Getty Images: S. 26-27
Tobiasjo/iStockphoto: S. 160
Tupungato/iStockphoto: S. 134
VC-DLH/Agefotostock: S. 20-21
Veni/iStockphoto: S. 74, 226-227
Vichie81/iStockphoto: S. 28-29
Victoria Lipov/123RF: S. 48-49
Walter Bibikow/JAI/Corbis: S. 23
Wasin Pummarin/123RF: S. 153
Wayne Fogden/Getty Images: S. 63
Wdstock/iStockphoto: S. 101, 102
WGCPhotography/iStockphoto: S. 198-199
Zodebala/iStockphoto: S. 71

Courtesy of the Michael Klinkhamer: S. 129
Courtesy of the Karen Tapia: S. 219
Courtesy of the Tammie Rosen/ TribeTttca Enterprises: S.80
Courtesy of the Noah Fecks: S. 84

Umschlag Vorderseite
Neville Elder/Corbis (Daniel Libeskind)
Marc Royce/Corbis Outline (Candace Bushnell)
Christopher Anderson/Magnum/ Contrasto (Al Pacino)
Snitcherdesk.com/Splash News/ Corbis (Robert De Niro)
Servizio di catalogazione fornito IPA (Taylor Swift)
Alessandra Mattanza (Spike Lee)

Umschlag Rückseite
Lisa-Blue/Getty Images

Autorisierte deutsche Ausgabe veröffentlicht von
NATIONAL GEOGRAPHIC DEUTSCHLAND
(NG Malik Buchgesellschaft mbH), Hamburg 2015

Titel der Originalausgaeb: *My New York – Celebrities Talk about the City*, 2015
World copyright © 2015 De Agostini Libri S.p.A.

WHITE STAR PUBLISHERS

WS White Star Publishers® is a registered trademark property of De Agostini Libri S.p.A.,
Via G. da Verrazano, 15 - 28100 Novara, Italy
www.whitestar.it - www.deagostini.it

Alle Texte und Aussagen der von Alessandra Mattanza interviewten Personen wurden genehmigt. Um so akurat wie möglich zu sein, wurden die Interviewpartner gebeten, jeden Textbeitrag zu lesen und für die Veröffentlichung freizugeben. Wir möchten uns für jegliche Art von Ungenauigkeiten entschuldigen und begrüßen Korrekturanregungen, die in zukünftigen Auflagen berücksichtigt werden.

Reproduktionen, Speicherungen in Datenverarbeitungsanlagen oder Netzwerken, Wiedergabe auf elektronischen, fotomechanischen oder ähnlichen Wegen, Funk oder Vortrag, auch auszugsweise, nur mit ausdrücklicher Genehmigung des Copyrightinhabers.

Mitarbeiter der deutschen Ausgabe
Übersetzung aus dem Englischen: Michael Sailer
Satz und Redaktion: Clemens Hoffmann, bookwise GmbH, München
Umschlaggestaltung: www.anjagrimmgestaltung.de (Gestaltung), www.stephanengelke.de (Beratung)
Druck: ALLIED FORTURE IND- LTD

Printed in China
ISBN 978-3-86690-420-0
Alle Rechte vorbehalten

Die National Geographic Society, eine der größten gemeinnützigen wissenschaftlichen Vereinigungen der Welt, wurde 1888 gegründet, um »die geographischen Kenntnisse zu mehren und zu verbreiten«. Sie unterstützt die Erforschung und Erhaltung von Lebensräumen sowie Forschungs- und Bildungsprogramme. Ihre weltweit mehr als neun Millionen Mitglieder erhalten monatlich das NATIONAL GEOGRAPHIC-Magazin, in dem die besten Fotografen ihre Bilder veröffentlichen sowie renommierte Autoren aus nahezu allen Wissensgebieten der Welt berichten. Ihr Ziel: *inspiring people to care about the planet*, Menschen zu inspirieren, sich für ihren Planeten einzusetzen. Die National Geographic Society informiert nicht nur durch das Magazin, sondern auch durch Bücher, Fernsehprogramme und DVDs. Falls Sie mehr über NATIONAL GEOGRAPHIC wissen wollen, besuchen Sie unsere Website unter www.nationalgeographic.de.

Alle Angaben in diesem Buch wurden zum Zeitpunkt der Erarbeitung sorgfältig geprüft. Dennoch können sich Details ändern, und der Verlag kann für solche Änderungen, eventuelle Fehler oder Auslassungen keine Verantwortung oder Haftung übernehmen.